Johannes Huisken
Herausgeber: Heinrich Greving, Dieter Niehoff

Gesprächsführung und Kommunikation

Methoden in Heilpädagogik und Heilerziehungspflege

3. Auflage

Bestellnummer 04862

Haben Sie Anregungen oder Kritikpunkte zu diesem Produkt?
Dann senden Sie eine E-Mail an 04862_003@bv-1.de
Autor und Verlag freuen sich auf Ihre Rückmeldung.

www.bildungsverlag1.de

Bildungsverlag EINS GmbH
Hansestraße 115, 51149 Köln

ISBN 978-3-427-**04862**-6

© Copyright 2013: Bildungsverlag EINS GmbH, Köln
Das Werk und seine Teile sind urheberrechtlich geschützt. Jede Nutzung in anderen als den gesetzlich zugelassenen Fällen bedarf der vorherigen schriftlichen Einwilligung des Verlages.
Hinweis zu § 52a UrhG: Weder das Werk noch seine Teile dürfen ohne eine solche Einwilligung eingescannt und in ein Netzwerk eingestellt werden. Dies gilt auch für Intranets von Schulen und sonstigen Bildungseinrichtungen.

Inhaltsverzeichnis

		Einführung	5
1		**Gesprächsführung im pädagogischen Alltag**	7
1.1		Kommunikationsanlässe	8
1.2		Gesprächskompetenz als Schlüsselqualifikation	9
1.3		Einflussfaktoren	10
1.4		Wirklichkeit und Kommunikation	12
1.4.1		Physische und soziale Wirklichkeit	12
1.4.2		Meinungsbildung in Gruppen	14
1.5		Kommunikation und Beziehung	16
2		**Grundannahmen der Kommunikation**	18
2.1		Kommunikation und Interaktion	19
2.2		Axiome der Kommunikation	19
2.3		Doppeldeutige Botschaften	30
3		**Botschaften einer Nachricht**	33
3.1		Die vier Seiten einer Nachricht	34
3.1.1		Inhaltsseite	34
3.1.2		Selbstoffenbarungsseite	35
3.1.3		Beziehungsseite	36
3.1.4		Appellseite	37
3.2		Vierohriges Hören	40
3.3		Kommunikationsstörungen	44
3.3.1		Beziehungsstörungen	44
3.3.2		Kardinalfehler bei der Kommunikation	47
3.3.3		Einseitige Hörgewohnheiten	50
3.4		Klärung von Kommunikationsstörungen	52
4		**Selbstwert und Kommunikation**	54
4.1		Bedeutung des Selbstwertgefühls	55
4.2		Selbstkonzept und Selbstwertgefühl	58
4.2.1		Entstehung des Selbstkonzeptes	58
4.2.2		Ideal-Selbst und Real-Selbst	60
4.2.3		Wirkungen des Selbstkonzeptes	64
4.3		Kommunikationsmuster	69
4.3.1		Beschwichtigen	69
4.3.2		Anklagen	70
4.3.3		Rationalisieren	71
4.3.4		Ablenken	71
4.3.5		Kongruente Kommunikationsform	72
5		**Fremd- und Selbstbild**	76
5.1		Differenz zwischen Fremd- und Selbstbild	77
5.2		Fantasien und Vermutungen	78
5.3		Übertragung und Gegenübertragung	80

6	**Partnerzentrierte Gesprächsführung**	82
6.1	Menschenbild	83
6.2	Basisvariablen	86
6.2.1	Empathie, Akzeptanz und Kongruenz	86
6.2.2	Selektive Echtheit	87
6.2.3	Lenkung und Akzeptanz	89
6.3	Aktives, verständnisvolles Zuhören	91
6.3.1	Stufen des aktiven, verständnisvollen Zuhörens	92
6.3.2	Missverständnisse und Schwierigkeiten	93
7	**Sokratischer Dialog**	97
7.1	Einige grundlegende Schwierigkeiten, Menschen zu überzeugen	98
7.1.1	Reaktanz	98
7.1.2	Appelle	100
7.1.3	Bewertung des Senders	101
7.1.4	Selbstwertgefühl des Empfängers	101
7.2	Ausgewählte Ziele und Formen sokratischer Gesprächsführung	103
7.2.1	Einige Ursachen für irrationales Verhalten	103
7.2.2	Gesprächshaltungen	105
7.2.3	Disputationstechniken	106
8	**Rahmenbedingungen für Gespräche**	112
9	**Gespräche mit Menschen mit geistiger Behinderung**	116
9.1	Einige Aspekte geistiger Behinderung	117
9.1.1	Sprachliche Kommunikation	118
9.1.2	Selbstwertprobleme	119
9.2	Beziehungsgestaltung und Kommunikation	120
9.2.1	Bedeutung vertrauensvoller Beziehungen	120
9.2.2	Einige Grundregeln der Beziehungsgestaltung	121
10	**Gespräche mit Eltern von Kindern mit geistiger Behinderung**	124
10.1	Reaktionen von Eltern auf die Behinderung	125
10.2	Aspekte der Gesprächsführung	129
11	**Gespräche mit Kollegen**	133
11.1	Einige Ursachen für Teamkonflikte	134
11.1.1	Persönlichkeitsmerkmale	135
11.1.2	Gruppendynamische Prozesse	136
11.2	Einige Konfliktlösungsstrategien	138
11.2.1	Präventive Maßnahmen	138
11.2.2	Konfliktgespräche	138
12	**Rollenspiele zur Einübung der Gesprächsmethoden**	143
	Literaturverzeichnis	168
	Stichwortverzeichnis	172

Einführung

Gesprächsführung im professionellen Bereich findet in vielfältigen Situationen statt. Sie ist nicht begrenzt auf die Erziehung und Beratung von Kindern, Jugendlichen und Betreuten, sondern umfasst auch Elterngespräche, Gespräche mit Kollegen und Vorgesetzten, mit Fachdiensten, Behörden und Jugendämtern. Es ist daher unmöglich, alle relevanten Bereiche und Themen in einem Einführungsbuch zu berücksichtigen. Der Schwerpunkt des vorliegenden Methodenbandes liegt folglich auf der Vermittlung situationsübergreifender Analyse- und Gesprächskompetenzen, die in sehr unterschiedlichen Gesprächssituationen benötigt werden.

Als Methodenband wendet sich dieses Buch an Lehrerinnen und Schülerinnen[1]. Es ist ein Handbuch für die Planung und Gestaltung des Unterrichts und gleichzeitig ein Übungs- und Arbeitsbuch, das sich eignet, bestimmte Fragestellungen und Haltungen selbstständig zu erarbeiten. Im ersten Teil des Buches werden Ansätze aus der Kommunikationspsychologie dargestellt, die anhand von Beispielen und Aufgaben nachvollzogen werden können. Übungen und Rollenspiele, die in jedem Kapitel vorgeschlagen werden, sollen den Fokus auf bestimmte Aspekte einer Gesprächssituation richten und sie erfahrbar machen. Gleichzeitig stellen sie Möglichkeiten dar, Gesprächskompetenzen zu erwerben und zu trainieren. Der zweite Teil des Buches geht auf einige Aspekte ausgewählter Gesprächssituationen ein, die im heilerziehungspflegerischen und heilpädagogischen (Gruppen-)Alltag von Mitarbeitern und Mitarbeiterinnen gelegentlich als problematisch erlebt werden. Der Schwerpunkt hier liegt auf der Vermittlung von Hintergrundwissen.

Gesprächsführung im heilerziehungspflegerischen oder heilpädagogischen Arbeitsfeld ist eine Methode, die wesentlich von der Persönlichkeit des Gesprächsführers, von seinen Einstellungen, Werten, Annahmen, Gefühlen, Intentionen etc. beeinflusst wird. Professionelle Gesprächsführung bedeutet deshalb stets, eigene Sichtweisen und Standpunkte zu reflektieren und/oder zu hinterfragen. Diese Überprüfung ist wichtig, um die Sichtweisen von Gesprächspartnern erfassen und verstehen zu können. Ein wesentlicher Teil der Übungen, die in diesem Band vorgeschlagen werden, sind daher solche, die dazu dienen, eigene Meinungen und Überzeugungen zu überprüfen. Sie sollen helfen, für andere Perspektiven sensibel zu werden. Je nach Vorkenntnissen, Erfahrungen und Selbstbewusstsein können die vorgeschlagenen Übungen und Rollenspiele bei den Teilnehmern Unsicherheiten auslösen. Rollenspiele und Übungen sind zwar Simulationen, aber die Gefühle, die entstehen, sind echt. Sie gehören zum Rollenspiel bzw. zur Übung. Sie sind nicht Ausdruck der Beziehungen zwischen den Teilnehmern. Dieser Sachverhalt muss beachtet werden, da sonst Missverständnisse und Konflikte entstehen (können). Jeder Teilnehmer bzw. jede Teilnehmerin sollte selbst entscheiden, ob er bzw. sie an einem Rollenspiel oder einer Übung teilnimmt. Niemand sollte überfordert werden oder sich selbst überfordern.

---

[1] *Um die Lesbarkeit des Textes nicht unnötig durch Formulierungen wie Heilpädagogen/Heilpädagoginnen, Heilerziehungspfleger/Heilerziehungspflegerinnen zu erschweren, wird in unregelmäßigem Wechsel mal die weibliche, mal die männliche Sprachform verwendet, wobei immer beide Geschlechter angesprochen werden.*

1 Gesprächsführung im pädagogischen Alltag

- Welche Gesprächskompetenzen sollten Heilerziehungspfleger und Heilpädagogen erwerben?
- Welche Faktoren haben Einfluss auf unser Gesprächsverhalten?
- Wie wird unsere Wirklichkeitsauffassung durch die Kommunikation mit anderen Menschen beeinflusst?
- Welche Bedeutung besitzt die Kommunikation für die Entstehung von vertrauensvollen Beziehungen?

1.1 Kommunikationsanlässe

Der Alltag von Heilerziehungspflegern und Heilpädagogen wird durch eine Vielzahl unterschiedlicher Gespräche bestimmt. Hierzu gehören Gespräche mit Kindern, Jugendlichen, Betreuten, Eltern, Angehörigen, Fachdiensten, Kollegen und Vorgesetzten sowie mit Behörden und Institutionen. Sie alle sind notwendig, um professionelle Hilfsangebote zu planen und zu realisieren. Dieser Vielfalt entsprechen sehr unterschiedliche Kommunikationsanlässe wie Teamgespräche, Beratungsgespräche, Konfliktgespräche, Informationsgespräche, Aufnahmegespräche, Dienstgespräche, Planungsgespräche, „Tür- und Angelgespräche", Elterngespräche, Dienstübergabegespräche etc. Eine wichtige Unterscheidung ist die Einteilung in formelle und informelle Gespräche. Während zu den formellen Gesprächen beispielsweise die Planung und Koordinierung von Erziehungs- und Fördermaßnahmen zählen, gehören Alltagsgespräche mit Kollegen oder Betreuten eher zu den informellen Unterredungen.

> **Beispiel**
>
> *Die Mitarbeiter einer Wohngruppe für Menschen mit geistiger Behinderung sitzen zur Teambesprechung zusammen. Sie tragen ihre Erfahrungen mit einer neuen Bewohnerin zusammen. Petra, die bis zu ihrer Aufnahme ins Wohnheim bei ihren Eltern wohnte, ist 25 Jahre alt und hat eine leichte geistige Behinderung. Nach ihrer Aufnahme entwickelte Petra schnell ein gutes Verhältnis zu allen Bewohnerinnen und Mitarbeitern. Ihnen gegenüber zeigte sie sich stets freundlich und aufgeschlossen. Seit einigen Tagen äußert Petra den Wunsch, bald auszuziehen. Sie betont, dass sie in eine eigene Wohnung ziehen und auf dem freien Arbeitsmarkt arbeiten möchte. Einwände der Mitarbeiter weist sie zurück und reagiert gereizt und mürrisch. Petras Eltern betrachten diese Entwicklung mit gemischten Gefühlen. Einerseits möchten sie, dass ihre Tochter versorgt wird, andererseits wünschen sie, dass ihre Tochter selbstständig wird.*
>
> *Die Mitarbeiter sind bestrebt, eine Lösung zu finden. Sie tauschen zunächst ihre Eindrücke und Beobachtungen aus. Dabei sammeln sie Anhaltspunkte für Petras Verhalten und erörtern mögliche Ursachen. In weiteren Gesprächen besprechen sie ihre Meinungen und Vermutungen mit verschiedenen Fachkräften der Einrichtung. Hierzu gehören der Heilpädagoge und der Psychologe des begleitenden Dienstes sowie die Sozialpädagogin des Freizeitbereiches. Auch die Mitarbeiter der Werkstatt für behinderte Menschen (WfbM) werden zu einem Gespräch eingeladen. Ziel der Gespräche ist es, Ursachen für Petras Verhalten zu finden und Perspektiven zu entwickeln. Nachdem sich die Mitarbeiter ein umfassendes Bild von Petra und ihrer Situation verschafft haben, bitten sie Petras Eltern zu einem Gespräch. Gemeinsam mit ihnen und Petra erörtern sie verschiedene Möglichkeiten, Petras Probleme zu lösen.*

> **Aufgabe**
>
> *Erinnern Sie sich an Ihr letztes Praktikum. Schreiben Sie die unterschiedlichen Gesprächsformen auf, die Sie kennengelernt haben (z.B. Elterngespräche, Teamgespräche, Konfliktgespräche). Teilen Sie die Gesprächsformen in offizielle und inoffizielle Gespräche ein. An welchen Gesprächen haben Sie teilgenommen? Welche haben Sie ggf. geführt? Welche Gespräche bereiten Ihnen (noch) Schwierigkeiten? Formulieren Sie Fähigkeiten und Kompetenzen, die Ihnen (noch) für bestimmte Gesprächsformen bzw. Gesprächsanlässe fehlen. Tauschen Sie Ihre Erfahrungen und Überlegungen in Kleingruppen aus.*

1.2 Gesprächskompetenz als Schlüsselqualifikation

Die Fähigkeit, in unterschiedlichen Gesprächssituationen auf zum Teil sehr verschiedene Gesprächspartner reagieren zu können, stellt eine wichtige **Schlüsselqualifikation** für Mitarbeiter im sozialen Bereich dar. Diese Qualifikation umfasst Fach-, Selbst- und Sozialkompetenz. Gesprächsführung erfordert als **Fachkompetenz** ein sehr heterogenes berufsbezogenes Wissen. Hierzu gehört einerseits ein allgemeines Fachwissen über Voraussetzungen und Bedingungen von Kommunikation und Interaktion (vgl. Kapitel 2 bis 7). Andererseits ist spezifisches Fachwissen notwendig, um zum Teil sehr unterschiedliche Gesprächspartner mit ihren Problemen, Vorerfahrungen und Fragen zu verstehen (vgl. Kapitel 9 bis 11). Fachkompetenz umfasst ebenfalls die Fähigkeit, verschiedene Gesprächsmethoden zu beherrschen und angemessen anzuwenden (vgl. Kapitel 3 und 7).

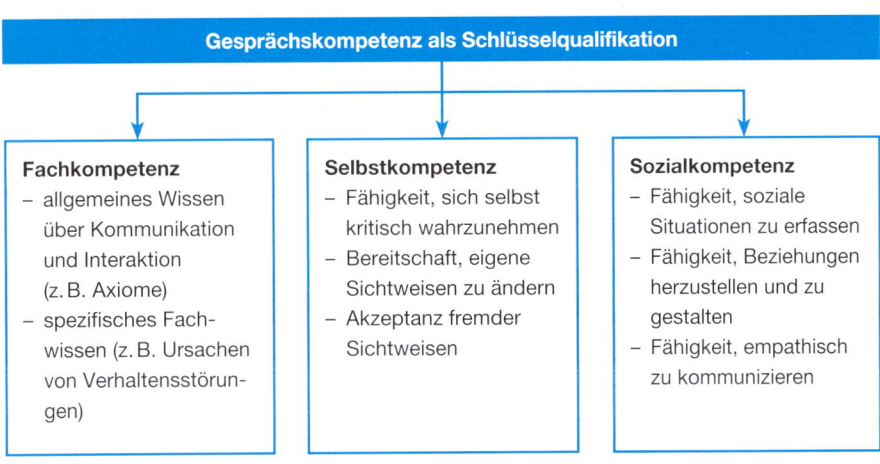

Gesprächsführung bezeichnet aber nicht nur eine Tätigkeit, die ein berufsbezogenes und methodisches Wissen erfordert, sondern stellt zugleich auch eine Haltung dar, sich selbst kritisch wahrzunehmen. Diese Fähigkeit ist Teil der **Selbstkompetenz**. Sie umfasst die Fähigkeit, eigene Persönlichkeitsanteile wie Offenheit, Frustrationstoleranz, Verantwortungsbewusstsein, Flexibilität oder Rollenbewusstsein kritisch zu reflektieren und infrage zu stellen, sowie die grundsätzliche Bereitschaft, eigene Perspektiven zu revidieren und/oder die Sichtweisen von Gesprächspartnern zu übernehmen (vgl. Kapitel 4 und 5).

Als weitere wichtige Kompetenz setzt Gesprächsführung die Fähigkeit voraus, soziale Zusammenhänge zu verstehen, sowie die Fähigkeit, Beziehungen und Kontakte herzustellen, zu halten und zu beenden. Ein angemessener Umgang mit Nähe und Distanz sowie die Fähigkeit, kongruent und empathisch zu kommunizieren (vgl. Kapitel 6), sind wichtige Bestandteile der **Sozialkompetenz**.

1.3 Einflussfaktoren

Das Gesprächsverhalten von Mitarbeitern im sozialen Bereich wird wesentlich von folgenden Faktoren beeinflusst:

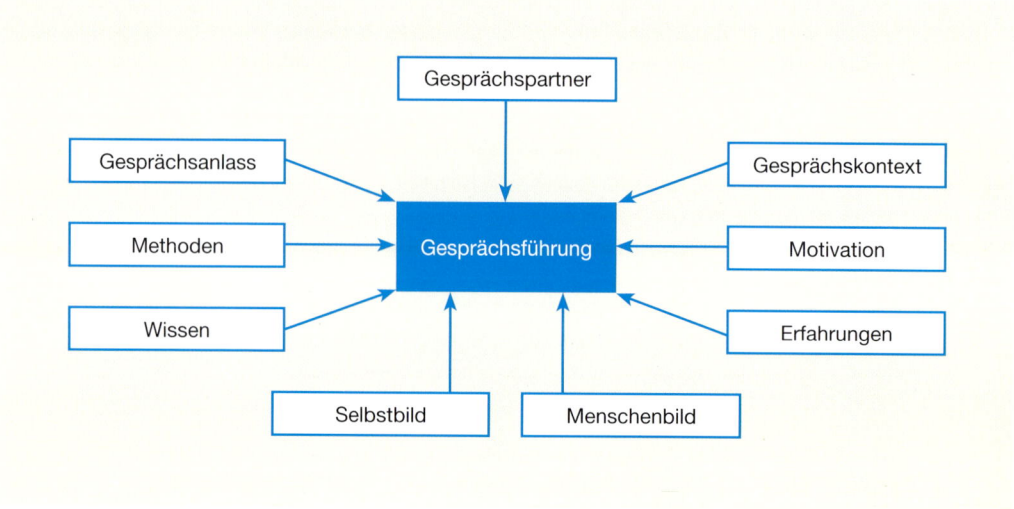

- **Gesprächspartner:** Das Gesprächsverhalten eines Mitarbeiters wird zunächst von seinem Gesprächspartner beeinflusst, d. h. vom Verhalten des Gesprächspartners, von seinen Wünschen, Zielen und Einstellungen sowie der Rolle, die der Gesprächspartner innehat. Ein Beratungsgespräch mit Kindern und Jugendlichen beispielsweise verläuft anders als ein Beratungsgespräch mit Eltern oder Kollegen.

- **Gesprächsanlass:** Der Gesprächsanlass legt vielfach fest, wie ein Gespräch verlaufen wird. Viele Gespräche entstehen spontan (z. B. sog. Tür- und Angelgespräche mit Eltern oder Kollegen; Gespräche, die von Kindern, Jugendlichen oder Betreuten ausgehen; alltägliche Konfliktgespräche), andere werden geplant und/oder zuvor festgelegt (z. B. Erziehungsplanung, Aufnahmegespräche, Team- und Elterngespräche).

- **Gesprächskontext:** Mit dem Gesprächsanlass eng verbunden ist der Gesprächskontext. Er bestimmt, ob ein Gespräch eher einen formellen oder informellen Charakter besitzt. Alltagsgespräche mit Kindern und Jugendlichen besitzen einen informellen Charakter. Sie erfordern andere Gesprächskompetenzen von einem Mitarbeiter als Gespräche mit Eltern, Kollegen, Vorgesetzten oder Fachdiensten.

- **Gesprächsmethoden:** Die Fähigkeit eines Mitarbeiters, bestimmte Gesprächsmethoden angemessen einzusetzen, beeinflusst wesentlich den Verlauf eines Gespräches. Wichtige Gesprächsmethoden sind z. B. das Paraphrasieren oder das aktive Zuhören (vgl. Kapitel 6).

- **Fachwissen:** Das Wissen über Grundlagen der Kommunikation sowie die Fähigkeit, dieses Wissen angemessen einzusetzen (vgl. Kapitel 2 bis 7), spielt für eine erfolgreiche Gesprächsführung ebenfalls eine wichtige Rolle. Es ermöglicht, eigenes und fremdes Kommunikationsverhalten angemessen wahrzunehmen und zu interpretieren.

- **Erfahrungen:** Die Erfahrungen, die Mitarbeiter mit Gesprächssituationen sammeln konnten, haben Einfluss auf ihre Gesprächskompetenz. Je öfter ein Mitarbeiter beispielsweise Elterngespräche führt, desto sicherer wird er auf das Verhalten, auf Fragen und/oder Wünsche von Eltern reagieren können.

- **Selbstbild:** Das Bild, das ein Mitarbeiter von sich selbst besitzt, hat einen großen Einfluss auf sein Gesprächsverhalten. Kritikfähigkeit und Toleranz werden weitgehend von der Fähigkeit bestimmt, eigene Schwächen und

Fehler anzunehmen (vgl. Kapitel 4). Ein Mitarbeiter beispielsweise, der sehr unsicher ist, wird kritische Äußerungen von Kindern und Jugendlichen anders auffassen als ein Mitarbeiter, der seine eigenen Schwächen selbstbewusst akzeptiert.

- **Menschenbild:** Die (subjektiven) Erklärungen, die wir für menschliches Verhalten besitzen, haben einen großen Einfluss auf unser Gesprächsverhalten. Ein Mitarbeiter, der z. B. davon überzeugt ist, dass Menschen grundsätzlich in der Lage sind, Probleme selbstständig zu lösen, wird wahrscheinlich die Entwicklung dieser Fähigkeit unterstützen, statt ständig Vorschläge oder gar Vorschriften zu machen. Achtung und Respekt, die wir anderen Menschen entgegenbringen, sind Haltungen, die mit unserem Bild vom Anderen bzw. mit unserer Vorstellung vom unbedingten Wert des Menschen einhergehen (vgl. Speck, 1996, S. 104 und S. 120).

- **Motivation:** Die Motivation eines Mitarbeiters besitzt einen erheblichen Einfluss auf sein Gesprächsverhalten und damit auf den Gesprächsverlauf. Mitarbeiter, die aus innerer Überzeugung und aus wirklicher Anteilnahme handeln, bewirken bei Kindern und Jugendlichen häufiger eine Einsichts- und Verhaltensänderung als diejenigen, die lediglich aus beruflicher Verpflichtung reagieren.

Aufgaben

1. Erinnern Sie sich an Ihr letztes Praktikum. Beschreiben Sie konkrete Verhaltensweisen, mit denen Mitarbeiter Kindern, Jugendlichen und Betreuten ihre Wertschätzung (bzw. Geringschätzung) signalisiert haben.

2. Erörtern Sie in Kleingruppen, wie sich eine hohe (oder niedrige) Motivation eines Mitarbeiters auf Gespräche mit Kindern, Jugendlichen, Betreuten, Eltern und/oder Kollegen auswirken kann. Beschreiben Sie jeweils konkrete Verhaltensweisen, die auf eine hohe bzw. niedrige Motivation schließen lassen.

3. Erörtern Sie Möglichkeiten, wie Sie ihrem Gesprächs- bzw. Kommunikationspartner Respekt und Achtung entgegenbringen können. Beschreiben Sie konkrete Verhaltensweisen, mit denen Sie im Alltag Kindern, Jugendlichen und/oder Betreuten begegnen können.

4. Rollenspiel: **Gesprächskontext**
   Versetzen Sie sich in die Rolle eines **Mitarbeiters** (Rollenspieler 1) einer Wohngruppe für Kinder und Jugendliche. Führen Sie ein alltägliches Gespräch mit Ihrem Gesprächspartner (Rollenspieler 2). Teilen Sie ihm u. a. mit, dass Sie in der letzten Zeit sehr viele Überstunden geleistet haben und dass Sie sich überfordert fühlen. Erwähnen Sie auch, dass Sie gerne eine Gehaltserhöhung hätten.
   Spielen Sie diese Szene mehrfach mit unterschiedlichen Gesprächspartnern **(Kollege, Vorgesetzte, Eltern, Kinder, Jugendliche)**. Nehmen Sie die einzelnen Gespräche mithilfe eines Aufnahmegerätes auf. Werten Sie die Gesprächssituationen anschließend aus: Wie wirken sich unterschiedliche Gesprächskontexte auf das konkrete Gesprächsverhalten aus? Wie verändern sich Gesprächsinhalte und Gesprächsabläufe? Worauf sind mögliche Unterschiede zurückzuführen?

1.4 Wirklichkeit und Kommunikation

Was ist Wirklichkeit? Die Beantwortung dieser Frage entscheidet im Kontext von Heilerziehungspflege und Heilpädagogik darüber, welche erzieherischen, heilerziehungspflegerischen, heilpädagogischen und/oder therapeutischen Maßnahmen und/oder Methoden ergriffen werden, ein bestimmtes Problem oder eine bestimmte Fragestellung zu lösen. Die Auseinandersetzung mit dieser Frage ist daher unabdingbar für professionelles pädagogisches Handeln und gleichzeitig eine Voraussetzung für eine erfolgreiche Gesprächsführung.

Allzu häufig gehen wir davon aus, dass die Wirklichkeit so beschaffen ist, wie wir sie wahrnehmen. Wir nehmen an, dass das, was unsere Sinne uns vermitteln und wie wir über Sachverhalte, Situationen und Personen denken und fühlen, der Wirklichkeit entspricht. Unsere Wahrnehmung ist

Hägar, Perlen für die Säue

jedoch subjektiv. Sie wird durch viele individuelle Faktoren (z. B. Erfahrungen, Gefühle, Einstellungen, persönliche Normen und Werte) und soziale Faktoren (z. B. Gruppennormen, gesellschaftliche Werte und Normen, Einstellungen von Bezugspersonen) beeinflusst und verändert.

1.4.1 Physische und soziale Wirklichkeit

Die meisten Menschen besitzen ein großes Bedürfnis, sich auszutauschen und ihre Wahrnehmungen, Ansichten und Meinungen zu vergleichen. Wir teilen uns mit, um zu erfahren, wie andere Menschen über bestimmte Situationen, Objekte und Handlungen denken und fühlen. Hierdurch erleben wir ein Gefühl von Sicherheit und erhalten Hinweise, wie wir uns verhalten können und sollen. Nach Festinger (1954) können alle möglichen Meinungen und Ansichten auf einem hypothetischen Kontinuum geordnet werden.

> „Am einen Ende des Kontinuums stehen Meinungen über die ‚physische Realität'. Solche Meinungen (z. B. dass Zitronen sauer schmecken oder dass Blei schwerer als Eisen ist) kann man – wenigstens prinzipiell – selbst überprüfen. Am anderen Ende des Kontinuums stehen Meinungen aus dem Bereich der *sozialen Realität'*.
> Hierunter sind Meinungen zu verstehen, die prinzipiell nicht direkt überprüfbar sind wie: [...] moralische, religiöse, metaphysische Fragen, größtenteils auch Meinungen und Einstellungen hinsichtlich sozialer Normen, sowie Meinungen über die eigenen Fähigkeiten (Letztere sind zwar empirisch prüfbar, aber nur durch Vergleich mit anderen Personen)."
> (Herkner, ²2001, S. 454)

Ihre Richtigkeit ergibt sich erst aus dem Vergleich bzw. durch den Austausch mit anderen Menschen. Die Frage z. B., ob es unschicklich ist, mit den Fingern zu essen oder ob es in einer gegebenen Situation falsch ist, die Unwahrheit zu sagen, kann nicht unmittelbar

Hägar, Die Axt im Wald

überprüft bzw. bestimmt werden. Diese Fragen können erst durch den Austausch bzw. durch den Vergleich mit anderen Menschen beantwortet und entschieden werden. Durch die Kommunikation mit anderen Menschen erfahren wir nicht nur, welche Verhaltensweisen richtig und falsch sind, sondern erwerben unser Wissen über die Welt einschließlich unserem Wissen über uns selbst (vgl. Kapitel 4).

Merke

Soziale Wirklichkeit entsteht durch die Kommunikation mit anderen Menschen.

Grundsätzlich müssen wir zwischen zwei Wirklichkeiten unterscheiden:

„Wir müssen unterscheiden zwischen dem Bild der Wirklichkeit, das wir durch unsere Sinne empfangen, und der Bedeutung, die wir diesen Wahrnehmungen zuschreiben."
(Watzlawick/Nardone, 1999, S. 38)

Watzlawick bezeichnet diese Wirklichkeiten als **Wirklichkeit erster** und **Wirklichkeit zweiter Ordnung**. Mit der „Wirklichkeit erster Ordnung" ist das Bild der Wirklichkeit gemeint, das wir mit unseren Sinnen aufnehmen. Wir können z. B. ein Glas, das zur Hälfte mit Wein gefüllt ist, sehen und berühren und den Wein können wir schmecken. Die Wirklichkeit zweiter Ordnung bezeichnet die Tatsache, dass wir den Objekten unserer Wahrnehmung einen Sinn, eine Bedeutung und/oder einen Wert zuweisen.

Beispiel

Optimisten und Pessimisten beispielsweise weisen einem Sachverhalt unterschiedliche Bedeutungen zu. Während ein Optimist z. B. ein halb gefülltes Glas wahrscheinlich als halb voll bezeichnet, bezeichnet ein Pessimist dasselbe Glas als halb leer.

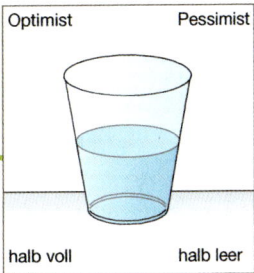

Die Unterscheidung zwischen Wahrnehmung erster und zweiter Ordnung ist für soziale Berufe von besonderer Bedeutung. Die Planung und Realisierung vieler Erziehungs- und Fördermaßnahmen sowie therapeutischer Interventionen basieren auf der Bedeutung, die dem Verhalten von Kindern, Jugendlichen, Betreuten von Eltern und Angehörigen, Gruppenmitarbeitern und anderen Fachkräften zugeschrieben wird. In vielen Fällen stellt sich dabei die Frage, wessen Auffassung von der Wirklichkeit Gültigkeit besitzt: Wer kann seine Interpretation der Wirklichkeit als die „wahre" Wirklichkeitsauffassung darstellen und durchsetzen?

Beispiel

„Eine Frau aus Neapel, die in Grosseto zu Besuch war, wurde in einem Zustand akuter Schizophrenie ins städtische Krankenhaus eingeliefert. Da die psychiatrische Station nicht in der Lage war, sie aufzunehmen, wurde beschlossen, sie nach Neapel zurückzuschicken. Als die Männer der Ambulanz kamen und fragten, wo die Patientin sei, wurde ihnen gesagt, in welchem Raum sie warte. Als sie dort eintrafen, fanden sie die Patientin auf dem Bett sitzend, vollständig angezogen und die Handtasche griffbereit. Als sie sie aufforderten, mit ihnen zum wartenden Krankenwagen hinunterzugehen, wurde sie erneut psychotisch, wehrte sich mit allen Kräften gegen die Pfleger, weigerte sich mitzukommen und zeigte alle Anzeichen von Persönlichkeitsverlust. Sie mussten ihr eine Beruhigungsspritze geben und sie zum Krankenwagen hinuntertragen, und dann fuhren sie mit ihr nach

> Neapel. Auf der Autobahn außerhalb von Rom wurde der Krankenwagen von einer Polizeistreife angehalten und nach Grosseto zurückgeschickt. Es hatte eine Verwechslung gegeben: Die Frau im Krankenwagen war nicht die Patientin, sondern eine Einwohnerin von Grosseto, die ins Krankenhaus gekommen war, um einen Verwandten zu besuchen, der sich einer kleinen Operation hatte unterziehen müssen."
>
> **(Watzlawick/Nardone, 1999, S. 30)**

Ob wir das Verhalten eines anderen Menschen für gestört und/oder behandlungsbedürftig halten oder nicht, hängt, wie es im o. g. Beispiel deutlich wird, wesentlich von der Übereinkunft bzw. von dem Austausch mit anderen Menschen ab. Häufig wird dabei erst die Wirklichkeit geschaffen, die wir glaubten wahrzunehmen.

Aufgaben

1. Bilden Sie mehrere Kleingruppen (vier bis sechs Schüler). Jede Kleingruppe soll einen der unten stehenden Begriffe wählen und ihn den anderen Schülern vorspielen, ohne ihn gegenüber den anderen zu benennen. Es können auch weitere Begriffe gewählt werden, die nicht allen Schülern bekannt sind. Während eine Kleingruppe spielt, sollen die übrigen Schüler den gespielten Begriff erraten und ihn notieren. Sie sollen ihn nicht benennen, sondern sich Notizen machen, welche konkreten Verhaltensweisen zu beobachten sind. Nachdem alle Gruppen gespielt haben, werden die Beobachtungsergebnisse ausgewertet. Die Schüler (außer den jeweiligen Darstellern) teilen pro Rollenspiel mit, welche konkreten Verhaltensweisen sie wahrgenommen haben. Im Anschluss benennen sie dann den erratenen Begriff. Nachdem alle Ergebnisse vorliegen, sollen die Einschätzungen bzw. Zuordnungen sowie Abweichungen diskutiert werden.

    Begriffe:

Freundlichkeit	Angst	Ratlosigkeit	Rührung	Sehnsucht
Übermut	Dankbarkeit	Eifersucht	Hilflosigkeit	Vertrauen
Ärger	Ekel	Anteilnahme	Freude	Heimweh
Liebe	Bewunderung	Misstrauen	Widerwille	Trauer

2. Erinnern Sie sich an Ihr letztes Praktikum und beschreiben Sie in Kleingruppen Alltagssituationen, in denen die Wirklichkeitsauffassungen von Kindern, Jugendlichen und Betreuten von Eltern, Mitarbeitern und Fachkräften infrage gestellt wurden. Welche Reaktionen zeigten die Betroffenen?

3. Erinnern Sie sich an eine Situation, in denen Ihre Eltern, Lehrer, Freunde und/oder Bekannte Ihre Wirklichkeitsauffassung infrage stellten. Wie haben Sie reagiert? Empfanden Sie die Situation als belastend? Was genau empfanden Sie? Wie reagieren Sie heute, wenn Menschen, die Ihnen wichtig sind, Ihre Meinungen und Ansichten nicht teilen? Besprechen Sie Ihre Erfahrungen in Kleingruppen und tauschen Sie Ihre Erfahrungen aus.

1.4.2 Meinungsbildung in Gruppen

Ein wichtiges Experiment, das den Einfluss der Kommunikation in Gruppen auf die Wahrnehmung untersuchte, stammt von Solomon Asch. Asch (1951) konnte zeigen, dass Menschen durch die Meinung einer Gruppe sehr verunsichert werden können und sogar der eigenen Wahrnehmung misstrauen. Sie vertrauen unter bestimmten Bedingungen sogar mehr dem Urteil der Anwesenden als ihren eigenen Wahrnehmungsleistungen:

Wirklichkeit und Kommunikation

Beispiel

„Die Versuchspersonen nahmen scheinbar an einem Wahrnehmungsexperiment teil. Die Versuchspersonen mussten jeweils eine Linie („Standardreiz") mit drei anderen Linien („Vergleichsreize") vergleichen und feststellen, welche der drei Vergleichslinien dieselbe Länge hat wie die einzelne Linie. Die Längen der Vergleichslinien waren so ausgewählt worden, dass jede normalsichtige Versuchsperson praktisch immer richtig urteilen konnte. Die Versuchspersonen nahmen in Gruppen von acht Personen an den Versuchen teil. Eine Versuchsperson nach der anderen gab ihr Urteil laut ab. Unter den anwesenden Personen war jedoch nur eine ‚echte' Versuchsperson; die anderen waren Mitarbeiter des Versuchsleiters. Aufgrund der Sitzanordnung urteilte die echte Versuchsperson immer als letzte. Die Mitarbeiter des Versuchsleiters äußerten [...] falsche Urteile, aber immer in völliger Übereinstimmung miteinander [...] Das Hauptergebnis dieses Ergebnis war, dass [...] etwa ein Drittel aller Urteile der naiven Versuchspersonen falsch waren, und zwar entweder mit den Urteilen der Mitarbeiter des Versuchleiters übereinstimmend oder zumindest in der gleichen Richtung lagen [...] Der soziale Einfluss in solchen und ähnlichen Situationen ist offenbar darauf zurückzuführen, dass mehrere Personen völlig übereinstimmende Meinungen äußern [...]."
(Herkner, 2001, S. 459, gekürzt)

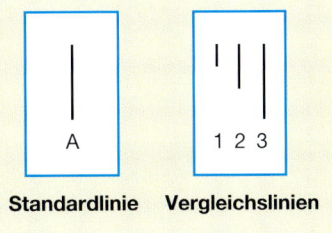

Standardlinie   **Vergleichslinien**

Aufgaben

1. Erinnern Sie sich an Ihren ersten Schultag. Über welche Lehrer besaßen Sie noch keine Meinung? Welche waren Ihnen (noch) fremd? Wodurch hat sich dieses geändert? Wie haben Sie sich eine (positive oder negative) Meinung gebildet? Welchen Anteil besitzen daran Ihre Mitschüler?

2. Erinnern Sie sich an Ihr letztes Praktikum. Wie haben Sie sich Ihre Meinung über Kinder, Jugendliche oder Betreute gebildet? Welche Bedeutung besaßen die Äußerungen der Mitarbeiter für Ihre Meinungsbildung?

3. Welche Aussagen können aufgrund des Experiments von Asch für die heilpädagogische und/oder heilerziehungspflegerische Praxis getroffen werden? Welche Konsequenzen ergeben sich für die Begleitung und Förderung von Menschen mit Behinderungen? Erörtern Sie in diesem Zusammenhang auch die Bedeutung von Teamsitzungen für die Meinungsbildung der Mitarbeiter.

4. Erörtern Sie die Bedeutung der folgenden Aussagen für die Gesprächsführung in der heilpädagogischen/heilerziehungspflegerischen Praxis:

> „Der eigentliche Wahn liegt in der Annahme, dass es eine ‚wirkliche' Wirklichkeit zweiter Ordnung gibt und dass ‚Normale' sich in ihr besser auskennen als ‚Geistesgestörte'."
> (Watzlawick, [15]1987, S. 144)

> „Wenn man akzeptiert, dass geistige Normalität nicht objektiv definiert werden kann, dann ist notwendigerweise der Begriff der Geisteskrankheit ebenso undefinierbar."
> (Watzlawick/Nardone, 1999, S. 36)

5. Rollenspiel: **Wirklichkeit zweiter Ordnung**

   Rollenspieler 1: Sie spielen einen Jugendlichen, der abends zu spät zur Wohngruppe zurückkehrt. Sie sind zwar in der Vergangenheit auch absichtlich zu spät zurückgekehrt, diesmal aber haben Sie den Bus verpasst. Sie wollen sich beim diensthabenden Mitarbeiter entschuldigen.

> **Rollenspieler 2:** Sie spielen einen Mitarbeiter, der auf einen Jugendlichen wartet, der wieder einmal zu spät von der Diskothek zurückkehrt. Ihre Kollegen haben sich über den Jugendlichen beschwert. Ihre Kollegen sind der Meinung, dass der Jugendliche Ausreden erfindet und lügt, um nicht bestraft zu werden.
>
> Spielen Sie das Rollenspiel ca. fünf bis zehn Minuten. Die Rollenspieler sollen ihre Sichtweisen deutlich zum Ausdruck bringen. Nehmen Sie das Rollenspiel mithilfe eines Kassettenrecorders auf. Werten Sie es anschließend aus: Wer konnte seine Sichtweise bzw. Wirklichkeitsauffassung durchsetzen? Wie ist dieses geschehen? Welche Gedanken und Gefühle sind entstanden?

1.5 Kommunikation und Beziehung

Eine zentrale Aufgabe von Kommunikation ist es, Beziehungen herzustellen. Gute Beziehungen zu anderen Menschen sind sowohl für unsere Entwicklung als auch für unser seelisches Gleichgewicht und Wohlbefinden von großer Bedeutung. Besonders Säuglinge und Kleinkinder sind auf Ansprache und Zuwendung angewiesen. Für sie ist eine enge emotionale Beziehung zur Mutter oder einer anderen Bezugsperson existenziell, denn:

> „[...] eine enge lebendige Beziehung zu einem liebevollen Erwachsenen ist der erste Schritt eines Kindes auf dem Wege zu einer gesunden körperlichen Entwicklung und einer normalen Sozialisation."
> **(Zimbardo, ⁶1995, S. 82)**

Das Fehlen von engen emotionalen Beziehungen in der frühen Kindheit wirkt sich negativ auf die Entwicklung aus. Verschiedene Untersuchungen in Säuglings- und Waisenheimen ergaben, dass Kinder, die zwar gut versorgt und gepflegt wurden, aber keine ausreichende Ansprache und Zuwendung erhielten, körperlich und seelisch verkümmerten.

> „Schon 1915 berichtete ein Arzt des John Hopkins Hospitals, dass trotz angemessener körperlicher Pflege 90 % der in Waisenhäuser in Baltimore aufgenommenen Babys innerhalb des ersten Jahres starben. Untersuchungen hospitalisierter Kinder aus den nächsten 30 Jahren zeigten folgendes Bild: Trotz ausgewogener Ernährung litten die Kinder oft an Infektionen der Atemwege und an unerklärlichem Fieber. Sie nahmen an Gewicht kaum zu und ihr körperlicher Zustand verschlechterte sich noch, weil sie zum Beispiel Durchfall bekamen, Anzeichen von Muskelschwäche zeigten oder Essstörungen entwickelten."
> **(Zimbardo, ⁶1995, S. 82)**

Auch im späteren Leben spielen positive emotionale Beziehungen eine wichtige Rolle. Dieses gilt nicht nur für unser seelisches Gleichgewicht. Es fällt uns z. B. leichter, von einer Person, zu der wir eine positive Beziehung besitzen, etwas anzunehmen. Dieses gilt sowohl für eher negative Rückmeldungen wie Beurteilungen, Kritik oder Ermahnungen als auch für unterschiedliche Formen der Hilfe wie Ermunterungen, Aufforderungen, Ratschläge oder Belehrungen. So weiß z. B. jeder

Hägar, Die Axt im Wald

> *„aus eigener Erfahrung oder [aus] Berichten anderer, dass erfolgreiches Lernen nicht in erster Linie davon abhängt, dass Schüler sich für das jeweilige Unterrichtsfach interessieren, sondern eher davon, ob sie den Lehrer schätzen."*
> *(Mohl, ⁴1993, S. 57)*

Mitarbeiter in sozialen Berufen müssen besonders fähig sein, vertrauensvolle Beziehungen herzustellen und zu gestalten. Dies liegt zum einen darin begründet, dass Erziehung, Förderung und Therapie tragfähige Beziehungen voraussetzen. So beginnt Erziehung

> *„mit dem Ansprechen, mit der mitmenschlichen Zuwendung und Antwort. Sie weckt und erschließt in einem immer differenzierter werdenden Wechselspiel Motivation, Aktivität und Kommunikation des Kindes und bringt es damit auf den Weg zu seiner Selbstverwirklichung in sozialer Integration."*
> *(Speck, ⁹1999, S. 117)*

Dieses gilt auch für die Begleitung und Betreuung von Menschen mit Behinderungen. Zum anderen sind Kinder, Jugendliche und Betreute durch ungünstige Lebensbedingungen und Lernerfahrungen oftmals vielfältig (vor-)belastet. Erziehung, Förderung oder Begleitung finden unter erschwerten Voraussetzungen statt. Verhaltensgestörte Kinder und Jugendliche beispielsweise stammen häufig aus problembeladenen Familien, in denen sie nur wenig Achtung und Wertschätzung erfahren haben (vgl. Petermann/Petermann, ⁵1991). Hierdurch bedingt, gestaltet sich der Aufbau einer vertrauensvollen Beziehung häufig als schwierig und langwierig.

Aber auch das Gespräch mit Eltern und Angehörigen erfordert ein hohes Maß an Gesprächskompetenz. Eltern müssen für eine Zusammenarbeit gewonnen werden. Dabei geht es darum, eine partnerschaftliche Beziehung anzustreben. Diese Absicht bedeutet eine Abkehr vom traditionellen Beratungsmodell, das auf der einen Seite den allwissenden Experten und auf der anderen Seite die Rat suchenden Eltern sieht (vgl. Kapitel 10).

Mitarbeiter in sozialen Berufen müssen nicht zuletzt in Gesprächen mit Fachdiensten, Kollegen und Vorgesetzten über besondere Gesprächskompetenzen verfügen. Eine erfolgreiche Zusammenarbeit setzt z. B. voraus, dass Mitarbeiter in der Lage sind, eigene Auffassungen, Einschätzungen und Bewertungen infrage stellen zu lassen, ohne sich angegriffen zu fühlen. Mitarbeiter sollten fähig sein, sich sachlich mit Problemen und Schwierigkeiten auseinanderzusetzen. Dieses ist nicht selbstverständlich:

> *„Tatsächlich gehört es hierzulande zu den ungeübtesten Fähigkeiten, eine Sachkontroverse ohne Feindseligkeiten und Herabsetzungen auf der Beziehungsseite zu führen: Der Meinungsgegner wird als Feind und lästiges Übel erlebt und entsprechend behandelt."*
> *(Schulz v. Thun, 2007, S. 129)*

Aufgaben

1. Diskutieren Sie die Bedeutung von vertrauensvollen Beziehungen für die heilpädagogische und/oder heilerziehungspflegerische Arbeit anhand von konkreten Beispielen aus der Praxis.

2. Erörtern Sie in Kleingruppen, wie Sie gute, tragfähige Beziehungen zu anderen Menschen herstellen (können). Welche Aspekte müssen Sie besonders beachten? Wie können Mitarbeiter einer Wohngruppe vertrauensvolle Beziehungen zu ihren Betreuten aufbauen?

3. Welche Menschen sind Ihnen sympathisch, welche unsympathisch? Weshalb? Wodurch unterscheiden sich sympathische von unsympathischen Menschen? Von welchen Menschen übernehmen Sie am ehesten Meinungen, Ansichten und Überzeugungen?

2 Grundannahmen der Kommunikation

- *Welche grundlegenden Aussagen können über die zwischenmenschliche Kommunikation gemacht werden?*
- *Weshalb sind klare und eindeutige Beziehungen gute Voraussetzungen für eine erfolgreiche Gesprächsführung?*
- *Was wird unter „Kreisförmigkeit der Kommunikation" verstanden?*
- *Wie entstehen mehrdeutige Mitteilungen und wie wirken sie sich auf die Kommunikation aus?*

2.1 Kommunikation und Interaktion

Menschen sind soziale Wesen, die auf ein Leben in der Gemeinschaft ausgerichtet sind. Das Gefühl der Verbundenheit mit anderen Menschen und der Austausch mit ihnen ist für das Wohlbefinden jedes Einzelnen von großer Bedeutung. Viele Untersuchungen und Experimente belegen die Tatsache, dass es für Menschen nahezu unerträglich ist, dauerhaft von anderen Menschen isoliert zu leben. Unsicherheit, starke Ängste oder gar psychische Störungen sind die Folgen.

Kommunikation und Interaktion sind zentrale und sehr bedeutende Abläufe im menschlichen Leben. Menschen, die miteinander kommunizieren, tauschen Gedanken, Gefühle, Wünsche, Bedürfnisse, Erwartungen, Meinungen, Ansichten etc. aus. Dabei beeinflussen sie sich gegenseitig; sie übernehmen Ansichten und Meinungen ihrer Mitmenschen, teilen Perspektiven und veranlassen andere Menschen, Meinungen und Sichtweisen zu ändern.

> **Definition**
> Unter Kommunikation versteht man alle Prozesse, mit denen eine Person einer anderen etwas mitteilt (vgl. Watzlawick u. a., ⁶1982, S. 51). Die Mitteilung kann dabei durch Sprache und/oder durch Gestik und Mimik erfolgen.

„Der Grundvorgang der zwischenmenschlichen Kommunikation ist schnell beschrieben. Da ist ein Sender, der etwas mitteilen möchte. Er verschlüsselt sein Anliegen in erkennbare Zeichen – wir nennen das, was er von sich gibt, seine Nachricht. Dem Empfänger obliegt es, dieses wahrnehmbare Gebilde zu entschlüsseln."
(Schulz v. Thun, 2007, S. 25)

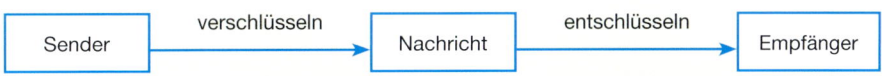

(Schulz v. Thun, 2007, S. 25)

> **Definition**
> Soziale Interaktion bezeichnet den Sachverhalt der gegenseitigen Beeinflussung „... von Individuen innerhalb von und zwischen Gruppen und die dadurch entstehenden Änderungen des Verhaltens oder der Einstellungen, Meinungen etc. ..." (Häcker/Stapf, 2004, S. 452)

2.2 Axiome der Kommunikation

Grundlegende Erkenntnisse über die menschliche Kommunikation und Interaktion hat Paul Watzlawick in fünf Axiomen der Kommunikation dargelegt.

> **Definition**
> Als Axiome bezeichnet man Grundannahmen, die so einleuchtend sind, dass sie nicht weiter begründet werden müssen.

1. Axiom: Man kann nicht nicht kommunizieren.

Das erste Axiom basiert auf der Tatsache, dass Verhalten kein Gegenteil besitzt. Egal was wir machen, wir verhalten uns. In zwischenmenschlichen Situationen besitzt jedes Verhalten Mitteilungscharakter. Wir sind daher nicht in der Lage, nicht zu kommunizieren. Gleichgültig, wie wir uns in sozialen Situationen verhalten, wir teilen anderen durch Sprache, Gestik und/oder Mimik immer etwas mit.

Die Tatsache, dass wir in sozialen Situationen immer kommunizieren, bedeutet zudem, dass Kommunikation auch dann stattfindet, wenn sie nicht willentlich erfolgt. Viele Dinge geben wir unabsichtlich preis (vgl. Kapitel 3). Wenn wir z. B. in einem Gespräch erröten, dann signalisieren wir, dass der Gesprächsinhalt uns betroffen macht, dass wir uns ertappt fühlen oder sogar schämen.

Hägar, Harte Zeiten

Aufgaben

1. Beschreiben Sie, wie Sie neue Kontakte zu Menschen knüpfen. Worauf achten Sie? Welche Verhaltensweisen Ihres Gegenübers sind für Sie wichtig? Welche signalisieren Ihnen, dass ein Kontakt möglich ist? Tauschen Sie Ihre Ergebnisse in Kleingruppen aus.

2. Tragen Sie in Kleingruppen Ihre Erfahrungen zusammen, die sie mit nonverbaler (nicht sprachlicher) Kommunikation gemacht haben: Welche nicht sprachlichen Verhaltensweisen nutzen Sie, um Einfluss auf Freunde, Bekannte, Eltern, Mitschüler etc. zu nehmen? Wie äußern Sie Ihre Wünsche? Welche nicht sprachlichen Möglichkeiten nutzen Sie, um nahestehenden Menschen unangenehme Gefühle wie Ärger, Enttäuschung oder Traurigkeit mitzuteilen?

3. Erklären Sie, welche Botschaften (nonverbal) vermittelt werden:
   - Ein Jugendlicher reagiert nicht auf die Aufforderung der Erzieherin, das Zimmer aufzuräumen.
   - Ein Erzieher sieht schweigend zu, wie sich ein Jugendlicher trotz des Rauchverbotes im Wohnzimmer eine Zigarette anzündet.
   - Der Gruppenleiter bittet darum, dass einer seiner Kollegen das Protokoll schreiben möge. Alle blicken schweigend auf ihre Unterlagen.

Übungen

1. Bilden Sie Kleingruppen. Malen Sie in jeder Kleingruppe gemeinsam ein Bild. Kommunizieren Sie nur mithilfe von Gestik und Mimik. Einigen Sie sich, während Sie malen, auf ein Thema. Nehmen Sie sich ca. 20 Minuten Zeit. Tragen Sie anschließend Ihre Erfahrungen zusammen. Was fiel Ihnen leicht? Was war schwer? Welche Missverständnisse traten auf? Wie haben Sie sich auf ein Thema geeinigt?

2. Setzen Sie sich zu zweit gegenüber. Legen Sie fest, wer A und wer B ist. A soll sich in einen (echten) Gefühlszustand versetzen, den B identifizieren soll. Hierzu soll A aus der nachfolgend aufgeführten Liste einen Begriff auswählen und sich intensiv an eine Situation erinnern, in der das entsprechende Gefühl aufgetreten ist. A soll sich genügend Zeit nehmen, in die Situation hineinzufinden.
Die Aufgabe von B besteht darin, Mimik und Gestik von A aufmerksam zu beobachten, um den Gefühlszustand von A zu identifizieren. Während der Übung sollten Sie nicht miteinander

sprechen. Tauschen Sie sich nach ca. fünf Minuten aus. B teilt seine Wahrnehmungen mit und A gibt eine entsprechende Rückmeldung. (Wurde das richtige Gefühl erkannt? Was war schwierig? Welche Verhaltensweisen waren eindeutig, welche mehrdeutig?) Wechseln Sie anschließend die Rollen. Führen Sie die Übung einige Male durch.

Begriffe:

Erleichterung	*Freude*	*Sorge*	*Ekel*	*Begehren*	*Groll*
Langeweile	*Scham*	*Stolz*	*Liebe*	*Neugierde*	*Stolz*
Überraschung	*Heiterkeit*	*Demut*	*Spott*	*Zutrauen*	*Reue*

2. Axiom: Jede Kommunikation besitzt einen Inhalts- und einen Beziehungsaspekt, derart, dass der letztere den ersteren bestimmt

Während der Inhaltsaspekt die sachliche Information vermittelt, bestimmt der Beziehungsaspekt, wie Informationen aufzufassen sind. Je nachdem, welche Beziehung wir zu einem Menschen besitzen (freundschaftlich oder feindlich, symmetrisch oder komplementär etc.), akzeptieren wir bestimmte Aussagen und Bemerkungen oder weisen sie als unglaubwürdig zurück. Die Beziehung bestimmt, ob ein und dieselbe Mitteilung entweder als Scherz aufgefasst werden soll oder ob sie eine ernste Nachricht ist.

Je ungestörter die Beziehung zwischen den Kommunikationspartnern ist, desto stärker rückt der Beziehungsaspekt gegenüber dem Inhaltsaspekt in den Hintergrund. Aufgaben, Probleme und Schwierigkeiten können konstruktiv und erfolgreich gelöst werden. Konfliktreiche Beziehungen hingegen sind gekennzeichnet durch ein wechselseitiges Ringen um die Beziehungsdefinition.

Helga, Ein Leben an seiner Seite

Aufgaben

1. Welche Bedeutung besitzt die Aussage: „Sie sind ein guter Erzieher!" aus der Sicht
   a) eines Jugendlichen?   b) der Eltern?
   c) eines Mitarbeiters?   d) des Gruppenleiters?
   e) des Heimleiters?   f) des Supervisors?

2. Denken Sie an Ihr letztes Praktikum. Welche Themen und Fragestellungen wurden besonders intensiv diskutiert? Wie verhielten sich die Mitarbeiter in langwierigen Diskussionen? Welche Atmosphäre herrschte hier vor (gereizt, entspannt, hektisch, freundlich etc.)? Wie verhielten sich die Mitarbeiter bei Aufgaben bzw. Fragestellungen, die schnell und einfach gelöst werden konnten? Gab es Unterschiede? Wenn ja, welche? Wie reagierten die Mitarbeiter auf Kritik?

3. „Genauso, wie es unmöglich ist, nicht zu kommunizieren, ist es unmöglich, sich nicht zu verhalten. Jedes – auch als auffällig, störend oder bedrohlich wahrgenommene – Verhalten hat aus subjektiver Perspektive einen Sinn, den es verstehend zu erschließen gilt."
   (Petry/Bradl, 1999, S. 39)

> Diskutieren Sie in Kleingruppen die Bedeutung von Verhaltensstörungen. Welchen Sinn können Verhaltensstörungen besitzen? Berücksichtigen Sie folgende Aspekte: Lebensgeschichte, Entwicklungsstand, aktuelle Situation, bedeutsame Bezugspersonen und individuelle Lebensziele.
>
> 4. Rollenspiel: **Nonverbale Kommunikation**
>
> *Bewohner:* Teilen Sie Ihrem Mitspieler mit, dass Ihnen Ihr rechter Fuß (rechter Arm, rechtes Ohr etc.) unerträglich juckt. Sie dürfen nur Gestik und Mimik benutzen. Keine Sprache!
>
> *Mitarbeiter:* Teilen Sie Ihrem Mitspieler mit, dass er/sie auf gar keinen Fall seine/ihre Schuhe (Handschuhe, Mütze etc.) ausziehen darf. Lassen Sie sich nicht beirren!
> Spielen Sie dieses Rollenspiel in Kleingruppen ca. zehn Minuten. Registrieren Sie Ihre Gefühle, die dabei entstehen. Tauschen Sie Ihre Erfahrungen in der Kleingruppe aus. Versuchen Sie auch Konsequenzen für Ihre Arbeit mit schwerbehinderten Menschen zu formulieren, die sich verbal nicht mitteilen können.

3. Axiom: Die Art einer Beziehung wird durch die Interpunktion der Kommunikationsabläufe seitens der Partner bestimmt

Menschen, die miteinander kommunizieren, tauschen wechselseitig Informationen aus. Dabei strukturieren sie willkürlich den Kommunikationsablauf und entwickeln – jeder für sich – eine Vorstellung davon, wer von beiden agiert und wer reagiert. Beide Kommunikationspartner erleben das Verhalten ihres Gegenübers als Ursache für ihr eigenes Verhalten. Watzlawick bezeichnet diesen Sachverhalt als Interpunktion.

> Die Auseinandersetzung zwischen einer Erzieherin und einem Jugendlichen wird von beiden unterschiedlich wahrgenommen. Der Jugendliche glaubt, ungerecht behandelt zu werden, während die Erzieherin sein Verhalten als Ungehorsamkeit wahrnimmt.

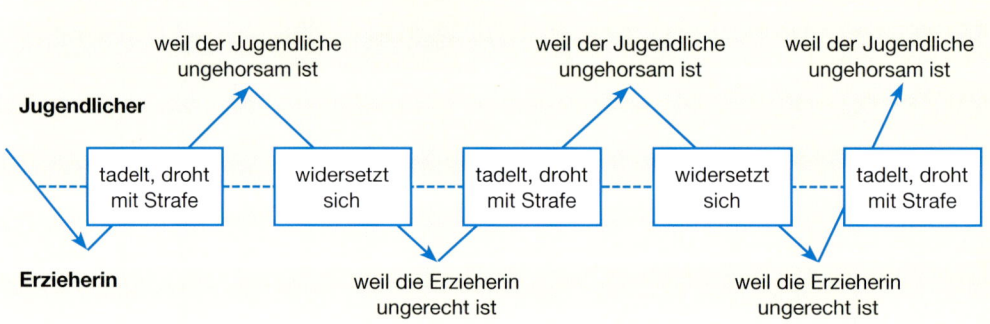

Kommunikation ist aufgrund der gegenseitigen Beeinflussung jedoch kreisförmig. Dieses bedeutet, dass es nach einer längeren Phase der Kommunikation unsinnig ist, die Ursache für ein bestimmtes Kommunikationsergebnis beim Kommunikationspartner ausmachen zu wollen. Die Interaktionsergebnisse sind miteinander verwoben.

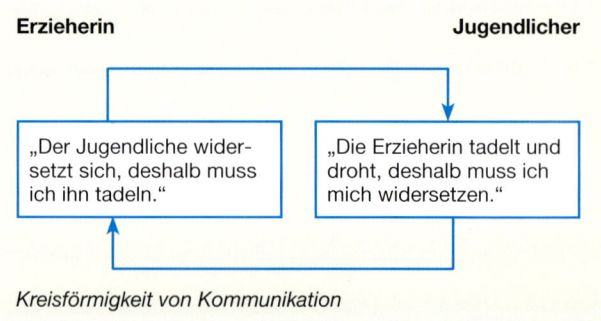

Kreisförmigkeit von Kommunikation

Axiome der Kommunikation

Da es bei einem Kreis keinen Anfang und kein Ende gibt, können Kommunikationspartner andere Ausgangspunkte bzw. Ursachen als die bisherigen für ihr Verhalten willkürlich festlegen. Hierdurch entsteht eine andere Dynamik:

Erzieherin

„Der Jugendliche widersetzt sich nicht mehr, ich kann ihn loben."

„Der Jugendliche widersetzt sich, weil ich tadle und drohe, also verändere ich mein Verhalten."

„Die Erzieherin tadelt und droht nicht mehr, ich brauche mich nicht mehr zu widersetzen."

„Die Erzieherin lobt mich, ich werde mich bemühen."

Jugendlicher

Aufgaben

1. Erläutern Sie folgende Aussage:

   „Wie man in den Wald ruft, so schallt es heraus. Das hat man uns schon gesagt, als wir noch Kinder waren. Und in unserem Kopf wissen wir es auch; aber glauben tun es nur einige wenige Glückliche."
   (Watzlawick, 1988, S. 128)

2. Teamgespräch:
   Eine Praktikantin beteiligt sich nicht am Teamgespräch, obwohl sie es gerne möchte.

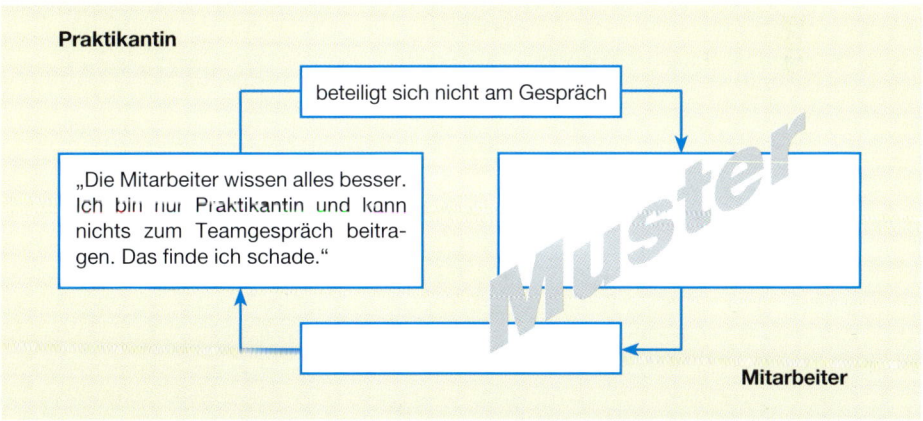

- Wie wird sich das Verhalten der Praktikantin auf die Einstellungen der Mitarbeiter auswirken? Beschreiben Sie mögliche Konsequenzen.

- Welche alternativen Verhaltensweisen schlagen Sie der Praktikantin vor? Was soll sie ändern?

- Spielen Sie die Situation in einem Rollenspiel nach. Erproben Sie auch die von Ihnen vorgeschlagenen alternativen Verhaltensweisen.

3. Erinnern Sie sich an Ihr Praktikum. Beschreiben Sie drei typische Kreisläufe.

4. Rollenspiel: **Erster Praktikumstag**

   Praktikantin: Stellen Sie sich am ersten Praktikumstag Ihren zukünftigen Teamkollegen vor. Teilen Sie Ihren Kollegen Ihre Vorstellungen und Wünsche mit. Sprechen Sie auch über Ihre Motivation, weshalb Sie einen sozialen Beruf ergreifen wollen.

   Drei Kolleginnen: Reagieren Sie auf die Ansprache bzw. auf das Verhalten der Praktikantin. Spielen Sie das Rollenspiel in drei Varianten jeweils fünf bis zehn Minuten. Die Praktikantin soll in verschiedenen Durchgängen ihren zukünftigen Kollegen jeweils **freundlich, unsicher** und **überheblich** gegenübertreten.

   Nehmen Sie die Rollenspiele mittels Kassettenrecorder oder Filmkamera auf und werten Sie sie anschließend aus: Wie haben sich die Spieler gefühlt? Wodurch wurde das Verhalten der Praktikantin und der Mitarbeiter bestimmt? In welcher Situation fiel der Praktikantin der Einstieg leicht? Weshalb?

5. Rollenspiel: **Eine alltägliche Situation**

   Mitarbeiter A und **Mitarbeiter B:** Führen Sie ein intensives Gespräch über private und dienstliche Belange. Lassen Sie sich nur bedingt unterbrechen.

   Bewohner: Versuchen Sie das Gespräch zu unterbrechen und eigene Wünsche anzumelden. Lassen Sie sich nicht beirren; wenden Sie verschiedene Strategien an.

   ■ Spielen Sie dieses Rollenspiel in Kleingruppen ca. zehn Minuten und werten Sie es anschließend aus: Mit welchen Äußerungen und Verhaltensweisen haben die Mitarbeiter den Bewohner vertröstet? Welche Gefühle und Gedanken wurden (bei allen Mitspielern) ausgelöst? Welche Reaktionen bedingten sich wechselseitig?

   ■ Übertragen Sie das Schaubild in Ihr Heft und tragen Sie die gefundenen Ergebnisse ein.

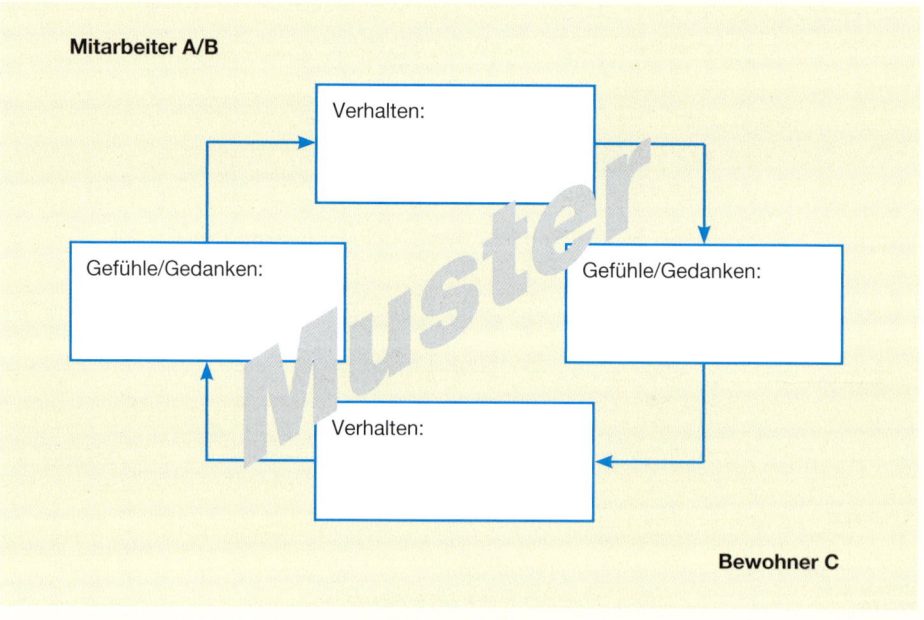

Axiome der Kommunikation

6. „Natürlich meint jeder von uns, er benehme sich seinem Gesprächspartner gegenüber angenehm und verständig. Dennoch ist die Antwort einmal distanziert, ein andermal aggressiv. Benehme ich mich da nun wirklich angenehm oder löse ich doch durch mein Verhalten die Aggressivität aus? Weil wir unser gewohntes Verhalten nicht bewusst registrieren, nehmen wir diesen Rückkopplungseffekt als einen solchen meistens nicht wahr. Wir sagen: Das ist der andere, er verhält sich so. Und erkennen nicht, dass die Ursache bei uns liegt. Darum sage ich: Ändere deine Einstellung zu den Menschen, und die Menschen ändern ihre Einstellung zu dir."
(Molcho, 1998, S. 18)

- Nehmen Sie sich etwas Zeit und beantworten Sie folgende Fragen: Wie begegnen Ihnen Ihre Klassenkameradinnen (freundlich, abweisend, distanziert)? Wie begegnen Sie ihnen? Ergreifen Sie die Initiative? Gehen Sie offen und freundlich auf sie zu oder warten Sie ab, dass Sie angesprochen werden? Was möchten Sie verändern?

- Erinnern Sie sich an Ihr letztes Praktikum: Wie beeinflussen Mitarbeiter (unwillentlich) das Verhalten von Betreuten? Worauf sollten Mitarbeiter besonders achten? Welche Einstellungen sollten sie gegenüber den Betreuten entwickeln?

4. Axiom: Menschliche Kommunikation bedient sich digitaler (Schrift, Zeichen, Symbole, Sprache) und analoger Modalitäten (Gestik, Mimik)

Eine Information kann grundsätzlich auf zwei verschiedene Arten ausgedrückt werden: entweder durch Worte oder andere Zeichen und Symbole, die einem Sachverhalt zugeordnet sind, z. B. „Blume", oder durch analoge Modalitäten, wie z. B. ein **Bild**.

„Der Unterschied zwischen digitaler und analoger Kommunikation wird vielleicht etwas klarer, wenn man sich vor Augen hält, dass bloßes Hören einer unbekannten Sprache z. B. im Radio, niemals zum Verstehen dieser Sprache führen kann, während sich oft recht weitgehende Informationen relativ leicht aus der Beobachtung von Zeichensprachen und allgemeinen Ausdrucksgebärden ableiten lassen, selbst dann, wenn die sie verwendende Person einer fremden Kultur angehört."
(Watzlawick u. a., ⁶1982, S. 62 f.)

Analoge Kommunikation (z. B. Gestik, Mimik, Tonfall) ist universell und vieldeutig. Verhaltensweisen können unterschiedlich gedeutet werden. Eine weinende Person scheint traurig zu sein. Ihr Verhalten kann aber auch andere Ursachen (z. B. Freude) haben. Analog vermittelten Informationen schenken wir mehr Glauben als digital vermittelten.

„Analoge Kommunikation [...] hat ihre Wurzeln offensichtlich in viel archaischeren Entwicklungsperioden und besitzt daher eine weitaus allgemeinere Gültigkeit als die viel jüngere und abstraktere digitale Kommunikationsweise."
(Watzlawick u. a, ⁶1982, S. 63)

Sachliche Informationen werden weitgehend durch digitale Kommunikation (Sprache, Symbole etc.) vermittelt, während der Beziehungsaspekt vorwiegend analog (Gestik, Mimik) übermittelt wird („Was du zu mir gesagt hast, war nicht schlimm, aber wie du es gesagt hast, hat mich sehr verletzt").

Helga, Ein Leben an seiner Seite

„Meinungen über die Gefühle und Einstellungen eines Gesprächspartners bildet man nicht nur aufgrund der Inhalte seiner Mitteilungen, sondern auch aufgrund von Körperhaltung, Gesten, Gesichtsausdruck, Lautstärke und Tonfall der Stimme usw. Oft misstraut man sogar dem Inhalt und ‚verlässt sich' eher auf andere Aspekte der Interaktion."
(Herkner, [2]2001, S. 278)

Aufgaben

1. Viele Menschen mit schwerer geistiger Behinderung sind häufig nicht in der Lage, sich sprachlich zu äußern (digitale Kommunikation). Sie sind auf Gestik und Mimik angewiesen, um ihre Wünsche und Bedürfnisse mitzuteilen (analoge Kommunikation).
   Tragen Sie in Kleingruppen Ihre Erfahrungen zusammen, die Sie mit nicht sprachlicher Kommunikation gemacht haben.

2. Rollenspiel: Kommunizieren Sie mit Ihren Rollenspielpartnern nur mithilfe von Gestik und Mimik. Teilen Sie ihnen Ihre Wünsche, Vorstellungen und Absichten mit.

3. Kaufen Sie in einer Bäckerei Brötchen ein. Teilen Sie der Verkäuferin Ihre Wünsche nur mithilfe von Gestik und Mimik mit. Tauschen Sie Erfahrungen in der Klasse aus.

4. Rollenspiel: **Bewerbungsgespräch**

   Bewerber: Bewerben Sie sich als Heilerziehungspfleger um eine Stelle im Gruppendienst. Bemühen Sie sich, einen guten Eindruck auf den Heimleiter zu machen; erfragen Sie Einstellungsbedingungen, teilen Sie eigene Vorstellungen mit und stellen Sie Ihre Fähigkeiten und Kenntnisse dar.

   Heimleiter: Reagieren Sie **verbal freundlich** auf den Bewerber. Stellen Sie Fragen nach seiner Motivation, zeigen Sie Verständnis für sein Anliegen und machen Sie Vorschläge für die Zusammenarbeit. Reagieren Sie gleichzeitig **nonverbal unfreundlich**. Signalisieren Sie nonverbal Desinteresse. Vermeiden Sie den Blickkontakt, während Sie mit dem Bewerber sprechen. Sehen Sie zum Fenster hinaus, sortieren Sie Ihre Unterlagen oder blättern Sie in der Zeitung.

   Spielen Sie das Rollenspiel ca. fünf Minuten. Nehmen Sie das Gespräch mit einem Kassettenrecorder auf. Tauschen Sie zunächst Ihre Erfahrungen aus. Welche Gefühle wurden ausgelöst? Welche Gedanken drängten sich auf? Was fiel leicht, was schwer? Welcher Eindruck ist vom Heimleiter entstanden? Hören Sie sich anschließend die Aufnahme an. Welches Bild entsteht vom Heimleiter, wenn nur seine Stimme zu hören ist? Können Sie eine Diskrepanz erkennen? Welche Faktoren haben Ihr Bild vom Heimleiter bestimmt?

Axiome der Kommunikation

Übungen

Durch aufmerksame Beobachtung der nonverbalen Reaktion Ihres Gegenübers sollen Sie üben, dessen **innere** Zustimmung oder Ablehnung zu erkennen. Setzen Sie sich hierzu zu zweit gegenüber. Legen Sie fest, wer A und wer B ist.

- A stellt B zehn Fragen, die offensichtlich nur mit „Ja" beantwortet werden können (z. B. „Scheint die Sonne?", „Sind alle Fenster geschlossen?", „Trage ich Jeans?" etc.). Während B antwortet, achtet A auf nonverbale Hinweisreize für „Ja" (z. B. Kopfnicken, Augenblinzeln, Augenbewegungen etc.).

- A stellt B danach zehn Fragen, die nur mit „Nein" beantwortet werden können (z. B. „Bist du schon Heilerziehungspfleger?", „Regnet es?" etc.). Während B antwortet, achtet A auf nonverbale Hinweisreize für „Nein" (z. B. minimales Kopfschütteln, Bewegung der Lippen, Kopf- und Augenbewegungen etc.).

- Anschließend stellt A Fragen, zu denen er die Antwort nicht kennt (z. B. „Magst du das Fach Gesprächsführung gerne?", „Magst du das Fach Mathematik gerne?", „Bist du mit deinem Praktikum zufrieden?" etc.). B soll die Antworten nur denken. A soll anhand des mimischen Ausdrucks (minimales Kopfschütteln oder -nicken etc.) von B dessen Ablehnung oder Zustimmung erkennen. Sobald er seine Einschätzung abgegeben hat, teilt B ihm seine innere Antwort mit. Nach einigen Durchgängen wird ein Rollenwechsel durchgeführt. Tauschen Sie abschließend Ihre Erfahrungen mit der gesamten Klasse aus.

5. Axiom: Zwischenmenschliche Kommunikationsabläufe sind entweder symmetrisch oder komplementär, je nachdem, ob die Beziehung zwischen den Kommunikationspartnern auf Gleichheit oder Unterschiedlichkeit beruht

Das Verhalten von Kommunikationspartnern ist bei **symmetrischen Kommunikationsabläufen** spiegelbildlich. Die Kommunikationspartner sind bestrebt, Gleichheit zu erreichen bzw. zu erhalten oder bestehende Unterschiede zu verringern. Dabei sind sie ebenbürtig. Gleichgültig, welches Verhalten A zeigt (z. B. Schwäche, Härte, Freundlichkeit, Hilfsbereitschaft etc.), auch B ist in der Lage, dieses Verhalten zu zeigen.

Beispiel

Die Beziehungen zwischen Gruppenmitarbeitern sind symmetrisch. Jeder besitzt grundsätzlich die gleichen Möglichkeiten, mit seinen Kollegen zu kommunizieren.

Symmetrische Kommunikationsabläufe bergen die Gefahr der **symmetrischen Eskalation**. Das Streben nach Gleichheit und Verminderung von Unterschieden kann zur Rivalität zwischen Kommunikationspartnern führen.

Beispiel

Mitarbeiter A organisiert für die Betreuten seiner Gruppe einen Ausflug in den Zoo. Sein Kollege B ist überrascht von dem Vorhaben. Er möchte genauso aktiv sein. Die Idee, auch einen Ausflug in den Zoo zu organisieren, verwirft er. Sein Kollege besaß sie zuerst. Um mit A gleichzuziehen, plant Mitarbeiter B, den nächsten Urlaub für die Gruppe zu gestalten.

Das Verhalten der Kommunikationspartner bei **komplementären Kommunikationsabläufen** basiert auf Unterschieden, die von ihnen akzeptiert werden. Die Kommunikationspartner ergänzen sich wechselseitig, z. B.: Der eine lehrt, der andere lernt; der eine erteilt Anweisungen, der andere befolgt sie; der eine erklärt, der andere nimmt die Erklärung an. Häufig beinhaltet diese Unterschiedlichkeit eine Art von Überlegen- und Unterlegenheit.

> „Komplementäre Beziehungen beruhen auf gesellschaftlichen oder kulturellen Kontexten (wie z. B. im Fall von Mutter und Kind, Arzt und Patient, Lehrer und Schüler), oder sie können die idiosynkratische Beziehungsform einer ganz bestimmten Dyas sein. In beiden Fällen muss jedoch die ineinander verzahnte Natur der Beziehung hervorgehoben werden, wobei unterschiedliche, aber einander ergänzende Verhaltensweisen sich gegenseitig auslösen."
> (Watzlawick u. a., ⁶1982, S. 69 f.)

Beispiel

Zwischen einem Gruppenleiter und seinen Mitarbeitern besteht eine komplementäre Beziehung. Der Gruppenleiter erteilt z. B. Anweisungen, die von den Mitarbeitern befolgt werden.

Kommunikationsstörungen entstehen bei komplementären Kommunikationsabläufen durch symmetrische Manöver.

Definition

Manöver sind Verhaltensweisen, die die bisherige Beziehung infrage stellen bzw. verändern (vgl. Schulz v. Thun, 2007, S. 182).

Ein symmetrisches Manöver liegt demnach vor, wenn einer der Kommunikationspartner versucht, die Beziehung in Richtung Gleichheit umzudefinieren. Wird dieser Versuch vom Kommunikationspartner nicht zurückgewiesen sondern akzeptiert, entsteht eine neue Beziehungsqualität.

Beispiel

Ein Gruppenmitarbeiter lobt am Ende der Konferenz den Heimleiter: „Diesmal haben Sie sich sehr gut auf das Gespräch vorbereitet. Machen Sie weiter so. Ich habe gewusst, dass Sie hierzu in der Lage sind." Der Heimleiter weist dieses Lob energisch zurück.

Komplementäre Kommunikationsabläufe bergen die Gefahr, dass die Beziehungsdefinitionen, die in jeder Kommunikation enthalten sind, vom Partner, der die unterlegene Position einnimmt (z. B. Schüler, Praktikanten, Zivildienstleistende, zu Erziehende, Betreute, Patienten), nicht zurückgewiesen werden können, ohne die bestehende Beziehung infrage zu stellen. In vielen Gesprächssituationen (Eltern – Kinder, Mitarbeiter – Betreute, Vorgesetzte – Untergebene etc.) ist dieser Aspekt von besonderer Bedeutung, da er einen offenen Austausch verhindert.

Aufgaben

1. Symmetrisch oder komplementär? Welche Art der Beziehung liegt vor? Begründen Sie Ihre Meinung.

Lehrer – Schüler	Arzt – Patient	Heilpädagoge – Kind
Mitarbeiter – Betreuer	Mitarbeiter – Praktikant	Mitarbeiter – Eltern
Mitarbeiter – Heimleiter	Mitarbeiter – Supervisor	Mitarbeiter – Mitarbeiter
Eltern – Betreute	Betreute – Betreute	Praktikant – Betreute

2. Weshalb fällt es schwer, einen Vorgesetzten zu kritisieren? Wie verändert sich die Beziehung, wenn ein Vorgesetzter eine unaufgeforderte Kritik nicht zurückweist? Begründen Sie Ihre Antworten mithilfe des fünften Axioms.

3. Erzieher/-innen fühlen sich oft durch die Kritik von Kindern und Jugendlichen besonders getroffen. Finden Sie mithilfe des fünften Axioms eine Erklärung für diesen Sachverhalt.

4. **Rollenspiel: Überstunden**
   Ein Mitarbeiter einer Wohngruppe hat ohne Zustimmung und ohne ausreichende Absprache mit seinen Kollegen seine Überstunden abgefeiert. Hierdurch bedingt mussten andere Mitarbeiter ihren geplanten Urlaub verschieben. Der Mitarbeiter wird zunächst von einem Kollegen auf sein Verhalten angesprochen. Etwas später meldet sich der Heimleiter.
   Führen Sie nacheinander zwei Gespräche (Mitarbeiter – Kollege, Mitarbeiter – Vorgesetzter).

   Kollege: Führen Sie ein Gespräch mit dem Mitarbeiter. Teilen Sie ihm freundlich, aber bestimmt Ihre Meinung mit. Machen Sie ihm deutlich, dass sein Verhalten nicht tragbar ist.

   Heimleiter: Führen Sie ein Gespräch mit dem Mitarbeiter. Teilen Sie ihm freundlich, aber bestimmt Ihre Meinung mit. Machen Sie ihm deutlich, dass sein Verhalten nicht tragbar ist.

   Nehmen Sie beide Gespräche mit dem Kassettenrecorder auf und analysieren Sie sie anschließend. Gibt es Unterschiede im Kommunikationsverhalten des Mitarbeiters? Welche können Sie feststellen? Welche Verhaltensweisen werden im Gespräch mit dem Vorgesetzten nicht gezeigt? Weshalb nicht? Finden Sie Erklärungen hierfür. Tauschen Sie sich aus.

5. In Anlehnung an Haley (1978) stellt Schulz v. Thun (2007, S. 179) dar, dass es grundsätzlich vier Möglichkeiten gibt, auf das Verhalten eines Kommunikationspartners einzugehen:

   - **Akzeptieren:** Der Empfänger befindet die Beziehungsbotschaft als passend. Beispiel: Der Empfänger reagiert auf eine Frage mit einer entsprechenden Antwort.

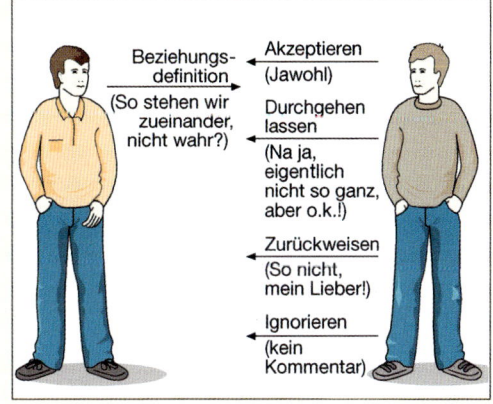

(vgl. Schulz v. Thun, 2007, S. 180)

- **Durchgehen lassen:** Der Empfänger ist mit der Beziehungsbotschaft zwar nicht einverstanden, er wendet sich aber nicht deutlich gegen sie. Beispiel: Der Empfänger einer ungehörigen Frage reagiert lediglich auf den Inhaltsaspekt. Den Beziehungsaspekt, d. h. die Ungehörigkeit, spricht er nicht an.

- **Zurückweisen:** Der Empfänger macht deutlich, dass er mit der Beziehungsbotschaft nicht einverstanden ist. Beispiel: Der Empfänger einer ungehörigen Frage weist die Fragestellung zurück. Er verbittet sich, so angesprochen zu werden.

- **Ignorieren (= entwerten):** Der Empfänger reagiert überhaupt nicht auf den Kommunikationspartner. Beispiel: Der Empfänger einer ungehörigen Frage reagiert nicht.

Erinnern Sie sich an Ihr letztes Praktikum. Beschreiben Sie Situationen, in denen Sie mit ungehörigen Fragen und Bemerkungen von Mitarbeitern, Betreuten, Eltern oder anderen Personen konfrontiert wurden. Wie haben Sie reagiert? Haben Sie die enthaltenen Beziehungsbotschaften akzeptiert, zurückgewiesen, ignoriert oder haben Sie sie durchgehen lassen? Suchen Sie sich einige Szenen heraus und spielen Sie sie in Kleingruppen nach. Variieren Sie anschließend das Rollenspiel, indem Sie alle Möglichkeiten durchspielen, auf eine Beziehungsbotschaft einzugehen.

2.3 Doppeldeutige Botschaften

Grundsätzlich gibt es zwei verschiedene Arten, wie Menschen miteinander kommunizieren können: Die eine ist verbal, die andere nonverbal. Sachliche Informationen werden in einer Gesprächssituation im Allgemeinen verbal übermittelt. Das subjektive Erlebnis der Gesprächssituation und die Gefühle und Einstellungen, die in dieser Situation gegenwärtig sind, werden hingegen nur selten angesprochen. Sie sind jedoch sehr real und werden gleichzeitig nonverbal durch Gestik und Mimik vermittelt.

Hägar, Mehr Glück als Verstand

„Das gleichzeitige Enthaltensein von sprachlichen und nicht sprachlichen Anteilen an der Nachricht eröffnet einerseits die Möglichkeit, dass sich diese Anteile gegenseitig ergänzen und unterstützen, andererseits aber auch die verwirrende Möglichkeit, dass sie einander widersprechen."
(Schulz v. Thun, 2007, S. 35)

Merke: Von kongruenter Kommunikation spricht man, wenn sprachliche und nicht sprachliche Anteile stimmig sind, d. h., wenn sie in die gleiche Richtung weisen und sich nicht widersprechen.

Beispiel: Eine Mutter ärgert sich über ihre Tochter, die, statt ihre Hausaufgaben für die Schule zu machen, einen interessanten Film im Fernsehen sieht. Mit ärgerlichem Gesichtsausdruck und fester Stimme fordert die Mutter ihre Tochter auf: „Schalte den Fernseher aus und mache endlich deine Aufgaben!"

Doppeldeutige Botschaften

Merke

Von inkongruenter Kommunikation wird gesprochen, wenn sprachliche und nicht sprachliche Signale nicht zueinander passen und sich widersprechen.

Beispiel

Eine Mutter ist enttäuscht über das schlechte Zeugnis ihres Sohnes. Um ihn nicht zu verletzen oder zu entmutigen, sagt sie mit gedrückter Stimme: „Ich freue mich sehr über dein Zeugnis. Es ist besser als vor zwei Jahren." Während sie das sagt, klopft sie ihm auf die linke Schulter und sieht nachdenklich zum Fenster hinaus.

In vielen Fällen sind die Widersprüche zwischen verbalen und nonverbalen Signalen leicht zu erkennen. Es gibt jedoch auch viele Situationen, in denen die nonverbalen Signale nicht sofort registriert werden und man sie sich erst bewusst machen muss. Trotzdem reagiert der Körper; denn er ist unfähig, nicht zu kommunizieren (vgl. Molcho, 1998, S. 9 ff.).

Inkongruente Mitteilungen sind für den Empfänger sehr verwirrend. Soll er dem verbalen oder dem nonverbalen Anteil der Nachricht glauben? Dies ist besonders dann ein Problem, wenn der Sender vom Empfänger eine bestimmte Reaktion erwartet. Der Empfänger weiß dann nicht, auf welchen Teil der Nachricht er reagieren soll. Egal wie er reagiert, er reagiert (wahrscheinlich) falsch (vgl. Schulz v. Thun, 2007, S. 35).

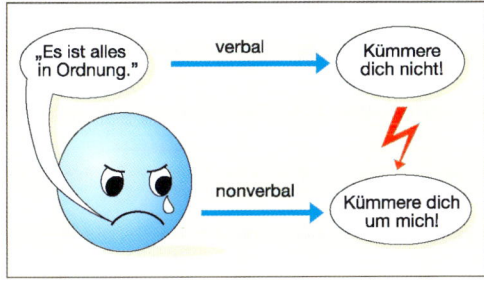

Doppeldeutige Botschaften

Eine Person, die ein trauriges Gesicht macht und gleichzeitig ihrem Gesprächspartner mitteilt „Mir geht es gut. Ich brauche keine Hilfe", signalisiert zweierlei. Einerseits signalisiert ihr Gesichtsausdruck: „Kümmere dich um mich." Andererseits drückt sie sprachlich aus: „Kümmere dich nicht um mich." Wenn der Gesprächspartner nun versucht, sich zu kümmern, erhält er wahrscheinlich eine Abfuhr: „Ich habe dir doch bereits gesagt, es ist alles in Ordnung." Kümmert er sich nicht, wird er wahrscheinlich bei nächster Gelegenheit die Rückmeldung erhalten, unsensibel zu sein, da er die Notlage des anderen nicht erkannt habe.

Eine inkongruente Kommunikation entsteht dann, wenn der Sender verschiedene Strebungen in sich verspürt, die er gleichzeitig umsetzen möchte, die sich aber widersprechen (vgl. Schulz v. Thun, 2007, S. 35).

Beispiel

Ein Gruppenleiter möchte einerseits seinen Kollegen mehr Mitsprache und Mitbestimmung ermöglichen. Andererseits möchte er, da er sich gegenüber der Heimleitung verantwortlich fühlt, die Kontrolle über die Entwicklung der Gruppe behalten.

Nach Satir entstehen doppeldeutige Botschaften besonders dann, wenn eine Person folgende Ansichten hat:

- „Sie hat ein geringes Selbstwertgefühl und meint, sie sei schlecht, weil sie so empfindet.
- Sie befürchtet, die Gefühle anderer zu verletzen.
- Sie befürchtet Vergeltung vonseiten der anderen.
- Sie befürchtet einen Abbruch der Beziehung.
- Sie möchte sich nicht aufdrängen.
- Sie misst der Person selbst oder der Wechselbeziehung keine Bedeutung bei."

(Satir, [20]2011, S. 69)

Aufgaben

1. Rollenspiel: **Mutter und Sohn**

   Sohn: Sie wollen Ihrer Mutter mitteilen, dass Sie heute Abend mit Ihrer Freundin ausgehen. Ihre Mutter ist krank und braucht Ihre Hilfe. Einerseits möchten Sie auf Ihre Mutter Rücksicht nehmen und zu Hause bleiben. Andererseits haben Sie Ihrer Freundin schon mehrere Termine abgesagt. Wenn Sie erneut absagen, werden Sie Ihre Freundin sehr enttäuschen.

   Mutter: Sie wollen Ihren Sohn eigentlich bitten, heute Abend bei Ihnen zu bleiben. Es geht Ihnen schlecht, sie sind krank und müde (durch Gestik und Mimik betonen, ohne zu übertreiben!). Sie wissen, dass Ihr Sohn ausgehen will. Sie haben Verständnis für Ihren Sohn. Obwohl Sie sich sehr elend fühlen, haben Sie sich entschlossen, ihm zu sagen, dass er sich ruhig amüsieren soll. Er soll sich keine Gedanken um Sie machen.

   - Spielen Sie das Rollenspiel ca. fünf bis zehn Minuten. Tauschen Sie dann Ihre Erfahrungen aus: Was fiel leicht? Was war schwer? Welche Gefühle sind (bei beiden Rollenspielern) entstanden? Gibt es Unterschiede?
   - Kennen Sie solche oder ähnliche Situationen? Welche Erinnerungen werden wach?
   - Diskutieren Sie in Kleingruppen Lösungsmöglichkeiten.

2. Wie teilen Sie Ihrem/Ihrer Freund/-in bzw. Partner/-in mit, dass Sie nicht mit ihm/ihr ins Kino gehen wollen, sondern Ihre Ruhe haben möchten? Spielen Sie diese Situation im Rollenspiel. Tauschen Sie sich anschließend aus: Wie haben Sie Ihren Wunsch vorgebracht? Weshalb? Was fiel leicht? Was fiel schwer? Welche Ziele wollten Sie erreichen? Was wollten Sie vermeiden?

3. Eine Mitarbeiterin verzieht ihr Gesicht, als sie den neuen Dienstplan sieht. Gegenüber den Kollegen äußert sie, dass sie mit dem Dienstplan sehr zufrieden sei. Welches „innere Durcheinander" vermuten Sie? Zeigen Sie mögliche Ursachen des Verhaltens der Mitarbeiterin auf und beschreiben Sie mittel- und langfristige Konsequenzen (Wie wird sich die Mitarbeiterin mittel- und langfristig fühlen? Wie wird sich ihr Verhalten auf die Zusammenarbeit im Team auswirken? etc.).

3 Botschaften einer Nachricht

- *Welche Botschaften sind in einer Mitteilung enthalten?*
- *Welche Auswirkungen haben einseitige Hörgewohnheiten?*
- *Wie entstehen Kommunikationsstörungen?*
- *Wie können Konflikte und Auseinandersetzungen geklärt werden?*

3.1 Die vier Seiten einer Nachricht

Schulz von Thun hat ein kommunikationspsychologisches Modell entwickelt, mit dessen Hilfe die Botschaften analysiert und geordnet werden können, die in unseren Mitteilungen und Äußerungen enthalten sind. Sein Modell, das „Nachrichtenquadrat", eignet sich sowohl zur Aufdeckung von alltäglichen Missverständnissen als auch zur Analyse von bedeutsamen Kommunikationsstörungen.

Nach Schulz von Thun sind in jeder Nachricht viele verschiedene Botschaften enthalten, die vier seelisch bedeutsamen Seiten zugeordnet werden können.

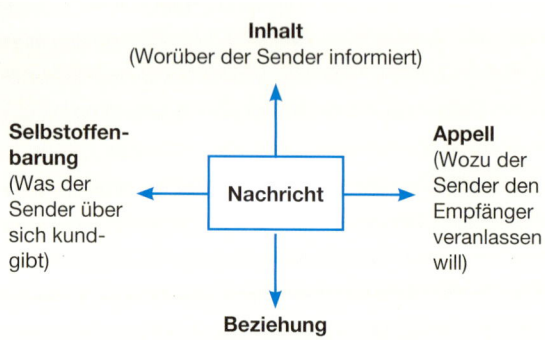

„Dies ist eine Grundtatsache des Lebens, um die wir als Sender und Empfänger nicht herumkommen. Dass jede Nachricht ein ganzes Paket mit vielen Botschaften ist, macht den Vorgang der Kommunikation so kompliziert und störanfällig, aber auch so aufregend und spannend."
(Schulz von Thun, 2007, S. 26)

3.1.1 Inhaltsseite

Die Inhaltsseite enthält die sachlichen Informationen einer Nachricht. Hier geht es um die Frage, worüber der Sender informieren möchte. Es geht weder um Gefühle, die der Sender mit der Nachricht verbindet, noch um implizite Wünsche oder Absichten.

> **Beispiel**
> *Ein Heilerziehungspfleger zu seinem Kollegen: „Alois macht wieder Probleme. Er ärgert seine Mitbewohner."*
> ***Inhaltsebene:** „Alois ärgert seine Mitbewohner."*

Einseitige Mitteilungen
Freund 1: „Ja und vor zehn Monaten habe ich geheiratet, aber leider starb meine Frau vor vier Wochen."
Freund 2: „Welche Tragödie! Was hat sie denn gehabt?"
Freund 1: „Ein kleines Einzelhandelsgeschäft und ein paar Tausend Mark Festgeldanlagen."
Freund 2: „Nein, das meine ich nicht. Was hat ihr denn gefehlt?"
Freund 1: „Na gut. Ein Bauplatz und das Geld, das Geschäft vernünftig auszubauen."
Freund 2: „Das meine ich doch nicht. An was ist sie denn gestorben?"
Freund 1: „Ach so. Sie wollte in den Keller, um fürs Mittagessen Kartoffeln und Sauerkraut hochzuholen. Dabei ist sie auf der Treppe gestürzt und hat sich das Genick gebrochen."
Freund 2: „Um Himmels willen! Was habt ihr denn da gemacht?"
Freund 1: „Nudeln."
(Trenkle, ²1995, S. 52)

3.1.2 Selbstoffenbarungsseite

Die Selbstoffenbarungsseite einer Nachricht enthält Informationen über die Person des Senders. Sie werden als „ICH-Botschaften" bezeichnet, da der Sender etwas über sich selbst aussagt. Obwohl ICH-Botschaften nur selten ausdrücklich formuliert werden, geben sie Aufschluss über die Persönlichkeit des Senders. Sie zeigen, wie sich der Sender fühlt, welche Meinungen er vertritt und welche Einstellungen, Fähigkeiten, Gefühle, Wünsche und Bedürfnisse er besitzt. Die Selbstoffenbarungsseite ist eine sehr brisante Seite, die mit vielen Problemen und Ängsten verbunden ist.

Die Selbstoffenbarung umfasst sowohl die gewollte **Selbstdarstellung** als auch die unfreiwillige **Selbstenthüllung**.

Selbstdarstellung: „Ich kenne wichtige Menschen."	„Alois macht wieder Probleme. Ich werde Herrn Dr. Schmitz bitten, uns zu beraten."	**Selbstenthüllung:** „Ich bin hilflos."	„Alois macht wieder Probleme. Ich habe keine Ahnung, wie es weitergehen soll."

Unter der gewollten **Selbstdarstellung** werden alle Verhaltensweisen verstanden, die eine Person einsetzt, um von sich ein bestimmtes Bild bei anderen Menschen zu erzeugen. Hierzu gehören Selbsterhöhungstechniken wie die beiläufige Mitteilung wichtiger Informationen („Mein Freund, der Professor ist und der mehrere Bücher zu diesem Thema veröffentlicht hat, ist gleicher Meinung.") oder der Gebrauch einer schwer verständlichen Sprache („Alois' infantile Attitüden sind in erster Linie das Resultat ungünstiger soziokultureller Rahmenbedingungen.").

> *Schwer verständliche Ausführungen dienen weniger dem Verständnis des Empfängers als dem eigenen Prestige („Ich verstehe kein Wort, aber es muss ein sehr kluger Kopf sein!").*
> **(Schulz v. Thun, 2007, S. 107)**

Selbstenthüllung meint die unfreiwillige Preisgabe von Informationen (z. B. unangenehm empfundene Gefühle, Einstellungen etc.) über die eigene Person. Jede Mitteilung oder Äußerung enthält eine Vielzahl nonverbaler Botschaften, die wir nur in einem begrenzten Maße kontrollieren können.

Beispiel
Einige Menschen erröten, wenn sie auf Sachverhalte angesprochen werden, die ihnen peinlich sind, andere Menschen machen unwillkürlich ein erstauntes Gesicht.

Techniken, die darauf abzielen, Anteile der eigenen Person zu verbergen, werden als **Fassadentechniken** bezeichnet. Die konsequenteste Technik besteht im Schweigen. Viele Menschen neigen dazu, lieber zu schweigen statt Fragen zu stellen. Sie haben Angst, sich zu blamieren oder als dumm zu gelten. Eine andere Fassadentechnik besteht darin, keine Schwächen oder Gefühle zu zeigen. Sie wird häufig eingesetzt, um das Selbstwertgefühl (vgl. Kapitel 4) zu schützen.

Helga, Ein Leben an seiner Seite

> „So fühle ich mich manchmal angegriffen, gekränkt oder ausgeschlossen, aber lasse mir nichts anmerken; ich habe Herzklopfen und Angst, aber ich tue so, als sei ich die Ruhe selbst. Ich ärgere mich, aber ich mache gute Mine zum bösen Spiel."
> **(Schulz von Thun, 2007, S. 109)**

Zu den Fassadentechniken zählen auch sprachliche Mittel, die dazu beitragen, eigene Persönlichkeitsanteile zu verbergen. Der Gebrauch eines betont sachlichen und unpersönlichen Gesprächsstils, der von einer eingeschränkten Mimik und Gestik begleitet wird, signalisiert dem Gesprächspartner, dass die Erfüllung von (Rollen-) Erwartungen mehr gefragt ist als seine menschlichen Qualitäten. Diese Haltung, die häufig in der Arbeitswelt anzutreffen ist, wird u. a. deutlich durch die Verwendung des unpersönlichen „Es" („Es war langweilig" statt „Ich habe mich gelangweilt"), durch den Gebrauch von „Man-" und „Wir-Sätzen" („Man sollte deutlicher seine Meinung sagen" statt: „Ich traue mich nicht, meine Meinung zu sagen") und durch den Einsatz von Fragen, die die eigene Selbstoffenbarung vermeiden und stattdessen die des Gesprächspartners herausfordern („Weshalb hast du den Dienst getauscht?" statt: „Ich bin nicht damit einverstanden, dass du den Dienst getauscht hast."). Eine sehr verbreitete Technik, Selbstoffenbarungsaussagen zu vermeiden, besteht darin, Aussagen über eigene Anteile (z. B. Gefühle, Einstellungen) durch Du-Botschaften (vgl. Kapitel 3.3), d. h. durch Aussagen über den anderen, zu ersetzen („Sie sollten Ihre Interessen deutlicher im Team äußern. Es ist nicht gut, wenn Konflikte, die das Team betreffen, außerhalb der Gruppe besprochen werden" statt: „Ich ärgere mich darüber, dass Sie den Konflikt, der zwischen uns beiden besteht, mit Kollegen aus anderen Bereichen besprochen haben").

3.1.3 Beziehungsseite

Die Beziehungsseite gibt Aufschluss darüber, wie der Sender einer Nachricht seine Beziehung zum Empfänger sieht (Wir-Botschaft) und was er von ihm hält (Du-Botschaft). Diese Informationen werden in der Regel nicht ausdrücklich mitgeteilt, sondern erfolgen nonverbal durch Gestik und Mimik oder paraverbal durch Tonfall und Modulation der Stimme. Die Art, wie man mit einem Menschen spricht, enthält dabei mehr Informationen über den Gesprächspartner, als man es mit Worten ausdrücken kann (vgl. Kapitel 2). Der Empfänger einer Nachricht reagiert sehr sensibel auf Beziehungsinformationen. Während er beim Empfang der Selbstoffenbarungsseite selbst nicht betroffen ist, „[...] fühlt er sich [hier, Anm. d. Verf.] als Person in bestimmter Weise behandelt (oder misshandelt)." (Schulz v. Thun, 2007, S.27)

Hägar, Perlen für die Säue

> **Mitarbeiter:** „Alois macht mir Probleme. Ich weiß nicht, wie es weitergehen soll."
> **Du-Botschaft:** „Du bist kompetent und kannst mir helfen."
> **Wir-Botschaft:** „Wir sind Kollegen; ich kann dir meine Probleme mitteilen."

Die Beziehungsseite einer Nachricht besitzt nicht nur eine kurzfristige Wirkung, Beziehungsbotschaften beeinflussen in ganz erheblichem Ausmaß das Selbstwertgefühl eines Menschen. Dieses trifft besonders auf Kinder und Jugendliche zu, die noch auf der Suche nach einer eigenen Identität sind. Das Selbstkonzept eines Menschen stellt nach Schulz von Thun ein Produkt von frühen Beziehungsbotschaften in der Kindheit dar (vgl. Kapitel 4).

3.1.4 Appellseite

Die **Appellseite** drückt aus, wozu der Sender den Empfänger veranlassen möchte. Kaum etwas wird einfach nur gesagt. Mit einer Mitteilung ist auch immer die Absicht verbunden, eine bestimmte Reaktion beim Empfänger zu bewirken. Er soll veranlasst werden, bestimmte Dinge zu

Hägar, Perlen für die Säue

tun, etwas Bestimmtes zu denken und/oder zu fühlen. Appelle werden sowohl offen als auch verdeckt, bewusst und unbewusst gesendet.

> **Mitarbeiter:** „Alois macht mir Probleme. Ich weiß nicht, wie es weitergehen soll."
> **Appell:** „Hilf mir!"

Menschliche Kommunikation besitzt grundsätzlich zwei Funktionen: **Ausdruck und Wirkung**. Während der Sender einerseits mit seinen Äußerungen stets Gefühle, Einstellungen, Meinungen etc. ausdrückt, erzielt er andererseits stets auch eine Wirkung beim Empfänger. In vielen Situationen stimmen Ausdruck und Wirkung überein:

> Eine Bewohnerin weint, da sie versehentlich ihre Tasse mit Kakao umgeschüttet hat.

Wenn der Ausdruck genutzt wird, eine bestimmte Wirkung zu erzielen, wird diese Übereinstimmung infrage gestellt:

> Eine Bewohnerin weint häufig, um die Aufmerksamkeit der Mitarbeiter zu erhalten.

Aufgaben

1. **Gesprächsanalyse (I):**
   Analysieren Sie die folgenden Mitarbeiteräußerungen und vergleichen Sie Ihre Ergebnisse. Die Beschreibungen der einzelnen Seiten können sehr unterschiedlich sein. Dies ist kein Fehler. Je nach Erfahrungshintergrund werden die Beispiele unterschiedlich wahrgenommen.

   Wesentlich ist jedoch, dass
   - auf der **Sachseite** das wiedergegeben wird, was der Sender sachlich mitteilen will,
   - auf der **Selbstoffenbarungsseite** deutlich wird, was der Sender mit dieser Aussage über sich selbst (Gedanken, Gefühle, Einstellungen etc.) aussagt,
   - auf der **Beziehungsseite** deutlich wird, was der Sender vom Empfänger hält (Du-Botschaft) und/oder wie er seine Beziehung zu ihm sieht (Wir-Botschaft),
   - auf der **Appellseite** deutlich wird, was der Sender beim Empfänger erreichen will.

   Übertragen Sie die Tabelle in Ihr Heft und tragen Sie Ihre Ergebnisse ein.

Äußerungen	Sachinhalt	Selbstoffen-barung	Beziehung	Appell
Die Mitarbeiter einer Wohngruppe sitzen zum Teamgespräch zusammen. Ein Mitarbeiter zu einem Kollegen: „Ist noch Kaffee da?"				
Ein Mitarbeiter äußert sich im Teamgespräch gegenüber seinen Kollegen: „Immer muss ich die ganze Arbeit alleine machen."				
Die Mutter einer Bewohnerin zum Gruppenleiter: „Ich bin nicht damit einverstanden, dass meine Tochter mit der Gruppe für drei Wochen in die Ferien fährt. Sie wird überfordert."				
Die Praktikantin zum Praxisanleiter: „Ich fühle mich noch nicht sicher, eine Nachtbereitschaft zu übernehmen."				
Ein Heilerziehungspfleger zu einem Teamkollegen: „Dieses Jahr möchte ich Weihnachten frei haben. In den letzten zwei Jahren musste ich an beiden Feiertagen arbeiten."				

2. Gesprächsanalyse (II):

Setzen Sie sich in Kleingruppen zusammen (drei bis vier Schüler). Zwei Schüler sollen ein Gespräch über ein beliebiges Thema (z. B. Hausaufgaben, Klassenarbeiten, Freizeitgestaltung) führen. Das Gespräch soll ca. fünf Minuten dauern und mithilfe eines Kassettenrecorders aufgenommen werden. Im Anschluss soll dieses Gespräch analysiert werden. Hierzu soll jede Äußerung der beiden Gesprächspartner einer Seite des Nachrichtenquadrates zugeordnet werden. Gehen Sie Satz für Satz vor.

Äußerungen von	Sachinhalt	Selbstoffenbarung	Beziehung	Appell
Teilnehmer 1				
Teilnehmer 2				
Teilnehmer 1				
...				

3. Eindruck

Welche Strategien setzen Sie ein, um bei anderen Menschen einen guten Eindruck zu hinterlassen? Beschreiben Sie mindestens zwei bis drei Möglichkeiten. Tauschen Sie sich anschließend mit Ihren Klassenkameraden aus.

4. Fassaden

Diskutieren Sie in Kleingruppen folgende Fragen: Weshalb verstecken sich Menschen hinter einer Fassade? Welche Techniken kennen Sie, Fassaden aufzubauen? Weshalb fühlen sich viele Menschen einsam, die erfolgreich eine Fassade aufgebaut haben und Zuspruch und Zuwendung von ihren Mitmenschen erhalten?

1. Explizite und implizite Beziehungsbotschaften

Bilden Sie Kleingruppen (vier bis fünf Schüler). Überlegen Sie Möglichkeiten, wie Sie folgende explizite Beziehungsaussagen implizit und/oder nonverbal vermitteln können:

Ich schätze dich.	Du bist unfair.	Du bist behindert.
Wir sind Freunde.	Ich habe Mitleid mit dir.	Ich verachte dich.
Du langweilst mich.	Du faszinierst mich.	Du bist interessant.

2. Fassadentechniken

Setzen Sie sich zu zweit zusammen. Sprechen Sie zehn Minuten lang über ein Thema, das Sie berührt (z. B.: Sollen Menschen mit geistiger Behinderung heiraten dürfen?). Nutzen Sie dabei sprachliche Fassadentechniken (z. B. „Man-Sätze"), um eigene Stellungnahmen und/oder Wertungen vor Ihrem Gesprächspartner zu verbergen. Tauschen Sie sich anschließend über Ihre Erfahrungen aus.

3.2 Vierohriges Hören

Den vier Seiten einer Nachricht entsprechen vier verschiedene Möglichkeiten, eine Nachricht aufzunehmen. Schulz v. Thun bezeichnet diese Möglichkeiten als „Ohren":

- Sachohr,
- Selbstoffenbarungsohr,
- Beziehungsohr,
- Appellohr.

Während der Sender alle vier Seiten beherrschen muss, besitzt der Empfänger die freie Wahl, auf welche Botschaft er reagieren möchte. Diese Tatsache macht menschliche Kommunikation kompliziert und störanfällig:

(vgl. Schulz v. Thun, 2007, S. 45)

„Je nachdem, welches seiner vier Ohren der Empfänger gerade vorrangig auf Empfang geschaltet hat, nimmt das Gespräch einen sehr unterschiedlichen Verlauf. Oft ist dem Empfänger gar nicht bewusst, dass er einige seiner Ohren abgeschaltet hat und dadurch die Weichen für das zwischenmenschliche Geschehen stellt."
(Schulz v. Thun, 2007, S. 44)

„Die meisten Menschen haben einseitige Hörgewohnheiten ausgebildet, d. h. bei ihnen ist „[...] unabhängig von den Situationserfordernissen [...] ein Ohr auf Kosten der anderen besonders gut ausgebildet."
(Schulz v. Thun, 2007, S. 47)

Sachohr

Das Sachohr empfängt hauptsächlich Daten und Fakten. Gefühle und die persönliche Betroffenheit des Kommunikationspartners werden nicht wahrgenommen. Der Empfänger reagiert auf Mitteilungen mit Richtigstellungen, Sachfragen und Informationen.

Hägar, Ohne Furcht und Tadel

Beispiel

Sender: „Heute ist es sehr heiß."
Empfänger: „Wie viel Grad zeigt das Thermometer an?"

Das Sachohr ist von Vorteil, wenn es um die Sache geht. Wenn jedoch Beziehungskonflikte gelöst werden sollen, trägt das Sachohr zur Verschärfung der Konflikte bei.

> **Beispiel**
>
> Sender: „Ich finde es nicht gut, dass du mich ungerecht behandelst."
> Empfänger: „Bitte definiere den Begriff ‚Gerechtigkeit‘, damit ich weiß, ob wir von der gleichen Sache sprechen."

Selbstoffenbarungsohr

Das Selbstoffenbarungsohr registriert die Informationen, die der Sender gewollt oder unfreiwillig über sich mitteilt. Dabei können zwei verschiedene Hörgewohnheiten unterschieden werden: Der Empfänger nimmt die Ich-Botschaften des Senders entweder verständnisvoll auf oder nutzt sie, um seine Schwächen zu entlarven. Die Sachlichkeit und die Person des Empfängers treten bei einer Überspezialisierung des Selbstoffenbarungsohres in den Hintergrund. Das verständnisvolle Selbstoffenbarungsohr ist hilfreich bei Beratung und Erziehung. In anderen Situationen kann das Selbstoffenbarungsohr problematisch sein, da es die eigene Betroffenheit und Miturheberschaft an Problemsituationen verschleiert.

> **Beispiel**
>
> Sender: „Heute ist es sehr heiß."
> Empfänger: „Fühlst du dich unwohl?"   (verständnisvoll)
> „Du bist aber empfindlich!"   (entlarvend)

Beziehungsohr

Das Beziehungsohr nimmt die Botschaften wahr, mit denen der Sender etwas über den Empfänger oder etwas über seine Beziehung zu ihm aussagt. Dabei wird die empfangene Nachricht unter dem Aspekt „Du bist o.k." bzw. „Du bist nicht o.k." wahrgenommen.

Bei manchen Menschen ist das Beziehungsohr so stark ausgeprägt, dass sie aus fast allen Nachrichten und Handlungen eine Stellungnahme zu ihrer Person entnehmen.

> *Sie beziehen alles auf sich, nehmen alles persönlich, fühlen sich leicht angegriffen und beleidigt. Wenn jemand wütend ist, fühlen sie sich beschuldigt, wenn jemand lacht, fühlen sie sich ausgelacht [...]. Sie liegen ständig auf der ‚Beziehungslauer‘."*
> **(Schulz v. Thun, 2007, S. 51, gekürzt)**

> **Beispiel**
>
> Sender: „Heute ist es sehr heiß."
> Empfänger: „Ich weiß, dass ich vergessen habe, die Getränke einzukaufen. Du musst es mir nicht auch noch vorhalten."

Appellohr

Das Appellohr registriert hauptsächlich die unausgesprochenen Erwartungen und Wünsche anderer Menschen. Bei einer Überspezialisierung reagieren Empfänger wie Automaten.

Hägar, Harte Zeiten

„Sie hören auf der Appellseite geradezu ‚das Gras wachsen', sind dauernd auf dem ‚Appell-Sprung'."
(Schulz v. Thun, 2007, S. 58)

Dabei verliert der eigene Standpunkt an Bedeutung. Die eigenen Erwartungen, Gefühle, Wünsche und Bedürfnisse treten in den Hintergrund.

Beispiel

Sender: „Heute ist es sehr heiß."
Empfänger: „Soll ich das Fenster öffnen und dir etwas zu trinken bringen?"

Aufgaben

1. **Nützlichkeit der „Ohren"**
   Erinnern Sie sich an Ihr letztes Praktikum. Beschreiben Sie Situationen, in denen das Sachohr, das Selbstoffenbarungsohr, das Beziehungsohr oder das Appellohr sehr nützlich bzw. hilfreich war (ist).
   Entwickeln Sie anschließend vier verschiedene Rollenspiele und erproben Sie die Auswirkungen der verschiedenen „Ohren" auf den Verlauf eines Gespräches.

2. **Selbstoffenbarungsohr: Verständnisvoll oder entlarvend?**
   Formulieren Sie verständnisvolle und entlarvende Rückmeldungen. Besprechen Sie Ihre Ergebnisse in Kleingruppen.

Äußerungen	Selbstoffenbarung	
	verständnisvoll	entlarvend
Eine Praktikantin zur Praxisanleiterin: „Ich habe es nicht geschafft, den Bericht fertig zu schreiben. In den letzten Tagen gab es in der Gruppe sehr viele Veränderungen, auf die ich mich einstellen musste."	„Es war sehr viel, worauf Sie in der letzten Zeit reagieren mussten. Sie sind sehr sensibel und fühlen sich überfordert."	„Sie sind zu sensibel, um auf schwierige Situationen angemessen zu reagieren. Sie sollten sich fragen, ob Sie für den Beruf geeignet sind."

Vierohriges Hören

Äußerungen	Selbstoffenbarung	
	verständnisvoll	entlarvend
Die Eltern zum Mitarbeiter: „Wir möchten, dass uns unsere Tochter wöchentlich besuchen darf. Die Regelung, uns in 14-tägigem Rhythmus zu besuchen, finden wir familienfeindlich."		
Ein Zivildienstleistender zum Gruppenleiter: „Ich finde es nicht in Ordnung, wenn ich die unangenehmen und anstrengenden Arbeiten verrichten soll, die die hauptamtlichen Kräfte nicht übernehmen wollen."		
Eine Mutter zur Heilpädagogin: „Diese ständigen Termine. Bringt die Frühförderung überhaupt etwas?"		
Ein Jugendlicher zum Mitarbeiter: „Lassen Sie mich in Ruhe."		
Eine Frau mit einer geistigen Behinderung zur Praktikantin: „Sie wollen mir etwas vorschreiben? Sie könnten meine Tochter sein."		
Ein Jugendlicher zum Erzieher: „Wofür erhalten Sie überhaupt Geld? So gut wie Sie möchte ich es auch haben. Kaffee trinken und Gespräche führen: wirklich anstrengende Tätigkeiten!"		
Eigene Situationen: _____ _____ _____		

Übungen

1. **Übung im Klassenverband:**

   Schüler 1 äußert einen beliebigen Satz, z. B. „Die Sonne scheint. Es ist sehr schönes Wetter."

   Schüler 2 reagiert mit dem **Sachohr** und stellt eine Frage auf der Sachebene, z. B. „Welche Temperatur zeigt das Thermometer an?"

   Schüler 3 reagiert mit dem **Selbstoffenbarungsohr** und antwortet auf der Selbstoffenbarungsebene, z. B. „Du möchtest das schöne Wetter gerne genießen. Kannst du das Ende des Unterrichts noch abwarten?"

   Schüler 4 reagiert mit dem **Beziehungsohr** und antwortet auf der Beziehungsebene, z. B. „Ich weiß, dass ich mich nicht unterhalten kann. Dieses brauchst du mir nicht ständig verdeutlichen."

   Schüler 5 reagiert mit dem **Appellohr** und stellt eine Frage auf der Appellebene, z. B. „Ich habe heute Nachmittag Zeit. Möchtest du, dass ich mit dir spazieren gehe?"

2. Bilden Sie Kleingruppen (vier bis fünf Personen). Erinnern Sie sich an ein Gespräch aus Ihrem letzten Praktikum. Bestimmen Sie zwei Rollenspieler, die die Situation nachspielen. Die übrigen Teilnehmer konzentrieren sich auf die beiden Spieler. Ihre Aufgabe ist es, implizite und explizite Botschaften zu notieren. Nehmen Sie das Rollenspiel mithilfe eines Kassettenrecorders oder eines Videogerätes auf. Analysieren Sie die Äußerungen der beiden Gesprächspartner mithilfe des Nachrichtenquadrates.

3.3 Kommunikationsstörungen

3.3.1 Beziehungsstörungen

Viele Kommunikationsstörungen entstehen aufgrund der Komplexität der menschlichen Kommunikation. Eine wichtige Störungsquelle sind Beziehungsstörungen, denn:

„Obwohl Beziehungsstörungen an der Tagesordnung sind, wo immer Menschen zusammenleben und -arbeiten, ist die Fähigkeit, mit derartigen Störungen umzugehen und miteinander ‚klarzukommen', bei den meisten Menschen nicht sehr weit entwickelt. Unausgesprochener Groll und verborgene Verletztheit, vermiedene Auseinandersetzungen und scheinheilige Diplomatie, feindseliger Zank und kleinliche Nörgelei […] beherrschen häufig die Szene, wenn es auf der Beziehungsebene schwierig wird."
(Schulz v. Thun, 2007, S. 198, gekürzt)

Helga, Ein Leben an seiner Seite

Beziehungs- und damit Kommunikationsstörungen entstehen häufig dadurch, dass Menschen den eigenen Anteil, den sie am Empfang einer Mitteilung besitzen, nicht ausreichend wahrnehmen. Dieses liegt u. a. darin begründet, dass wir unsere Bewertungen, die wir in einer Situation vornehmen, nicht bewusst wahrnehmen. Unsere Bewertungen sind vielfach so stark automatisiert, dass ein bestimmtes Verhalten oder eine bestimmte Reaktion unseres Kommunikationspartners ausreicht, um eine bestimmte emotionale Reaktion auszulösen. Hierdurch entsteht der Eindruck, dass unser Gesprächspartner verantwortlich ist für die Gefühle, die in uns entstehen. Unsere Reaktion besteht jedoch aus drei verschiedenen Vorgängen, die wir auseinanderhalten müssen:

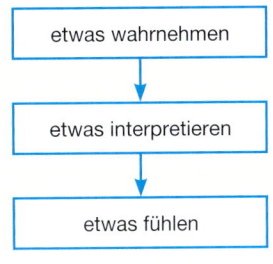

(Schulz v. Thun, 2007, S. 72)

- **Wahrnehmen** bedeutet, etwas zu sehen oder zu hören, z. B. die Frage eines Heilerziehungspflegers an seine Kollegin: „Ist noch Kaffee da?"

- **Interpretieren** bedeutet, dass aufgrund früherer Erfahrungen dem Wahrgenommenen eine Bedeutung zugeordnet wird. Die Frage „Ist noch Kaffee da?" wird nicht einfach als Frage aufgefasst, sondern z. B. als Aufforderung, Kaffee zu kochen. Diese Interpretation kann richtig oder falsch sein.

- **Fühlen** bedeutet die emotionale Reaktion, die durch die Interpretation ausgelöst wird. Es wird z. B. Ärger darüber empfunden, dass man immer diejenige ist, die Kaffee kochen soll.

> „In der Regel sind wir wenig geübt, diese drei Vorgänge in uns auseinanderzuhalten: Sie verschmelzen zu einem Kuddelmuddel-Produkt."
> **(Schulz v. Thun, 2007, S. 73)**

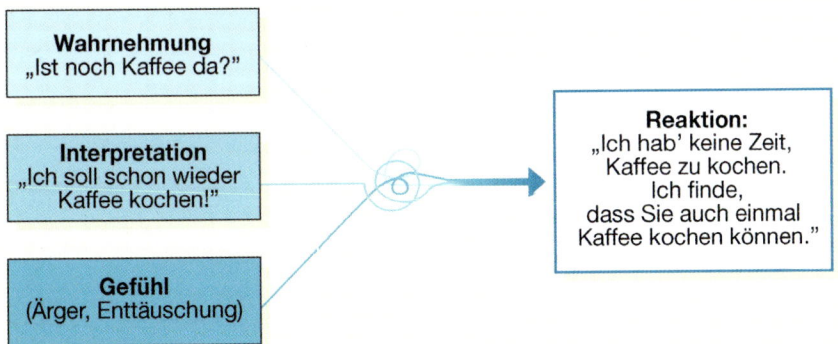

Es ist bedeutsam, diese drei Vorgänge zu kennen, um sie auseinanderhalten zu können. Allzu häufig machen wir andere Menschen für unsere Gefühle verantwortlich und reagieren mit Ablehnung und Abwehr. Dabei benutzen wir sehr oft Du-Botschaften, um eigene Fehler, Schwächen und Gefühle (z. B. Angst) zu verbergen. Solche Beziehungsbotschaften, mit denen wir scheinbar zum Ausdruck bringen, was wir von unserem Kommunikationspartner halten, stellen versteckte Selbstoffenbarungsbotschaften dar. Sie bewirken eine Kränkung und tragen dazu bei, dass Konflikte und Auseinandersetzungen unausweichlich werden.

Kapitel 3 | Botschaften einer Nachricht

Beispiel

Ein Heilerziehungspfleger ärgert sich über den neuen Praktikanten, der ohne Absprache mit einem Bewohner spazieren gegangen ist. Als der Praktikant mit dem Bewohner zurückkehrt, wirft ihm der Mitarbeiter vor: „Dauernd machen Sie etwas anderes, von dem ich nichts weiß. Das ist unmöglich!"

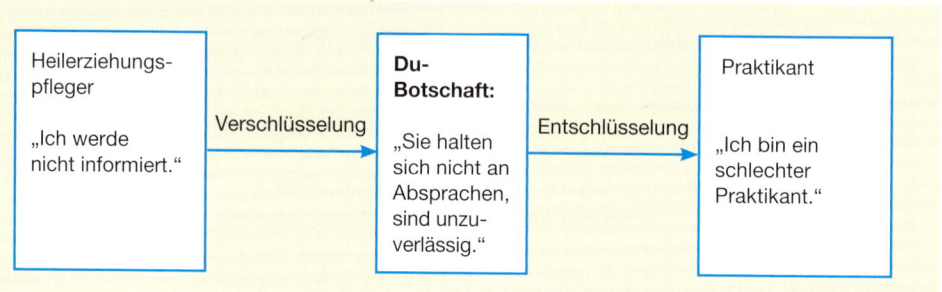

Die Kränkungen, die durch Du-Botschaften entstehen, werden nur selten angesprochen und geklärt. Sie sind häufig der Ausgangspunkt für lang anhaltende Auseinandersetzungen, die eine harmonische Zusammenarbeit verhindern. Eine Möglichkeit, Probleme anzusprechen und Kritik zu üben, besteht darin, Ich-Botschaften zu senden. Durch sie wird der Gesprächspartner nicht verletzt, da der Sender mit ihnen explizite Aussagen lediglich über seine eigenen Wahrnehmungen, Gefühle, Gedanken, Wertungen und Wünsche macht.

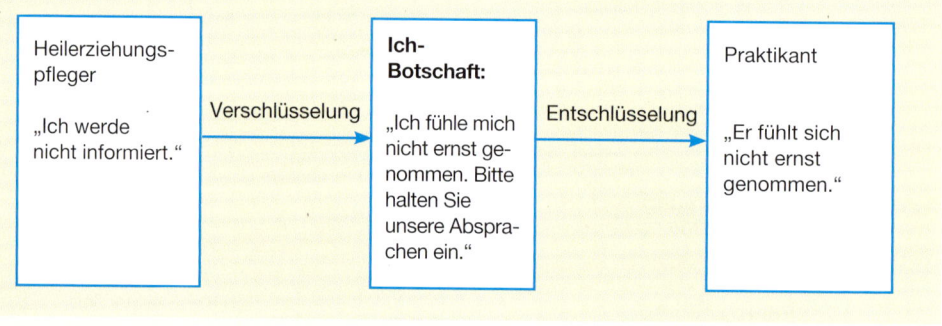

Aufgabe

Umformulierung von Du-Botschaften in Ich-Botschaften

Übersetzen Sie die folgenden Du-Botschaften in Ich-Botschaften. Finden Sie zunächst mehrere mögliche Selbstaussagen, die in der Du-Botschaft enthalten sein könnten und formulieren Sie dann eine alternative ICH-Botschaft.

Du-Botschaft: „Macht ihr keine Pause?"

Mögliche Selbstaussagen: „Ich bin müde; ... brauche eine Pause; ... habe Hunger; ... möchte Kaffee trinken; etc."

Mögliche Ich-Botschaft: „Ich bin müde und möchte mich ausruhen."

Du-Botschaft: „Die Fallbesprechungen sind chaotisch."

Mögliche Selbstaussagen:	
Ich-Botschaft:	
Du-Botschaft:	„Sie wollen Gruppenleiter sein? Nichts ist geregelt."
Mögliche Selbstaussagen:	
Ich-Botschaft:	
Du-Botschaft:	„Ich bin keine Praktikantin mehr!"
Du-Botschaft:	„Sie überlassen mir die ganze Arbeit."
Du-Botschaft:	„Sie haben schon wieder ein dienstfreies Wochenende."
Du-Botschaft:	„Diesmal müssen Sie die Anleitung der Praktikanten übernehmen."
Du-Botschaft:	„Räum' endlich deine Sachen auf. Ich will nicht noch einmal stolpern."
Du-Botschaft:	„Diese langen Dienstbesprechungen. Vielleicht ist es Ihnen diesmal möglich, eine vernünftige Tagesordnung zu erstellen."
Du-Botschaft:	„Sie sollten doch die Werkstatt anrufen, um den Termin abzusagen."
Du-Botschaft:	„Weshalb ignorieren Sie die Regeln, die wir im Team miteinander vereinbart haben?
Du-Botschaft:	„Sie sollten sich beim Schreiben von Praktikumsberichten Zeit nehmen."

Finden Sie eigene Beispiele aus Ihrem letzten Praktikum. Vergleichen Sie Ihre Äußerungen mit denen Ihrer Klassenkameraden.

3.3.2 Kardinalfehler bei der Kommunikation

Ein grundlegender Fehler in der zwischenmenschlichen Kommunikation besteht nach Schulz v. Thun darin, Konflikte auf der Beziehungsseite mithilfe von Sachargumenten lösen zu wollen.

Beispiel

Mitarbeiterin A:	„Dieses Jahr möchte ich Weihnachten frei haben. Letztes Jahr habt ihr mir einen unmöglichen Dienstplan zugemutet."
Mitarbeiterin B:	„Das stimmt doch nicht. Du hattest am zweiten Weihnachtstag frei und konntest Silvester feiern. Ich wäre froh gewesen, wenn ich deinen Dienstplan gehabt hätte."
Mitarbeiterin A:	„Auf Silvester hätte ich gerne verzichtet. Euere Dienstplaneinteilung war unmöglich. Ihr hättet mich vorher fragen können."
Mitarbeiterin C:	„Die Kolleginnen, die Kinder haben, müssen doch zunächst berücksichtigt werden. Sie sollten Weihnachten frei haben. Bist du etwa anderer Meinung?"
Mitarbeiterin A:	„Das ist kein Grund für eine unmögliche Diensteinteilung."

Kapitel 3 | Botschaften einer Nachricht

Die Kolleginnen im oben geschilderten Beispiel reden aneinander vorbei. Während auf der Sachebene Argumente für und gegen die Diensteinteilung zu Weihnachten ausgetauscht werden, wird der eigentliche Konflikt nicht angesprochen. Weder die Mitarbeiterin A noch ihre Kolleginnen gehen auf Kränkungen ein, die sie sich wechselseitig zufügen bzw. zugefügt haben.

Die Gefahr bei derartigen Konflikten besteht darin, dass ein Gesprächspartner die Auseinandersetzung aufgrund guter sachlogischer Argumente für sich entscheidet. Damit ist der (Beziehungs-)Konflikt jedoch nicht gelöst. Im Gegenteil. Eine solche Situation entspricht dem Ergebnis eines **Nullsummenspiels**. Nullsummenspiele sind solche Spiele, in

> „[...] denen der Verlust des einen Spielers den Gewinn des anderen darstellt. Gewinn und Verlust belaufen sich daher, zusammengezählt, immer auf Null. [...] Nichtnullsummenspiele sind dagegen – wie schon der Name besagt – Spiele, in denen Gewinn und Verlust sich eben nicht ausgleichen. Das bedeutet, dass die Summe von Gewinn oder Verlust über oder unter Null liegen kann [...] Der Gewinn, zum Beispiel, der im eigenen Rechthaben und dem Nachweis des Irrtums (dem Verlust) des Partners liegt, lässt sich durchaus als Nullsummenspiel auffassen. Und viele Beziehungen sind es auch. Um sie dazu zu machen, genügt es, wenn einer der beiden eben das Leben als Nullsummenspiel sieht, das nur die Alternative zwischen Gewinn und Verlust offen lässt. Alles weitere ergibt sich zwanglos, auch wenn die Philosophie des anderen zunächst nicht dahingehend ausgerichtet war. Man spielt also Nullsummenspiele auf der Beziehungsebene – und man kann sich darauf verlassen, dass die Dinge auf der Objektebene [Sachebene, Anm. des Verf.] langsam aber sicher zum Teufel gehen."
>
> *(Watzlawick, [34] 1992, S. 123 ff., gekürzt)*

Beispiel

Nullsummenspiele in einem Mitarbeiterteam:

- Ein Heilerziehungspfleger setzt seine Urlaubswünsche beim Gruppenleiter durch. Die Urlaubswünsche seiner Kollegen werden kaum beachtet.

- Eine Mitarbeiterin weigert sich, Nachtbereitschaften am Wochenende zu übernehmen. Wenn sie eine Nachtbereitschaft übernehmen soll, meldet sie sich krank.

- Ein Team ist in zwei feste Schichten eingeteilt. Die Mitarbeiter einer Schicht setzen sich gegenüber ihren Kollegen durch und bestimmen pädagogische Ziele und Maßnahmen.

Aufgaben

1. Nullsummen- und Nichtnullsummenspiele (I)

Welche (Konflikt-)Situationen können Sie eindeutig als Nullsummenspiele, welche als Nichtnullsummenspiele klassifizieren?

Beschreiben Sie Gewinne und Verluste für jede Situation entsprechend dem vorgegebenen Beispiel.

Situation	Mitarbeiter A		Mitarbeiter B	
	Gewinn	Verlust	Gewinn	Verlust
Die Praktikantin (A) soll jeden Nachmittag die Küche wischen, während die hauptamtliche Mitarbeiterin (B) sich mit den Betreuten beschäftigt und z. B. bastelt.		Die Praktikantin muss sich alleine einer eintönigen und ungeliebten Arbeit widmen. Sie erlebt diese Situation als äußerst ungerecht.	Die Mitarbeiterin vermeidet die unangenehme Küchenarbeit. Stattdessen kann sie sich angenehmen Tätigkeiten zuwenden.	
Ein Praktikant (A) in einer Wohngruppe für Menschen mit geistiger Behinderung soll bereits nach kurzer Zeit mehrere Nachtbereitschaften für einen erkrankten Kollegen übernehmen, obwohl er sich noch nicht sicher fühlt.	Der Praktikant erfährt durch die Wünsche der hauptamtlichen Kollegen implizit eine Anerkennung. Hierdurch wird ggf. sein Selbstwertgefühl unterstützt.	Der Praktikant fühlt sich überfordert und hat Angst. Je nach erlebter Schwierigkeit und Rückmeldung zu seiner Tätigkeit entsteht ein Gefühl, ausgenutzt zu werden.	Der personelle Engpass bedeutet keine Mehrarbeit für die hauptamtlichen Kollegen; er wird durch den Praktikanten aufgefangen.	

Situationen:

- *Ein Heilerziehungspfleger (A) möchte an einer Weiterbildungsveranstaltung teilnehmen. Seine Kollegen (B) wollen seinen Dienst nur übernehmen, wenn er bereit ist, eine zusätzliche Nachtbereitschaft zu übernehmen.*

- *Die neue Mitarbeiterin (A) kocht vor jedem Teamgespräch für ihre Kollegen (B) Kaffee. Als sie den Vorschlag macht, alle Kollegen sollten reihum Kaffee kochen, wird ihr mitgeteilt, dass das Kaffeekochen Aufgabe der neuen Mitarbeiterinnen sei.*

- *Ein Jugendlicher möchte am Nachmittag seine Freundin treffen. Obwohl er sich schon verspätet hat, besteht der Heilerziehungspfleger darauf, dass der Jugendliche zuerst sein Zimmer ordentlich aufräumt, bevor er die Gruppe verlassen darf.*

- *Eigene Beispiele:* _____

2. **Nullsummenspiele und Nichtnullsummenspiele (II)**

    Erinnern Sie sich an Ihr letztes Praktikum. Beschreiben Sie einige Nullsummenspiele und überlegen Sie, wie Sie diese Nullsummenspiele in Nichtnullsummenspiele ändern können.

3.3.3 Einseitige Hörgewohnheiten

Viele Kommunikationsstörungen entstehen dadurch, dass Menschen bevorzugt mit einem bestimmten „Ohr" hören (vgl. Kapitel 3.2). Die meisten Menschen sind zwar in der Lage, eine Nachricht mit allen Ohren wahrzunehmen, aber aufgrund von erzieherischen, familiären und gesellschaftlichen Einflüssen sowie persönlichen Erlebnissen und Erfahrungen haben sie ein Ohr besonders gut entwickelt.

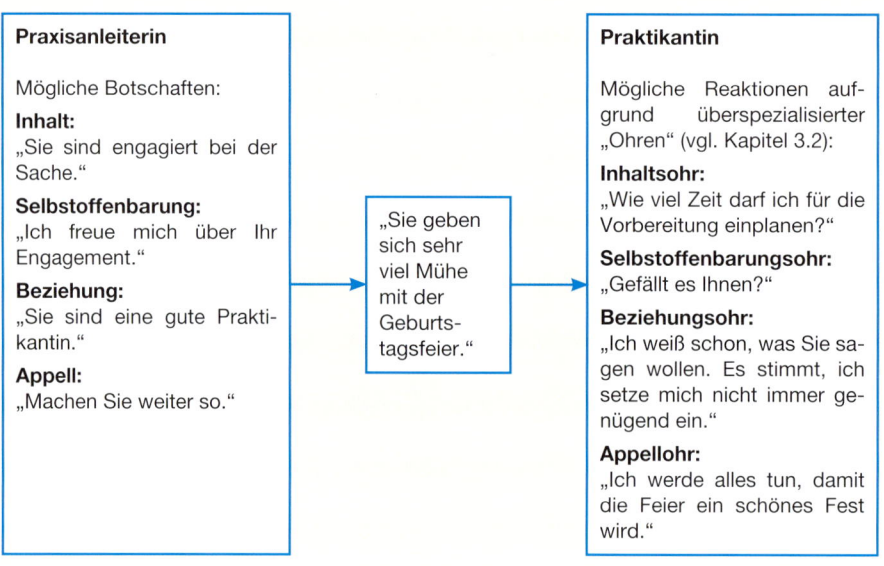

Beispiel

Ein Ehemann kehrt nach einem anstrengenden Arbeitstag im Büro nach Hause.

Ehemann	Antworten der Ehefrau			
	Sachohr	Selbstoffenbarungsohr	Beziehungsohr	Appellohr
„Ich bin ziemlich müde."	„Was war denn so anstrengend?"	„Es war ein anstrengender Tag für dich."	„Ich weiß, ich nerve dich."	„Ich koche gleich einen Kaffee."
„Eigentlich möchte ich mich nur ausruhen."	„Möchtest du dich ins Bett legen und schlafen?"	„Du bist müde und erschöpft. Es ist wirklich alles zu viel."	„Ich habe schon verstanden. Ich lass' dich in Ruhe!"	„Soll ich dir Kissen und deine Hausschuhe holen?"
„Im Büro war es heute sehr kalt. Ich glaube, ich bin erkältet."	„Wie kalt war es denn? Welche Temperatur zeigte das Thermometer an?"	„Das war aber ein sehr ungemütlicher Tag für dich."	„Du brauchst mir nicht zu sagen, dass ich nicht geheizt habe."	„Ich mache dir gleich einen heißen Tee."

Kommunikationsstörungen

Aufgaben

1. Ein Mitarbeiter berichtet einem Kollegen vom anstrengenden Elterngespräch. Welche Reaktionen können Sie den einzelnen „Ohren" zuordnen? Übertragen Sie die Tabelle in Ihr Heft und tragen Sie die gefundenen Ergebnisse ein.

Mitarbeiter	Antworten des Kollegen			
	Sachohr	Selbstoffenbarungsohr	Beziehungsohr	Appellohr
„Es war ein mühsames Gespräch."				
„Die Eltern waren zwar freundlich, sie stellten aber unmögliche Fragen."				
„Besonders die Äußerungen des Vaters waren teilweise unverschämt."				
„Mich ärgert es, dass die Eltern nicht einsichtig sind."				

2. **Eigene Überspezialisierungen identifizieren (I)**

   Finden Sie heraus, mit welchen „Ohren" Sie bevorzugt hören. Führen Sie dazu in Kleingruppen mehrere Gespräche durch. Versuchen Sie mehrere Minuten lang, nur bestimmte Aspekte (Sachinformationen, Beziehungsbotschaften, Appelle, Botschaften der Selbstoffenbarungsseite) der Nachrichten, die Ihnen Ihr Gesprächspartner vermittelt, herauszuhören. Geben Sie auf jede empfangene Botschaft eine entsprechende Antwort. (Inhaltsohr: „Wie ist der Sachverhalt zu verstehen?"; Selbstoffenbarungsohr: „Was ist das für einer? Was ist mit ihm?"; Beziehungsohr: „Wie redet der mit mir? Was hält der von mir?"; Appellohr: „Was soll ich tun?")
   Tauschen Sie anschließend Ihre Erfahrungen in der Kleingruppe aus. Welche Hörgewohnheiten fielen Ihnen leicht? Womit hatten Sie Schwierigkeiten? Welches unterentwickelte „Ohr" sollten Sie trainieren?

3. **Eigene Überspezialisierungen identifizieren (II)**

   Erörtern Sie in Kleingruppen mögliche Ursachen für einseitige Hörgewohnheiten. Welche Ursachen können Sie für eigene „Überspezialisierungen" ausmachen? In welchen Situationen reagieren Sie besonders mit Ihrem „Ohr"?

3.4 Klärung von Kommunikationsstörungen

Viele Kommunikationsstörungen sind Auseinandersetzungen auf der Beziehungsebene. Selbst Sachauseinandersetzungen münden leicht in Streit und Zwietracht. Dieses liegt u. a. darin begründet, dass **soziale Wirklichkeit** durch Kommunikation mit anderen Menschen entsteht (vgl. Kapitel 1.4.1) und nicht einfach zu bestimmen ist. Je nach Standpunkt, Überzeugung, Wissen, Selbstbewusstsein und Selbstsicherheit wird dem Gesprächspartner allzu leicht unterstellt, dass er unwillig oder sogar unfähig sei, eine andere oder neue Sichtweise zu teilen oder zu übernehmen. Die ersten Anzeichen einer Beziehungsstörung sind zum Teil sehr subtil. Aussagen wie: „Wir sollten sachlich diskutieren" oder „Ich setze mich für unsere Betreuten ein" enthalten mitunter arglistige Botschaften auf der Beziehungsebene.

Hägar, Harte Zeiten

Sie treffen den Empfänger in seinem Selbstverständnis und kränken ihn. Im ersten Beispiel wird dem Empfänger vorgeworfen, dass er unsachlich diskutiert (oder unsachlich ist). Im zweiten Beispiel enthält die Nachricht die Botschaft, dass sich (nur) der Sender für die Belange der Betreuten einsetzt, während der Empfänger diese nicht richtig kennt oder andere Ziele verfolgt.

In der Regel werden erste Anzeichen einer Beziehungsstörung überhört, bewusst ignoriert oder falsch interpretiert (z. B. „Er hat es sicherlich nicht so gemeint."). Sie werden nur selten direkt angesprochen, um eine Klärung herbeizuführen. Dieses liegt zum einen darin begründet, dass wir nur wenig geübt sind, Verletzungen anzusprechen. Wir befürchten, dass wir eine Situation verschlimmern, statt sie zu klären, wenn wir sie (unmissverständlich) ansprechen. Zum anderen vermeiden viele Menschen es, über ihre Gefühle zu sprechen. Sie haben Angst davor, eigene Schwächen oder Fehler zuzugeben, um nicht als inkompetent oder untüchtig zu gelten.

Statt eine Klärung herbeizuführen, reagieren wir auf Beziehungsbotschaften, die uns verletzen, selbst häufig mit einer Kränkung unseres Gesprächspartners. Hierdurch entsteht ein Aufschaukelungsprozess, der nach einiger Zeit in eine

> „[...] unentwirrbare Verflochtenheit von Sach- und Beziehungsseite [mündet, Anm. d. Verf.]. In diesem Stadium kann kaum noch jemand etwas zur Sache sagen, ohne dass es ihm als besserwisserisch, feindselig, als Rechtfertigungsversuch oder als Angriff ausgelegt wird."
> **(Schulz v. Thun, 2007, S. 199)**

Sachauseinandersetzungen machen nun keinen Sinn mehr, da die gegenseitigen Kränkungen die Beziehungsstörung vertiefen. Für Auseinandersetzungen und Konflikte, die nicht (mehr) auf der Sachebene geführt werden, sondern auf der Beziehungsebene, gilt daher grundsätzlich die Devise: „Sachebene verlassen, konkretes Verhalten des Gegenübers beschreiben, Ich-Botschaften senden und Wünsche und Erwartungen mitteilen" (Schulz v. Thun, 2007, S. 201). Geschieht dies nicht, besteht kaum eine Chance, den Konflikt beizulegen. Für die Arbeit in einem Team bedeutet dies zum Beispiel, dass eine Zusammenarbeit erschwert oder gar unmöglich wird.

Hilfssatz

Der sog. Hilfssatz ist ein Instrument, mit dessen Hilfe (auch fortgeschrittene) Konflikte und Auseinandersetzungen deeskaliert werden können. Kränkende Beziehungsbotschaften werden durch Ich-Botschaften ersetzt, sodass der Gesprächspartner seine defensive Haltung aufgeben kann. Die Chancen für einen konstruktiven Dialog wachsen. Der

Hilfssatz berücksichtigt die Aspekte: Wahrnehmung, Interpretation, eigene Reaktion (Gefühle) und Wünsche bzw. Erwartungen. Die folgenden Formulierungen stellen einen Vorschlag dar, die Struktur des Hilfssatzes einzuüben. Jeder sollte jedoch Worte und Formulierungen finden, die seinem eigenen Sprachgebrauch entsprechen.

1. **Wahrnehmung:** „Ich sehe (höre, nehme wahr ...), dass du X tust ... und ..."
(z. B. „Ich höre, dass deine Stimme ärgerlich klingt ...")

2. **Interpretation:** „Ich denke (glaube, stelle mir vor ...), dass du Y denkst, fühlst ..."
(z. B. „Ich denke, dass du ärgerlich bist, weil ich nicht rechtzeitig gekommen bin.")

3. **Eigene Reaktion:** „Ich fühle mich dabei ... Z ..."
(z. B. „Das ist mir peinlich und tut mir leid.")

4. **Wunsch:** „Ich wünsche mir (im Moment, zukünftig) von dir ..."
(z. B. „Ich wünsche, dass du meine Entschuldigung annimmst.")

Aufgaben

1. Diskutieren Sie in einer Gruppe mit fünf bis acht Teilnehmern ein kontroverses Thema (z. B. Vor- und Nachteile der vorgeburtlichen Diagnostik, Bedeutung der Euthanasie, Führerschein für Menschen mit leichter geistiger Behinderung etc.). Vertreten Sie jeweils unterschiedliche Standpunkte. Nehmen Sie die Diskussion mithilfe eines Kassettenrecorders auf. Nehmen Sie sich ca. 30 Minuten Zeit für Ihre Diskussion. Analysieren Sie dann anschließend die Diskussion. Notieren Sie alle Argumente, die Pro und Kontra wiedergeben. Vergleichen Sie sie dann. Gibt es Ähnlichkeiten? Werden Argumente wiederholt? Wie verändern sich die Beziehungsbotschaften, die zwischen den Teilnehmern ausgetauscht werden?

2. Besinnen Sie sich auf einen Konflikt aus Ihrem letzten Praktikum. Was hätten Sie gerne unzensiert im Klartext gesagt? Benutzen Sie den Hilfssatz, um die Dinge, die Sie sagen wollten, mitzuteilen. Erproben Sie ihn im Rollenspiel, ohne vorher viel zu diskutieren.

3. Setzen Sie sich zu zweit zusammen. Bestimmen Sie, wer A und wer B ist. Diskutieren Sie dann kontrovers ein Thema (z. B.: Sollen Menschen mit leichter geistiger Behinderung die Möglichkeit erhalten, den Führerschein zu erwerben?). Während A Argumente einbringt, die für das Thema/ die Frage sprechen, soll B ständig widersprechen (Ja, aber ...). Wechseln Sie nach ca. fünf Minuten Ihre Rollen. Tauschen Sie sich anschließend aus: Welche Gefühle sind während des Gespräches entstanden? Welche Gedanken drängten sich auf? Kennen Sie ähnliche Situationen? Wie reagieren Sie auf diese Situationen?

4 Selbstwert und Kommunikation

- *Welche Bedeutung besitzt das Selbstwertgefühl für die Gesprächsführung?*
- *Wie reagieren Menschen, deren Selbstkonzept infrage gestellt wird?*
- *Welche ungünstigen Kommunikationsmuster treten häufig in Konfliktsituationen auf?*
- *Welche Verhaltensweisen sind geeignet, um Konflikte zu lösen?*

4.1 Bedeutung des Selbstwertgefühls

Das Selbstwertgefühl ist ein Gefühl, das für jeden Menschen eine außerordentliche Bedeutung besitzt. Es hat einen großen Einfluss auf unsere Wahrnehmung, unsere Motivation, unsere Gedanken und Gefühle und auf unser Verhalten. Wenn wir versagen oder wichtige Leistungen nicht erbringen oder von anderen

Schulz, Snoopy & Die Peanuts, United Feature Syndicate, Inc./Kipkakomiks.de

abgelehnt werden, entstehen häufig Selbstzweifel und Unsicherheit. Wir glauben dann, nichts wert zu sein, sind traurig und niedergeschlagen. Virginia Satir, eine bedeutende amerikanische Familientherapeutin, ist davon überzeugt, „[...] dass der entscheidende Faktor für das, was sich in einem Menschen abspielt, die Vorstellung von dem eigenen Wert ist, die jeder mit sich herumträgt" (Satir, [20]2011, S. 31)

Menschen, die sich selbst schätzen,

- sind offen gegenüber neuen Erfahrungen,
- vertrauen eigenen Fähigkeiten,
- akzeptieren eigene Schwächen und Fehler,
- können Kritik annehmen und um Hilfe bitten,
- respektieren und achten andere Menschen,
- blicken zuversichtlich in die Zukunft.

Menschen, die ein geringes Selbstwertgefühl besitzen,

- sind stets auf das Schlimmste gefasst,
- befürchten häufig, hintergangen zu werden,
- glauben stets, sich verteidigen zu müssen,
- ziehen sich zurück und isolieren sich,
- sind misstrauisch und ängstlich.
  (vgl. Satir, [20]2011, S. 31 f.)

Die Aufrechterhaltung des Selbstwertgefühls ist von fundamentaler Bedeutung. Es ist für unsere Ausgeglichenheit genauso wichtig wie stabile und vertrauensvolle Beziehungen zu anderen Menschen (vgl. Satir, S. 49 ff.). Kommunikation und Interaktion besitzen hierbei eine zentrale Bedeutung, da sie eine mächtige Wirkung auf das Selbstwertgefühl haben. Mit ihrer Hilfe nehmen Kommunikationspartner wechselseitig Einfluss auf ihre Selbstachtung und auf ihr Selbstwertgefühl. Dieses Verhalten legt nahe, dass Kommunikation nur dann gelingen kann, wenn das Selbstwertgefühl des Kommunikationspartners beachtet und unterstützt wird.

Aufgaben

1. Wie wertvoll sind Sie? Versuchen Sie eine Antwort zu formulieren. Tauschen Sie in Kleingruppen Ihre Schwierigkeiten aus, die mit der Beantwortung der Aufgabenstellung einhergehen.

2. Erinnern Sie sich an mindestens fünf Situationen, die Ihnen peinlich waren. Bringen Sie diese Situationen in eine Rangordnung. Wie stark wurde Ihr Selbstwertgefühl infrage gestellt? Versuchen Sie eine Angabe mithilfe von Prozentzahlen (Selbstwertthermometer) zu machen. Vergleichen Sie anschließend die Situationen miteinander. Können Sie Übereinstimmungen oder charakteristische Merkmale erkennen?

Selbstwertthermometer

100 % — Nutzen Sie das Selbstwertthermometer, um eine Einschätzung darüber zu geben, wie stark Ihr Selbstwertgefühl in bestimmten Situationen beeinträchtigt wird.

50 %

0 % — Teilen Sie Ihren Mitschülern mit, wie hoch Ihr Selbstwertgefühl jetzt ist.

Kapitel 4 | Selbstwert und Kommunikation

3. Formulieren Sie drei Eigenschaften, die Sie bei sich nur schwer akzeptieren können (z. B. Ungeduld, Aussehen). Nehmen Sie sich Zeit und versuchen Sie eine Erklärung zu finden, weshalb Sie diese Eigenschaften nicht akzeptieren können.

4. Setzen Sie sich in Kleingruppen (vier bis fünf Schüler) zusammen. Versuchen Sie reihum über zwei Fehler oder Schwächen zu sprechen bzw. diese darzustellen. Achten Sie dabei darauf, wie Sie dieses tun, welche Gedanken und Gefühle entstehen. Tauschen Sie anschließend Ihre Erfahrungen aus, Fehler und Schwächen vor anderen Menschen anzusprechen bzw. einzugestehen.

5. Erinnern Sie sich an Gespräche aus Ihrem letzten Praktikum (Teamgespräch, Elterngespräch, Gespräch mit Betreuten etc.), in denen Sie sich sehr wohlgefühlt haben. Wie haben Ihre Gesprächspartner Ihnen dieses Gefühl vermittelt? Was genau haben Ihre Gesprächspartner getan? Wie haben Sie das Verhalten Ihrer Gesprächspartner bewertet? Was genau haben Sie gedacht? Notieren Sie Ihre Antworten und tauschen Sie sich in Kleingruppen aus.

Übungen

Die folgenden Übungen sollen den engen Zusammenhang zwischen Kommunikation und Selbstwertgefühl erfahrbar machen.

1. **Kommunikation und Selbstwertgefühl (I): Positive Rückmeldung**

   - Bilden Sie zu dritt Kleingruppen und formulieren Sie pro Kleingruppe zehn positive Rückmeldungen so allgemein, dass sie auf jeden in Ihrer Klasse zutreffen können (z. B. „Es ist schön, dass du dich für die Klasse einsetzt."). Schreiben Sie jede Rückmeldung auf eine Karteikarte. Sammeln Sie anschließend alle Karteikarten ein.

   - Legen Sie fest, wer von Ihnen A, wer B und wer C ist. A erhält dann zehn andere Karteikarten zurück.

   - Die Aufgabe von A besteht darin, B mindestens fünf realistische positive Rückmeldungen (zu Verhaltensweisen, Einstellungen, Absichten etc.) zu geben. Die Karteikarten sollen hierbei eine Hilfestellung sein.

   - Die Aufgabe von B besteht darin, die Rückmeldungen von A entgegenzunehmen und eigene Reaktionen (Veränderungen der Gedanken und Gefühle) bewusst wahrzunehmen.

   - Die Aufgabe von C besteht darin, die nonverbalen Reaktionen von B zu registrieren. Im anschließenden Auswertungsgespräch soll er sie B rückmelden.

   Tauschen Sie anschließend Ihre Erfahrungen aus, die Sie während der Übung gemacht haben. Wie ist der Kontakt zwischen A und B verlaufen? Konnten die positiven Rückmeldungen angenommen werden? Was fiel schwer, was war leicht? Wie haben sich die Rückmeldungen auf B ausgewirkt? Gab es Veränderungen? Wie haben sich die Rückmeldungen auf das Selbstwertgefühl ausgewirkt?

2. **Kommunikation und Selbstwertgefühl (II): Gesprächsebenen**

   Führen Sie zu zweit ein Gespräch über ein alltägliches Thema (ca. fünf bis zehn Minuten). Legen Sie fest, wer von Ihnen A und wer B ist. Während A sich auf den Boden setzen soll, soll B sich vor A hinstellen. In dieser Position sollen A und B ca. zwei bis fünf Minuten miteinander sprechen.

Dabei sollen sich beide ansehen. Im Anschluss an diese Gesprächsphase, d. h., nach ca. zwei bis fünf Minuten, soll B so weit in die Hocke gehen, dass er A in die Augen sehen kann. In dieser Position soll das Gespräch dann weitere zwei bis fünf Minuten fortgeführt werden. Wechseln Sie anschließend Ihre Rollen.

Tauschen Sie Ihre Erfahrungen aus: Wie wurde die erste Situation wahrgenommen? Welche körperlichen und gefühlsmäßigen Reaktionen haben Sie wahrgenommen? Gab es eine Veränderung, als B sich auf Augenhöhe zu A begab? Wie wurde die neue Situation von beiden wahrgenommen? Was war hier gegenüber der ersten Situation günstiger bzw. ungünstiger? Kennen Sie ähnliche Situationen aus Ihren Praktika? Tragen Sie Ihre Erfahrungen zusammen.

3. **Kommunikation und Selbstwertgefühl (III): Aufmerksamkeit**

Eine typische Situation im Heimbereich besteht darin, dass ein Mitarbeiter, der alleine im Dienst ist, mehrere Aufgaben gleichzeitig erledigen soll: Er soll während seiner Dienstzeit neben der Betreuung der Kinder und Jugendlichen (die längst fälligen) Entwicklungsberichte schreiben, Telefonate mit Jugendämtern oder anderen Behörden führen, mit Eltern sprechen, das Taschengeld auszahlen, Haushalts- und Bekleidungsgelder abrechnen etc. Seine Aufmerksamkeit gilt nur eingeschränkt den zu betreuenden Kindern und Jugendlichen.

Solche Gesprächssituationen können unangenehme Gefühle auslösen. Vielfach geschieht dies, wenn wir miteinander sprechen, ohne dabei unsere Aufmerksamkeit auf unseren Gesprächspartner zu richten.

Setzen Sie sich zu zweit gegenüber. Führen Sie ein Gespräch über alltägliche Themen. Vergrößern Sie nach zwei bis drei Minuten den Abstand zwischen sich um einen halben Meter. Führen Sie Ihr Gespräch weiter und vergrößern Sie nach weiteren zwei bis drei Minuten die Distanz um einen halben Meter. Führen Sie die Übung so lange weiter, bis eine Distanz von drei bis vier Metern zwischen Ihnen liegt.

Variationen:

- *Legen Sie fest, wer von Ihnen A und wer B ist. Während A seinem Gesprächspartner etwas Wichtiges mitteilen möchte, soll B Zeitung lesen. B soll nur kurz auf die Äußerungen von A eingehen.*

- *Während A seinem Gesprächspartner etwas Wichtiges mitteilt, steht B auf und geht im Raum auf und ab. Er geht zum Fenster, sieht hinaus und kehrt zurück.*

- *Während A spricht, steht B plötzlich auf, geht auf einen anderen Gesprächspartner C zu und beginnt ein neues Gespräch.*

Tauschen Sie anschließend Ihre Erfahrungen aus: Wie hat sich die zunehmende Veränderung auf die Qualität Ihres Gespräches ausgewirkt? Ist es Ihnen gelungen, Ihre Aufmerksamkeit auf den Gesprächspartner zu richten? Konnten Sie sich konzentrieren? Welche Gefühle sind entstanden? Wie würden Sie denken und fühlen, wenn Sie häufig in der Position von A wären? Welche Konsequenzen ergeben sich für Ihr Selbstwertgefühl?

4.2 Selbstkonzept und Selbstwertgefühl

4.2.1 Entstehung des Selbstkonzeptes

Das Selbstwertgefühl wird nicht angeboren, es wird erworben. Dabei spielt die Familie, in der ein Kind aufwächst, eine wichtige Rolle. Die vielfältigen Rückmeldungen, die ein Kind zu seinem Verhalten, zu seinen Wünschen, Bedürfnissen und Gefühlen erhält, signalisieren ihm, ob es erwünscht ist oder nicht. Aussagen wie: „Du kannst gut basteln", „Ich habe mich gefreut, dass du den Tisch abgeräumt hast", „Du kannst gut rechnen", oder „Aus dir wird nichts", „Lass' es lieber liegen, du kannst das nicht", „Reiß dich zusammen", „Stell dich nicht so an" zeigen ihm, was die Eltern von ihm halten und was sie ihm zutrauen.

Hägar, Perlen für die Säue

Auf diese Weise tragen explizite und implizite Beziehungsbotschaften (vgl. Kapitel 3) dazu bei, dass ein Kind in den ersten zehn Lebensjahren eine relativ feste Meinung über sich entwickelt. Mit zunehmendem Alter und in dem Maße, wie sich das Kind außerhalb der Familie orientiert, werden nach und nach auch die Botschaften anderer Bezugspersonen (z. B. Erzieher, Lehrer, Gleichaltrige) wichtig.

> „Auf der Suche nach einer Identität ('Wer bin ich') ist das Kind auf solche Hinweise angewiesen. Mit der Zeit verdichten sich die Zigtausende von Beziehungsbotschaften, die das Kind von seiner Umwelt erhält, zu der Schlussfolgerung: ‚So einer bin ich also'. Diese ‚Meinung von sich selbst' (Adler), dieses Selbstkonzept, wird heute als eine entscheidende Schlüsselvariable der Persönlichkeit und der seelischen Gesundheit angesehen."
> **(Schulz v. Thun, 2007, S. 187)**

Meine Mutter liebt mich.
Ich fühle mich gut.
Ich fühle mich gut, weil sie mich liebt.

Ich bin gut, weil ich mich gut fühle.
Ich fühle mich gut, weil ich gut bin.
Meine Mutter liebt mich, weil ich gut bin.

(R. D. Laing, 1972, S. 15)

Meine Mutter liebt mich nicht.
Ich fühle mich schlecht.
Ich fühle mich schlecht, weil sie mich nicht liebt.
Ich bin schlecht, weil ich mich schlecht fühle.
Ich fühle mich schlecht, weil ich schlecht bin.
Ich bin schlecht, weil sie mich nicht liebt.
Sie liebt mich nicht, weil ich schlecht bin.

Definition

Das Selbst oder Selbstkonzept ist die Ganzheit derjenigen Merkmale, die eine Person als zu sich gehörig auffasst. Es ist vergleichbar mit dem Bild, das diese Person über sich besitzt.

Selbstkonzept und Selbstwertgefühl

Je nach Lebensbereich (z. B. Familie, Arbeitsbereich, Freizeit, Freundeskreis) besitzen wir unterschiedliche Bilder bzw. Meinungen über uns. Einige Bilder bzw. Meinungen sind von besonderer Bedeutung, andere hingegen sind weniger wichtig. Insofern ist es auch sinnvoll, von Selbstkonzepten zu sprechen, die „nicht einmal miteinander vereinbar sein müssen; sie können sehr wohl in sich widersprüchlich und einander entgegengesetzt sein" (Sader, 1980, S. 195).

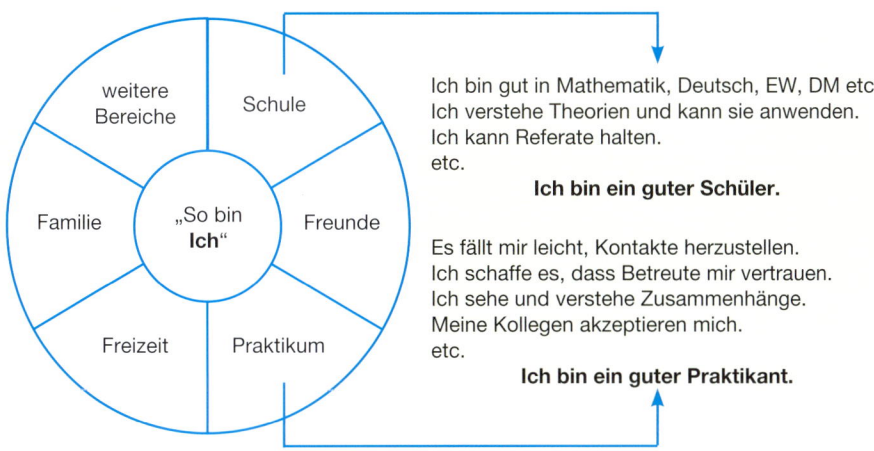

Selbstkonzept gegliedert in Teil-Selbstkonzepte und Selbst-Überzeugungen

Beispiel

Die Überzeugung, technisch unbegabt zu sein (= Teil-Selbstbild), mag für einen Heilerziehungspfleger keine Bedeutung besitzen; für einen Automechaniker ist ein solches Selbstbild eine Katastrophe. Für einen Heilerziehungspfleger hingegen ist die Überzeugung wichtig, Menschen mit Behinderungen betreuen zu können.

Aufgaben

1. Welche Selbst-Überzeugungen besitzen Sie für die Lebensbereiche „Schule", „Praktikum" und „Freizeit"? Versuchen Sie Ihre Überzeugungen zu formulieren. Welche Selbst-Aussagen sind für Sie wichtig? Welche dürfen nicht infrage gestellt werden?

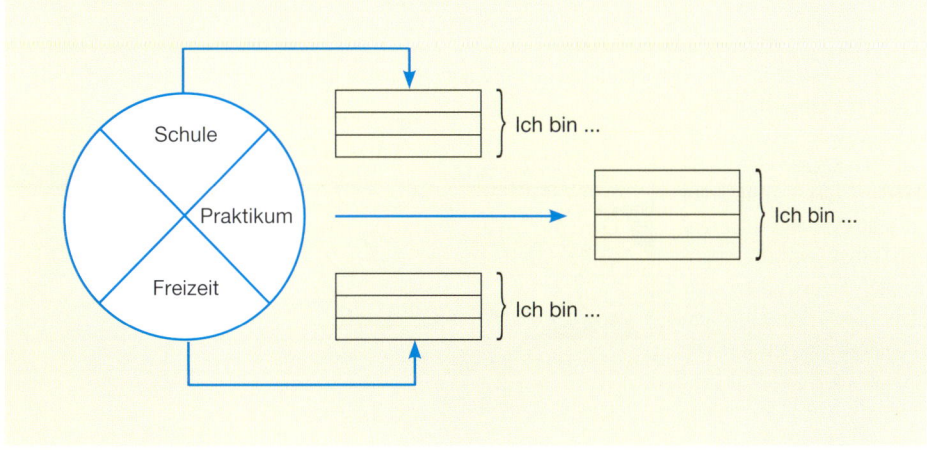

2. Erinnern Sie sich an Ihr letztes Praktikum. Beschreiben Sie konkrete Situationen, in denen Ihr Selbstwertgefühl unterstützt bzw. verstärkt wurde. Wie haben sich Ihre Erfahrungen auf Ihr Verhalten und Ihre Einstellungen ausgewirkt?

3. Wie wird sich Ihr Abschluss bzw. Ihre Ausbildung als Heilerziehungspfleger/Heilpädagoge/Erzieher auf Ihr Selbstbild auswirken? Wie wird sich Ihr Denken und Handeln (im beruflichen und privaten Bereich) verändern? Wie werden Sie zukünftig mit anderen Menschen kommunizieren? Tauschen Sie Ihre Überlegungen in Kleingruppen aus. Erörtern Sie auch, wie sich eine andere Ausbildung (z. B. als Bankkaufmann, Polizist, Schreiner, Informatiker, Bäcker) auf Ihr Selbstbild ausgewirkt hätte.

4. Welche Überzeugungen gehören für Sie zu Ihrem (Teil-)Selbstkonzept „Ich bin ein guter Heilerziehungspfleger/guter Heilpädagoge"? Notieren Sie zunächst Ihre persönlichen Meinungen und vergleichen Sie sie dann mit denen Ihrer Mitschüler. Gibt es Übereinstimmungen? Welche? Weshalb?

5. Welche Überzeugungen gehören für Sie zu den (Teil-)Selbstkonzepten: „Ich bin (geistig) behindert" bzw. „Ich bin schwer erziehbar"? Diskutieren Sie auch Konsequenzen, die sich für die Arbeit mit Menschen mit einer Behinderung oder Kindern und Jugendlichen mit einer Verhaltensstörung ergeben.

4.2.2 Ideal-Selbst und Real-Selbst

Nach C. R. Rogers besteht das **Selbstkonzept** aus dem **Real-Selbst** und dem **Ideal-Selbst**. Das Real-Selbst enthält das realistische Selbstbild der Person. Es enthält Informationen über tatsächliche Fähigkeiten, Eigenschaften und Verhaltensweisen. Das Ideal-Selbst hingegen enthält Vorstellungen über Fähigkeiten, Eigenschaften und Verhaltensweisen, welche die Person gerne besitzen möchte. Es ist das idealistische Selbstbild der Person.

> **Beispiel**
>
> Ein Heilerziehungspfleger besitzt den Anspruch, seine Meinung auch dann ruhig vorzutragen, wenn sie von denen seiner Kollegen abweicht (Ideal-Selbst). Er weiß jedoch, dass seine innere Unruhe steigt, sobald er sich zu Wort meldet (Real-Selbst).

Im Allgemeinen sind wir bemüht, uns unserem Ideal-Selbst anzunähern bzw. uns unserem Ideal-Selbst entsprechend zu verhalten. Wenn uns dieses gelingt, fühlen wir uns gut und halten uns für wertvoll. Wir sind z. B. stolz auf Leistungen, die wir erbracht haben. Unser Selbstwertgefühl steigt. Wenn wir hingegen eine große Diskrepanz zwischen unserem Real-Selbst und unserem Ideal-Selbst wahrnehmen, entstehen Selbstzweifel. Wir fühlen uns unausgeglichen und unglücklich. Je größer die Diskrepanz ist, desto größer sind unsere Selbstzweifel und desto niedriger ist unser Selbstwertgefühl.

Hägar, Perlen für die Säue

Das Selbstwertgefühl resultiert aus der Selbstbewertung der Persönlichkeitseigenschaften, die für eine Person wesentlich sind. Es ist positiv, wenn wichtige verinnerlichte Wert- und Verhaltensmaßstäbe erfüllt werden. Es ist negativ, wenn eine große Diskrepanz zwischen tatsächlichen Persönlichkeitseigenschaften und verinnerlichten Verhaltensnormen und Wertvorstellungen besteht.

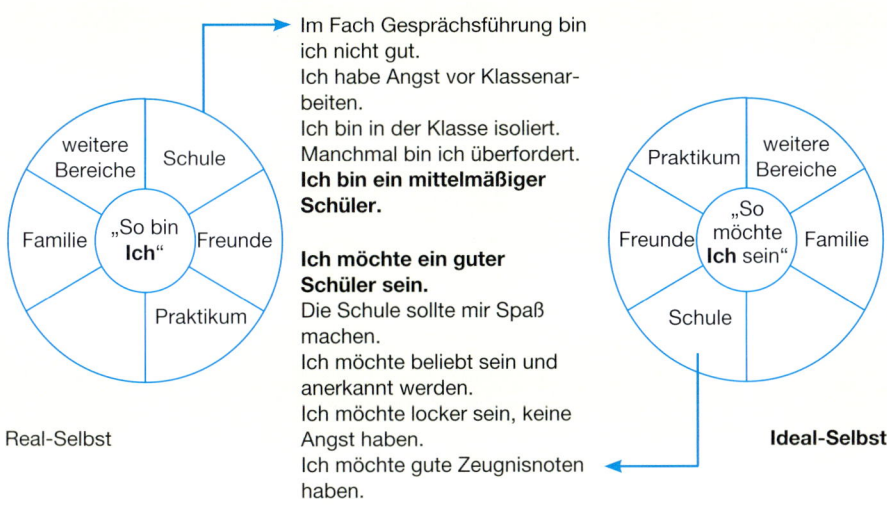

Diskrepanz zwischen Real- und Ideal-Selbst am Beispiel des (Teil-)Selbstkonzeptes „Schüler"

> **Definition**
>
> Das Selbstwertgefühl einer Person ist das Resultat der wertenden Einstellung gegenüber dem Selbst. Es beeinflusst sowohl die Stimmung als auch das Verhalten der Person (vgl. Zimbardo, [6]1995, S. 502).

Wertmaßstäbe, die das Ideal-Selbst einer Person bestimmen, werden durch gesellschaftliche Normen und Wertvorstellungen wesentlich beeinflusst. Sie werden durch Erziehung und Sozialisation vermittelt. Dabei werden nicht nur vernünftige Vorstellungen vermittelt, sondern teilweise auch sehr unsinnige und irrationale Überzeugungen. Diese Überzeugungen können bei einer Person lang anhaltende negative Emotionen bewirken.

Zwei sehr verbreitete Auffassungen, die das Selbstwertgefühl vieler Menschen negativ beeinflussen, sind die beiden folgenden Überzeugungen:

> „Die Meinung, es sei für jeden Erwachsenen absolut notwendig, von [...] jeder anderen Person in seinem Umfeld anerkannt oder geliebt zu werden. [...]
> Mit der Forderung, von allen anerkannt zu werden, auf deren Anerkennung man Wert legt, setzt man sich ein perfektionistisches, unerreichbares Ziel: Denn selbst wenn man von 99 Menschen akzeptiert oder geliebt wird, gibt es immer einen 100. oder 101. usw., der einen ablehnt. Selbst wenn man von allen Leuten akzeptiert wird, die einem wichtig sind, wenn man von ihrer Anerkennung abhängig ist, muss man sich ständig Sorgen machen, wie sehr sie einen mögen und ob sie einen immer noch mögen. Die Abhängigkeit von der Wertschätzung anderer ist daher zwangsläufig von einem beträchtlichen Maß an Angst begleitet."
> (Ellis, [2]1978, S. 64, gekürzt)

> „Die Meinung, dass man sich nur dann als wertvoll empfinden dürfe, wenn man in [nahezu, Anm. des Verf.] jeder Hinsicht kompetent, tüchtig und leistungsfähig ist.
> Kein Mensch kann auf allen oder den meisten Gebieten hervorragende Leistungen vollbringen; die meisten Menschen leisten nicht einmal auf einem Gebiet Außergewöhnliches. Zwar ist es durchaus vernünftig, sich um Erfolg zu bemühen, da reale Vorteile (finanzielle Belohnungen oder erhöhtes Vergnügen) damit verbunden sind [...]. Aber von sich zu fordern, dass man Erfolg haben müsse, heißt sich Gefühlen der Angst und persönlichen Wertlosigkeit auszuliefern. [...] Übersteigertes Leistungsdenken bewirkt gewöhnlich, dass man große Ängste hat, Risiken einzugehen, Fehler zu machen und bei bestimmten Aufgaben zu versagen – Ängste, die einen ihrerseits daran hindern, jene Leistungen zu erbringen, die man erstrebt."
> (Ellis, ²1978, S. 66 ff., gekürzt)

Gedankenexperiment: „Alles für die Katz'?"

Beantworten Sie jeweils die Fragen, bevor Sie weiterlesen.

Stellen Sie sich eine Heimsituation vor. Ein Gruppenmitarbeiter geht zum Dienst und trifft frühmorgens den Heimleiter. Der Heimleiter grüßt sehr freundlich. Es entwickelt sich ein kurzes Gespräch, in dem der Heimleiter den Mitarbeiter mehrfach für seine Einsatzbereitschaft lobt. Der Mitarbeiter sei ihm schon mehrfach sehr positiv aufgefallen. Der Heimleiter deutet auch die Möglichkeit einer Gehaltserhöhung an.

Fragen: Wie wird der Mitarbeiter sich fühlen? Welche Wirkungen dürften die Aussagen des Heimleiters auf das Selbstwertgefühl des Mitarbeiters haben? Wer ist verantwortlich für die Gefühle bzw. für das Selbstwertgefühl des Mitarbeiters?

Stellen Sie sich eine ähnliche Situation vor. Ein anderer Mitarbeiter begegnet zwei Tage später frühmorgens dem Heimleiter. Obwohl dieser den Mitarbeiter nicht grüßt, bittet er ihn zu sich. In dem anschließenden Gespräch kritisiert der Heimleiter den Mitarbeiter heftig für ein eher harmloses Fehlverhalten. Der Heimleiter ist sehr aufgebracht. Er droht mit Abmahnung und Kündigung.

Fragen: Wie wird der Mitarbeiter sich fühlen? Welche Wirkungen dürften die Aussagen des Heimleiters auf das Selbstwertgefühl des Mitarbeiters haben? Wer ist verantwortlich für die Gefühle bzw. für das Selbstwertgefühl des Mitarbeiters?

Stellen Sie sich vor, dass der Heimleiter ein Mensch ist, der sehr stimmungslabil ist. Für ihn ist es wichtig, dass er morgens in Ruhe den Tag beginnen kann. Er ist dann gut gelaunt und bereit, seine Mitarbeiter zu loben. Wenn er jedoch den Tag nicht in Ruhe beginnen kann, ist er schlecht gelaunt und kritisiert jedes Fehlverhalten. Ob der Heimleiter morgens in Ruhe und gut gelaunt aufstehen kann oder nicht, ist wesentlich vom Verhalten seiner Katze abhängig. Jedes Mal, wenn die Katze frühmorgens laut miaut, wacht der Heimleiter vorzeitig auf und ist schlecht gelaunt. Wenn die Katze nicht miaut, steht er in Ruhe auf und beginnt den Tag gut gelaunt.

Fragen: Wer ist verantwortlich für die Gefühle bzw. das Selbstwertgefühl der oben beschriebenen Mitarbeiter? Der Heimleiter? Der Mitarbeiter? Die Katze? Welche Konsequenzen ergeben sich für Ihr Selbstwertgefühl?

Aufgaben

1. Beschreiben Sie einige Ihrer Selbstkonzepte als Real- und Ideal-Konzepte (z. B. Selbstkonzept „Schüler", „Praktikant"). Unterscheiden Sie zwischen Ihren Wunschvorstellungen und den tatsächlichen Meinungen, die Sie von sich besitzen. Wie gehen Sie mit wahrgenommenen Diskrepanzen um? Wie reagieren Sie, wenn Sie daran erinnert werden, dass Sie in einigen Bereichen (z. B. Aussehen, Leistung) nicht so sind, wie Sie es gerne wären?

2. Erinnern Sie sich an Ihr letztes Praktikum: Welche Real- und Ideal-Konzepte haben Sie bei Menschen mit einer Behinderung kennengelernt? Wie sind sie entstanden? Wie wirkte sich die Diskrepanz im Erleben und Verhalten der betreuten Menschen aus? Welche Konsequenzen ergaben sich für die Kommunikation? Tauschen Sie Ihre Erfahrungen in Kleingruppen aus.

3. Besprechen Sie in Kleingruppen folgende Fragen: Welche Bedeutung besitzt Ihr Intelligenzquotient (IQ) für Ihr Selbstwertgefühl? Wie hoch sollte er sein? Wie würden Sie sich fühlen, wenn Sie in einem Intelligenztest einen IQ-Wert von 125 erreicht hätten? Was wäre, wenn Ihr IQ-Wert nur bei 70 liegen würde?

4. Diskutieren Sie in Kleingruppen, welche Bedeutung Normen und Werte der Gesellschaft für das Selbstkonzept von Menschen mit einer Behinderung besitzen. Wie wirkt sich die Tatsache aus, dass Menschen mit einer Behinderung weniger leistungsfähig sind?

5. Nehmen Sie Stellung zu der folgenden Aussage:

„Zur Suche nach schwachsinnigen Anteilen in mir selbst muss ich mich zwingen. Würde alle Welt mich für geistig behindert erklären, ich könnte es nicht annehmen, würde dagegen kämpfen, leugnen oder resignieren – mich dadurch noch mehr behindern. (Früher schrieb man Schwachsinnigen ein erethisches = streitsüchtiges oder ein torpides = apathisches Temperament zu, ohne zu begreifen, dass auch sie sich gegen ihr Schicksal sträuben, wodurch sie sich nicht selten noch mehr behindern.)." **(Dörner/Plog, ³2007, S. 78 f.)**

6. Eine junge Frau mit einer leichten geistigen Behinderung stellt dem neuen Mitarbeiter die Frage: „Halten Sie mich für geistig behindert?" Erörtern Sie in Kleingruppen mögliche Reaktionen auf diese Frage. Berücksichtigen Sie, dass durch die Antwort das Selbstkonzept und das Selbstwertgefühl der jungen Frau beeinflusst werden. Erproben Sie die gefundenen Lösungen im Rollenspiel.

7. Wie wichtig ist Ihnen die Anerkennung durch andere Menschen? Gibt es Unterschiede? Wie bedeutsam sind anerkennende Worte von Lehrern, Freunden, Mitschülern, Eltern, Arbeitskollegen, Betreuten, Bekannten, Jugendlichen, Vorgesetzten, vom Ehe- oder Lebenspartner? Bringen Sie die Personen in eine Rangfolge. Welche der o. g. Personen haben einen großen Einfluss auf Ihr Selbstwertgefühl? Weshalb?

Selbsterfahrung: Überprüfen Sie Ihre Angst, abgelehnt zu werden.

1. Sprechen Sie eine fremde Person in der Fußgängerzone an und bitten Sie sie, Ihnen 20 Cent für ein Telefonat zu schenken.

2. Nehmen Sie Kontakt zu einer fremden Person auf, die Sie attraktiv finden. Sprechen Sie diese Person an und laden Sie sie zum Kaffee ein.

3. Setzen Sie sich in einen Rollstuhl und lassen Sie sich von einem Mitschüler durch die Fußgängerzone schieben.

4. Fahren Sie alleine mit dem Rollstuhl durch eine belebte Fußgängerzone. Bitten Sie eine fremde Person um Hilfe.

5. Fahren Sie alleine mit dem Rollstuhl durch eine belebte Fußgängerzone und nehmen Sie Kontakt zu einer attraktiven Person auf. Sprechen Sie diese Person an und laden Sie sie zum Kaffee ein.

Werten Sie alle Übungen aus. Besprechen Sie Ihre Erfahrungen in Kleingruppen. Mit welchen Befürchtungen sind Sie an die Aufgabenstellungen herangegangen? Welche Gedanken und Vorstellungen drängten sich auf? Haben Sie alle Aufgaben umgesetzt? Welche nicht? Weshalb nicht? Welche Befürchtungen wurden bestätigt? Welche erwiesen sich als unbegründet?

4.2.3 Wirkungen des Selbstkonzeptes

Das Selbstkonzept hat einen beachtlichen Einfluss auf unser Verhalten und Erleben. Es bestimmt wesentlich unsere Kommunikation und Interaktion (vgl. 4.3 Kommunikationsmuster). Dabei ist bedeutsam, dass ein etabliertes Selbstkonzept sehr änderungsresistent ist. D. h., dass wir unsere Überzeugungen, die wir über uns selbst, über unsere Fähigkeiten und Eigenschaften sowie über unsere Beziehungen zu anderen Menschen gewonnen bzw. entwickelt haben, nicht ohne Anstrengungen willkürlich verändern können. Selbst mit professioneller Hilfe wie Beratung und Therapie ist eine Modifikation grundlegender Überzeugungen nur schwer erreichbar.

Hägar, Mehr Glück als Verstand

Erzieher, Heilpädagogen oder Heilerziehungspfleger, die mit verhaltensauffälligen Kindern und Jugendlichen arbeiten, werden häufig mit dieser Problematik konfrontiert. Vielfach versuchen sie die Sichtweisen der zu Erziehenden zu beeinflussen, um sie zu einer Verhaltensänderung zu bewegen. Je zentraler bestimmte Überzeugungen sind, desto schwieriger können sie infrage gestellt bzw. verändert werden.

Im Wesentlichen tragen zwei Mechanismen dazu bei, dass ein etabliertes Selbstkonzept sehr änderungsresistent ist (vgl. Schulz v. Thun, 2007, S. 193). Einer der Mechanismen ist die **Vermeidung**. Viele Menschen weichen Situationen aus, von denen sie glauben, dass sie sie nicht gut bewältigen können und/oder in denen sie Misserfolge erleiden werden.

> **Beispiel**
>
> Schüler, die aufgrund ungünstiger Erfahrungen (z. B. misslungene Klassenarbeiten, missbilligende Äußerungen von Mitschülern, Lehrern oder Eltern) zu der Überzeugung gelangt sind, mathematisch unbegabt zu sein (= Selbstkonzept), meiden Situationen, in denen mathematische Kenntnisse und Fähigkeiten verlangt werden. Sie beteiligen sich z. B. nicht mehr am Mathematikunterricht, versäumen Förderstunden oder machen keine Hausaufgaben mehr.

Durch die Vermeidung von Misserfolg versprechenden Situationen entsteht im Laufe der Zeit ein Übungsrückstand, da bestimmte Verhaltensweisen nicht mehr geübt werden. Wenn in einer bestimmten Situation das fragliche Verhalten nun benötigt wird, ist die Wahrscheinlichkeit groß, dass sich genau der Misserfolg einstellt, der bislang befürchtet wurde. Hierdurch wird das Selbstkonzept verstärkt.

> **Beispiel**
>
> Schüler, die aufgegeben haben, sich mit einem bestimmten Unterrichtsstoff (z. B. Mathematik) auseinanderzusetzen, laufen Gefahr, in Klassenarbeiten zu versagen und schlechte Noten zu erhalten.

> „Der Teufelskreis einer sich selbst erfüllenden Prophezeiung hat sich geschlossen, und das Selbstkonzept hat sich als heimlicher Drahtzieher der Persönlichkeitsentwicklung erwiesen."
> (Schulz v. Thun, 2007, S. 193)

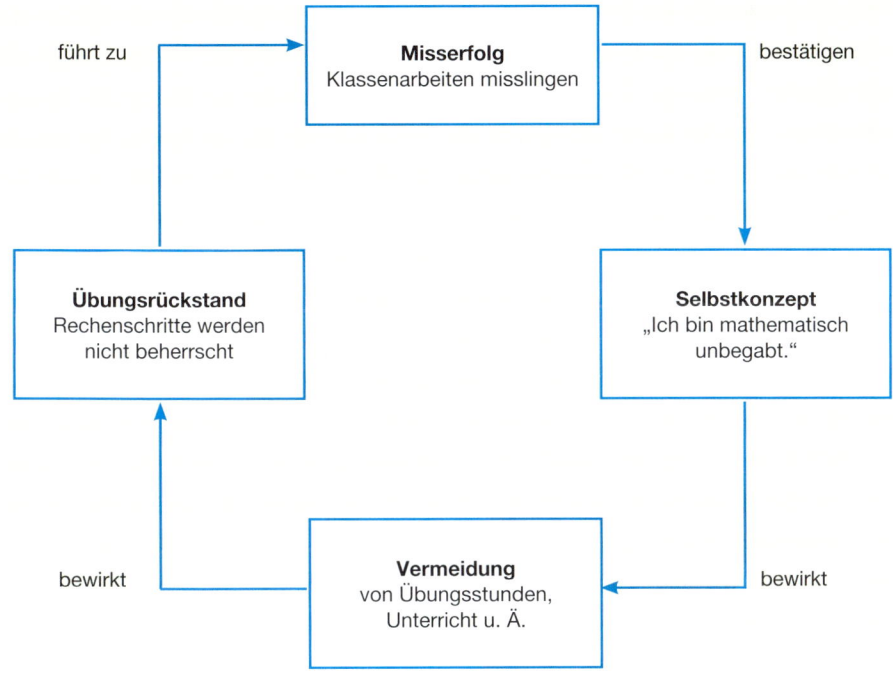

Teufelskreis einer sich selbst erfüllenden Prophezeiung (nach: Schulz v. Thun, 2007)

Der zweite Mechanismus, der dazu beiträgt, dass ein bestehendes Selbstkonzept änderungsresistent ist, besteht in der **Verzerrung** von Informationen, die das Selbstkonzept infrage stellen können. Das Selbstkonzept liefert den Interpretationsschlüssel, wie bestimmte Erfahrungen und Ereignisse zu interpretieren sind. Hierdurch bedingt werden diskrepante, d. h. abweichende Informationen soweit umgedeutet, dass sie das bestehende Selbstkonzept nicht gefährden.

Beispiel

Ein Schüler, der davon überzeugt ist, mathematisch unbegabt zu sein, erreicht in der Mathematikklausur eine gute Note. Diesen Erfolg verbucht er als Zufall. Hierdurch kann er seine ungünstige Selbsteinschätzung beibehalten. Sein Selbstkonzept wird somit nicht infrage gestellt.

Erfolge und Misserfolge erklären wir uns mithilfe von **vier** verschiedenen **Verursachungsfaktoren** (vgl. Heckhausen, 1974, S. 561). Dieser Erklärungsprozess ist sehr subjektiv. Die Ursachen, die wir zur Erklärung heranziehen, werden von uns willkürlich angenommen, unabhängig davon, ob sie tatsächlich zutreffen oder nicht. Grundsätzlich nehmen wir eine der vier folgenden Ursachen an: **Fähigkeit, Anstrengung, Schwierigkeit** oder **Zufall**.

Je nachdem, welche Überzeugungen (= Selbstkonzept) eine Person besitzt, wird sie bestimmte Verursachungsfaktoren für Erfolge oder Misserfolge annehmen. Menschen, die ein negatives Selbstkonzept besitzen, neigen dazu, Erfolge dem Zufall und Misserfolge ihren (fehlenden) Fähigkeiten zuzuschreiben. Menschen, die ein positives Selbstkonzept besitzen, neigen hingegen dazu, Erfolge ihren Fähigkeiten und Misserfolge dem Zufall zuzuschreiben.

Selbstkonzept/ Überzeugungen	Ereignis	subjektive Erklärungsmöglichkeiten			
		Fähigkeit	Anstrengung	Schwierigkeit	Zufall
„Ich bin mathematisch unbegabt."	schlechte Note in der Mathematikarbeit	Die Arbeit zeigt, dass ich unfähig bin.	Die Anstrengung hilft nicht, Begabung wird vererbt.		
	gute Note in der Mathematikarbeit			Die Aufgaben waren zu leicht.	Ich habe Glück gehabt.
„Ich bin mathematisch begabt."	schlechte Note in der Mathematikarbeit		Ich habe mich nicht genügend angestrengt.	Die Aufgaben waren zu schwer.	Der Straßenlärm war zu groß, ich konnte mich nicht konzentrieren.
	gute Note in der Mathematikarbeit	Ich kann gut rechnen.			

Auswirkungen positiver und negativer Selbstüberzeugungen auf die Auswahl von Erklärungsmöglichkeiten bei Erfolg und Misserfolg

Verzerrungen kommen aber auch dadurch zustande, dass Mitteilungen einseitig wahrgenommen werden (vgl. Kapitel 3.3). Der Empfänger einer Nachricht nimmt in Abhängigkeit von seinem Selbstkonzept bestimmte Botschaften bevorzugt wahr und/oder ignoriert andere.

> „So hört eine Person mit niedrigem Selbstwertgefühl die ankommende Nachricht mit einem überempfindlichen Beziehungs-Ohr, sie fantasiert in unschuldige Fragen oder Aussagen eine Kritik oder eine Herabsetzung ihrer Person hinein."
> *(Schulz v. Thun, 2007, S. 195)*

Eine weitere Form der Verzerrung besteht darin, dass Gefühle, die nicht mit dem Selbstkonzept übereinstimmen, nicht oder nur in verzerrter Form wahrgenommen werden.

> „Gefühle, die uns nicht ‚in den Kram' (= in unser Selbstkonzept) passen, dringen nicht bis ins Bewusstsein vor und können auch nicht direkt kommuniziert werden [...] So mögen Enttäuschungen und Verdruss nicht zum Konzept der Verliebten passen; so mögen Ärger und Hass nicht zum Selbstkonzept eines ‚friedfertigen und verständnisvollen Familienvaters' passen; so mag Eifersucht nicht in das Konzept von jemandem passen, der in menschlichen Beziehungen keine Besitzansprüche gelten lassen mag; und Traurigkeit passt nicht zum Selbstkonzept eines lustigen Vogels, der alles mit Humor nimmt."
> *(Schulz v. Thun, 2007, S. 197, gekürzt)*

Selbstkonzept und Selbstwertgefühl

Aufgaben

1. Analysieren Sie folgende Situationen mithilfe des Teufelskreises einer sich selbst erfüllenden Prophezeiung:

   - Der Mitarbeiter einer Wohngruppe hat ständig Sorge, etwas falsch zu machen. Er befürchtet, dass seine Kollegen ihn ablehnen könnten. Die Erstellung von Entwicklungsberichten und Förderplänen bereitet ihm Probleme. Er bittet seine Kollegen, diese Aufgaben zu übernehmen.

   - Ein Praktikant befürchtet insgeheim, dass er nicht geeignet ist, mit verhaltensschwierigen Kindern und Jugendlichen zu arbeiten. Über seine Befürchtungen und über seine Probleme, die er mit den zu Erziehenden seiner Gruppe hat, spricht er nicht. Den Teammitgliedern und seinem Praxislehrer möchte er einen kompetenten Eindruck von sich vermitteln.

   Übertragen Sie das Schaubild in Ihr Heft und tragen Sie die gefundenen Ergebnisse ein.

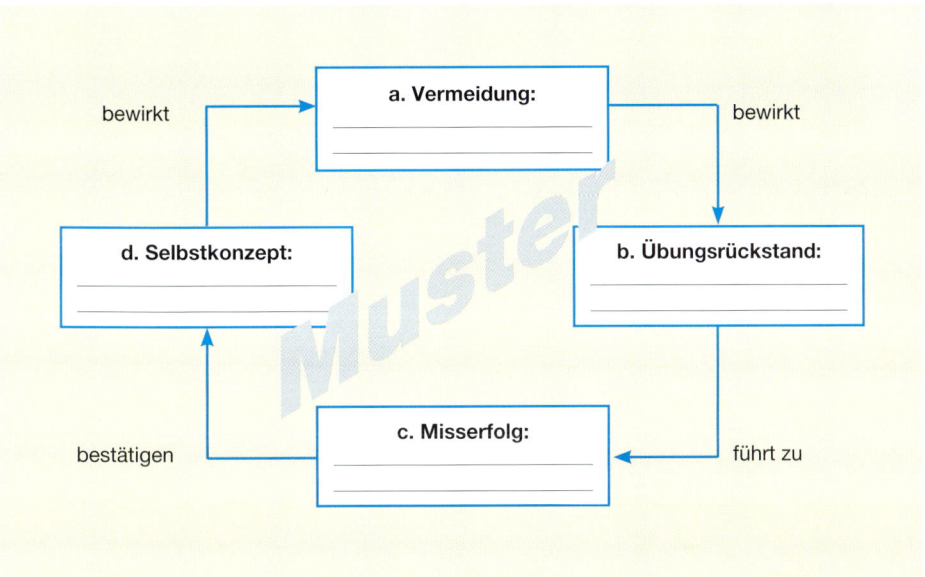

2. Beschreiben Sie Situationen in der Schule oder aus Ihrem letzten Praktikum, denen Sie häufig ausgewichen sind (z. B. Referate halten, Kontakte zu Mitschülern herstellen, sich an Diskussionen beteiligen, an Rollenspielen teilnehmen, eigene Gefühle oder Betroffenheit äußern, Kritik üben etc.). Analysieren Sie diese Situationen mithilfe des Teufelskreises einer sich selbst erfüllenden Prophezeiung (s. o.).

   - Welche Situationen vermeiden Sie? Was wird in diesen Situationen verlangt?

   - Worin besteht der Übungsrückstand? Welche Verhaltensweisen bzw. Fertigkeiten können Sie aufgrund des erfolgreichen Vermeidungsverhaltens nicht zeigen bzw. anwenden?

   - Welche Misserfolge haben Sie aufgrund des Übungsrückstandes bereits erfahren? Welche grundlegenden Überzeugungen (= Selbstkonzept) wurden durch die erfahrenen Misserfolge bestätigt?

   Wählen Sie eine der analysierten Situationen aus und erörtern Sie in Kleingruppen Veränderungsstrategien. Wie wollen Sie sich zukünftig verhalten? Wie wollen Sie Ihren Übungsrückstand aufholen?

3. Zwei neue Mitarbeiterinnen haben große Probleme, sich gegenüber den Kindern und Jugendlichen ihrer Heimgruppe zu behaupten. Während eine der beiden Mitarbeiterinnen ein positives Selbstkonzept besitzt (= positive Überzeugungen), mit der Situation umzugehen, ist ihre Kollegin skeptisch. Sie besitzt nur negative Selbst-Überzeugungen (= Selbstkonzept).

- Wie werden sich beide Mitarbeiterinnen ihre Schwierigkeiten mit den Kindern und Jugendlichen wahrscheinlich erklären? Übertragen Sie die Tabelle in Ihr Heft und tragen Sie die gefundenen Ergebnisse in die entsprechenden Felder der Tabelle ein und vergleichen Sie sie mit denen Ihrer Mitschüler.

- Zu welchen Erklärungen würden Sie tendieren, wenn Sie an der Stelle der Mitarbeiterinnen wären? Welche Rückschlüsse lassen Ihre Erklärungen auf Ihr Selbstkonzept zu? Tauschen Sie Ihre Ergebnisse aus.

Selbstkonzept/ Überzeugungen	Ereignis	subjektive Erklärungsmöglichkeiten			
		Fähigkeit	Anstrengung	Schwierigkeit	Zufall
Überzeugung, fähig zu sein, eine gute Beziehung zu Kindern und Jugendlichen aufbauen zu können	Probleme mit Kindern und Jugendlichen				
Befürchtung, keine gute Erzieherin zu sein; Überzeugung, aggressiven Verhaltensweisen nichts entgegensetzen zu können	Probleme mit Kindern und Jugendlichen				

4.3 Kommunikationsmuster

Konflikte und Spannungen gehören zum menschlichen Leben. Viele Menschen sind jedoch nur wenig geübt, angemessen mit ihnen umzugehen. Wenn sie kritisiert werden und ihr Selbstwertgefühl erschüttert wird, reagieren sie oft in einer Weise, die dies nicht vermuten lässt.

> **Beispiel**
>
> Mutter zur Erzieherin: „Ich weiß gar nicht, ob Sie in der Lage sind, mein Kind angemessen zu fördern. In anderen Kindergärten werden die Kinder intensiv auf den Schulbesuch vorbereitet. Sie hingegen spielen und basteln nur." Erzieherin: „Wenn Sie sich in der einschlägigen Fachliteratur informiert hätten, dann wüssten Sie, dass es sehr viele Anhaltspunkte für unseren progressiven Ansatz gibt."

Grundsätzlich können vier **Kommunikationsmuster** unterschieden werden, mit denen Menschen reagieren, wenn ihr Selbstwert infrage gestellt wird. Da viele Menschen ihre Schwächen und Fehler nicht zeigen möchten, reagieren sie auf die vermeintliche Bedrohung auf eine der folgenden Weisen: Beschwichtigen, Anklagen, Rationalisieren und Ablenken (vgl. Satir, [20]2011, S. 67).
Jedes Kommunikationsmuster ist durch eine bestimmte Körperhaltung, durch typische Äußerungen sowie durch ein typisches Selbsterleben gekennzeichnet. Die Kommunikationsmuster sind Zuspitzungen. Sie beschreiben Verhaltenstendenzen, mit denen Menschen bevorzugt in Konfliktsituationen reagieren.

4.3.1 Beschwichtigen

Die erste Kommunikationsform, die Satir beschreibt, ist das Verhaltensmuster einer Person, die ständig dazu neigt, ihre Kommunikationspartner versöhnlich zu stimmen. Personen, die diese Haltung besonders häufig einnehmen, scheuen Auseinandersetzungen und Konflikte. Ihr **Ziel** ist es, ihre Beziehungen zu anderen Menschen unter allen Umständen harmonisch zu gestalten.

„Der Versöhnliche spricht immer in einer einschmeichelnden Art und Weise; er versucht zu gefallen; er entschuldigt sich und stimmt nie gegen etwas, egal was kommt. Er ist ein Ja-Sager. Er spricht, als könnte er nichts für sich selbst tun. Er muss immer jemanden finden, der ihn anerkennt."
(Satir, [20]2011, S. 72)

Der Versöhnliche verzichtet darauf, eigene Ansichten, Einstellungen, Wünsche und Bedürfnisse zu äußern oder gar durchzusetzen. Er tritt gegenüber seinen Mitmenschen leise, vorsichtig und zaghaft auf. Seine Stimme ist oft leise und gedrückt.

> **Beispiel**
>
> Mutter zur Erzieherin: „Sie haben vergessen, mich rechtzeitig zu unterrichten. Zum heutigen Elternabend kann ich leider nicht kommen." Erzieherin: „Oh, das ist mir jetzt sehr peinlich. Ich bitte Sie vielmals um Entschuldigung. Es war keine böse Absicht. Ich hoffe, dass Sie mir verzeihen können. Ich bin untröstlich."

Das **Grundgefühl** des Versöhnlichen ist von Hilf- und Wertlosigkeit geprägt sowie von dem Gefühl des Ausgeliefert- und Beladenseins. Der Versöhnliche benötigt die Anerkennung des anderen, um sich wertvoll zu empfinden. Er fürchtet daher ständig, den anderen zu verlieren, ihn durch einen Fehler zu verärgern oder von ihm abgelehnt zu werden.

Beim **Kommunikationspartner** löst der Versöhnliche zum Teil sehr unterschiedliche Reaktionen aus: Schuldgefühle, Mitleid, Hilfsbereitschaft, Ärger, Verachtung. Hierdurch übt der Versöhnliche einen mächtigen Einfluss aus: Besonders durch Schuldgefühle manipuliert er (unbewusst) seine Kommunikationspartner (vgl. v. Schlippe, [12]2010, S. 78 ff.).

4.3.2 Anklagen

Die zweite Kommunikationsform beschreibt das Verhaltensmuster einer Person, die dazu neigt, ihre Kommunikationspartner zu beschuldigen, zu beherrschen, zu reglementieren und bloßzustellen. **Ziel** des Anklagenden ist es, dass seine Ansichten und Meinungen von seinen Kommunikationspartnern bestätigt werden. Der Anklagende ist bemüht, seine Gewichtigkeit herauszustellen, um etwas zu bedeuten. Dabei scheut er nicht davor zurück, Standpunkte und Ansichten seiner Kommunikationspartner infrage zu stellen und massiv zu attackieren.

„Der Anklagende ist ein ‚Fehler-Sucher‘, ein Diktator, ein Boss. Er handelt überheblich, und er scheint zu sagen: ‚Wenn du nicht da wärst, wäre alles in Ordnung‘."
(Satir, [20]2011, S. 73)

Der Anklagende spricht mit einer lauten, harten und oft schrillen Stimme. Er lässt nur seine eigene Meinung gelten. Auf Vorschläge und Ansichten seiner Kommunikationspartner reagiert er kaum. Er lehnt sie ab. Schwächen und Fehler seines Gegenübers stellt der Anklagende besonders deutlich heraus, um von eigenen Unzulänglichkeiten abzulenken.

> **Beispiel**
> *Mutter zur Erzieherin: „Sie haben vergessen, mich rechtzeitig zu unterrichten. Zum heutigen Elternabend kann ich leider nicht kommen." Erzieherin: „Was kann ich dafür? Das ist doch nicht meine Schuld. Seit einer Woche liegen Zettel mit der Ankündigung des Elternabends im Eingang. Sie hätten sich dort bedienen können. Im Übrigen ist es nicht meine Aufgabe, die Eltern zu informieren. Das ist Aufgabe der Leitung."*

Das **Grundgefühl** des Anklagenden ist bestimmt von Misstrauen. Er hat Angst, dass andere seine Wertlosigkeit entdecken könnten. Er glaubt, dass sich niemand wirklich für ihn interessiert. Er fühlt sich unverstanden und mutmaßt, stets ungerecht behandelt zu werden. Der Anklagende erwartet ständig, angegriffen zu werden und zu unterliegen. Beim **Kommunikationspartner** löst der Anklagende oft Angst oder Furcht aus. Viele Gesprächspartner reagieren mit Rückzug, Schuldgefühlen, Ärger oder Wut; einige reagieren mit Kälte oder sachlichen Erläuterungen (vgl. v. Schlippe, [12]2010, S. 79).

4.3.3 Rationalisieren

Mit der dritten Kommunikationsform beschreibt Satir ein Verhaltensmuster, das für viele Menschen in unserer Zivilisation ein Ideal darzustellen scheint. Personen, die dieses Verhaltensmuster zeigen, versuchen stets vernünftig und sachlich zu reagieren. Das **Ziel** des Rationalisierers besteht darin, keine Gefühle zu zeigen und Fehler zu vermeiden. Er möchte überlegen und abgeklärt sein.

„Der Rationalisierer ist sehr korrekt und sehr vernünftig, ohne den Anschein eines Gefühls zu zeigen. Er ist ruhig, kühl und gesammelt. Er könnte mit einem Computer oder einem Nachschlagewerk verglichen werden."
(Satir, [20]2011, S. 75)

Der Rationalisierer spricht oft mit einer monotonen Stimme. Dabei ist er ständig bemüht, die richtigen Worte zu finden. Der Rationalisierer bringt persönliche Einstellungen und Bewertungen kaum direkt zum Ausdruck. Er leitet sie vielmehr aus allgemeinen Bedingungen und Gegebenheiten ab. Dabei klingen seine Worte leicht abstrakt. Der Körper des Rationalisierers ist meistens unbewegt und gespannt. Gefühlsregungen sind kaum erkennbar.

Beispiel

Mutter zur Erzieherin: „Sie haben vergessen, mich rechtzeitig zu unterrichten. Zum heutigen Elternabend kann ich leider nicht kommen." Erzieherin: „Wenn ich es versäumt haben sollte, Ihnen rechtzeitig Bescheid zu sagen, dann tut es mir leid. Elterninformation gehört eigentlich zum Aufgabengebiet der Leitung."

Das **Grundgefühl** des Rationalisierers besteht in seiner Angst, von seinen eigenen Gefühlen überwältigt zu werden. Der Rationalisierer hat Angst, in kritischen Situationen die Kontrolle über seine Gefühle zu verlieren und sich so seinen Kommunikationspartnern auszuliefern. Die **Gesprächspartner** des Rationalisierers werden häufig in eine passive Rolle gedrängt. Das Zuhören erleben sie als anstrengend und mühevoll; oft langweilen sie sich und wenden sich ab (vgl. v. Schlippe, [12]2010, S. 82).

4.3.4 Ablenken

Als vierte Kommunikationsform beschreibt Satir das Verhalten des Ablenkenden. Es ist gekennzeichnet durch die Vermeidung intensiven Kontaktes, häufigen Wechsels der Themen, irrelevanten und ausweichenden Aussagen. **Ziel** des Ablenkenden ist es, von sich abzulenken.

„Was auch immer der Ablenkende sagt oder tut, es hat keine Beziehung zu dem, was irgendein anderer sagt oder tut."
(Satir, [20]2011, S. 76)

Der Ablenkende weicht seinen Kommunikationspartnern aus. Er antwortet nie direkt, wechselt häufig das Thema und vermeidet alles Konkrete. Gelegentlich ergeben seine Worte keinen Sinn. Seine Stimme, die auf nichts gerichtet ist, passt häufig nicht zu den Worten, die er benutzt.

> **Beispiel**
>
> Mutter zur Erzieherin: „Sie haben vergessen, mich rechtzeitig zu unterrichten. Zum heutigen Elternabend kann ich leider nicht kommen." Erzieherin (schaut zu den Kindern in den Gruppenraum): „Ach, möchten Sie einen Kaffee? Die Leitung wird Sie beim nächsten Mal bestimmt rechtzeitig unterrichten. Vielleicht schauen Sie sich einmal den neuen Gruppenraum an. Sie werden erstaunt sein. Vielleicht haben Sie nächste Woche Zeit und kommen zur Einweihungsfeier unseres neuen Spielplatzes."

Das **Grundgefühl** des Ablenkenden ist zwiespältig. Einerseits wünscht er Kontakt zu anderen Menschen, andererseits hat er Angst davor. In seinem Inneren herrschen Unklarheit und Chaos. Der Ablenkende hat Angst vor Gefühlen. Sein Erleben ist häufig geprägt von Einsamkeit und dem Gefühl der Sinnlosigkeit. Die **Gesprächspartner** des Ablenkenden reagieren sehr unterschiedlich. Einige reagieren zunächst entspannt. Andere reagieren mit Zurückhaltung und Befremden oder Angst. Eine Person, die ihren Kontakt dauerhaft irrelevant gestaltet, löst bei ihren Gesprächspartnern unterschiedliche negative Reaktionen aus wie Irritationen, Enttäuschungen, Ablehnung, Einsamkeit, Ärger, Hilflosigkeit, ohnmächtige Wut etc. (vgl. v. Schlippe, [12] 2010, S. 84).

4.3.5 Kongruente Kommunikationsform

Die bisher dargestellten vier Reaktionsmuster sind wenig geeignet, wirklich miteinander zu kommunizieren. Sie stellen Versuche dar, Teile des Selbst zu vertuschen oder zu verstecken (Angst, Hilflosigkeit, Inkompetenz, Einsamkeit etc.). Sie werden (unbewusst) eingesetzt, um von den insgeheim befürchteten Schwächen abzulenken. Der Gesprächspartner soll diese nicht erkennen. Er soll vielmehr zu bestimmten Reaktionen veranlasst werden. Je nachdem, welche Kommunikationsform eine Person bevorzugt, möchte sie bei ihrem Gegenüber bestimmte Gefühle (z. B. Mitgefühl, Furcht, Schuldgefühle) und Reaktionen (z. B. Großzügigkeit, Gehorsam, Nachgiebigkeit) auslösen. Dieses geschieht nur selten bewusst:

> „Es kann sein, dass Sie das eine so lange Zeit gemacht haben, dass Sie sich dessen nicht mehr bewusst sind. Bewusst denken Sie vielleicht, dass dies eine Art ist, mit anderen auszukommen; es könnte auch sein, dass Sie eben keine bessere kennen."
> (Satir, [20]2011, S. 100)

Satir beschreibt daher eine fünfte Reaktionsform, in der wir in der Regel zwar nur wenig Übung besitzen, die aber sehr geeignet ist, unsere Beziehungen zu anderen Menschen zu fördern und zu verbessern. Diese Reaktionsform bezeichnet Satir als **kongruent**.

> **Definition**
>
> Von kongruenter Kommunikation wird gesprochen, wenn ein Mensch auf allen Kommunikationskanälen (verbal, nonverbal, paraverbal) übereinstimmende Botschaften sendet.

> „Bei dieser Reaktionsmöglichkeit zielen alle Teile der Botschaft in die gleiche Richtung – die Stimme spricht Worte, die mit dem Gesichtsausdruck, der Körperhaltung und dem Ton der Stimme zusammenpassen."
> (Satir, [20]2011, S. 78 f.)

Eine Person, die kongruent kommuniziert, sendet eindeutige Botschaften. Gefühle, Wünsche, Ideen, Pläne, Absichten etc. werden offen und direkt mitgeteilt, sobald sie geäußert werden. Personen, die so kommunizieren, wissen, was sie tun. Sie sind bereit, die Verantwortung für ihr Verhalten zu übernehmen.

Beispiel

Mutter zur Erzieherin: „Sie haben vergessen, mich rechtzeitig zu unterrichten. Zum heutigen Elternabend kann ich leider nicht kommen." Erzieherin: „Oh, da habe ich etwas versäumt. Ich bitte Sie um Entschuldigung. Wenn Sie möchten, werde ich Ihnen morgen vom Elternabend berichten. Gibt es etwas, das ich für Sie ansprechen soll?"

Das **Grundgefühl** von Personen, die kongruent kommunizieren, ist geprägt von der Überzeugung, wertvoll und einmalig zu sein. Sie sind in der Lage, sich zu akzeptieren, Fehler und Schwächen einzugestehen, obwohl dieses nicht immer einfach ist. Sie handeln in Übereinstimmung mit den Strömungen, von denen sie bewegt werden.

> „Dies steht zum Beispiel im Gegensatz zu einer anklagenden Reaktion, wo die Person sich hilflos fühlt, aber ärgerlich handelt – oder wo sie Schmerz erlebt, sich aber mutig zeigt."
> (Satir, [20]2011, S. 80)

Die **Gesprächspartner** von kongruent kommunizierenden Personen wissen, woran sie sind. Das schafft Vertrauen und vermittelt ihnen gleichzeitig ein Gefühl von Sicherheit.

> „Die Beziehungen sind leicht, frei und ehrlich. Es gibt kaum eine Bedrohung für das Selbstwertgefühl. [Es, Anm. d.Verf.] [...] entsteht keine Notwendigkeit zu beschuldigen, sich in eine rationalisierende Position zurückzuziehen oder in dauernder Bewegung zu sein."
> (Satir, [20]2011, S. 79)

Aufgaben

1. Versuchen Sie Ihre Gefühle zu identifizieren, wenn Ihr Selbstwertgefühl angegriffen wird. Wie reagieren Sie, wenn Sie oder Ihre Arbeit von Kindern und Jugendlichen bzw. Betreuten, Kollegen, Eltern oder Vorgesetzten infrage gestellt werden? Welche Gedanken und Gefühle drängen sich Ihnen auf? Mit welchen Verhaltensweisen reagieren Sie bzw. würden Sie gerne reagieren?

2. Denken Sie an Ihr letztes Praktikum zurück. Wie haben Sie sich gefühlt, als Sie von Mitarbeitern kritisiert wurden? Wie sind Sie mit dieser Kritik umgegangen? Haben Sie die Kritik abgewiegelt, abgewehrt, rationalisiert oder angenommen?

Hägar, Perlen für die Säue

3. Rollenspiel: **Kommunikationsformen**

Suchen Sie sich einen Partner und spielen Sie alle Kommunikationsstile für die folgenden Situationen. Tauschen Sie nach jedem Spiel Ihre Erfahrungen aus und wechseln Sie nach jedem Spiel Ihre Rollen.

Situationen:
- Sie kaufen Brötchen beim Bäcker.
- Sie sind im Restaurant und beschweren sich beim Kellner, dass Ihre Suppe kalt ist.
- Sie möchten Ihren Vorgesetzten um eine Gehaltserhöhung bitten.
- Sie sind mit dem Verhalten eines Jugendlichen Ihrer Gruppe nicht einverstanden und wollen ihn zurechtweisen.
- Sie sind mit dem Dienstplan nicht einverstanden und wollen es Ihren Kollegen mitteilen.

Kommunikationsformen:
- **Versöhnlicher:** Nehmen Sie eine unterwürfige Haltung ein. Widersprechen Sie auf keinen Fall Ihrem Gesprächspartner. Versuchen Sie seine Meinung zu erkennen und zu unterstützen, bevor er sie ausspricht.
- **Anklagender:** Weisen Sie alle Anfragen, Wünsche, Gedanken und Meinungen Ihres Gesprächspartners ab. Lassen Sie nur Ihre eigene Meinung gelten. Widersprechen Sie allen Aussagen, die nicht mit Ihrer Meinung übereinstimmen. Stellen Sie Ihre Bedeutung/Gewichtigkeit heraus. Machen Sie deutlich, dass Sie alles besser wissen.
- **Rationalisierer:** Nehmen Sie eine unbewegliche Haltung ein. Versuchen Sie keine Gefühlsregungen zu zeigen. Sprechen Sie in möglichst abstrakten Begriffen. Erklären Sie Dinge weitschweifig.
- **Ablenkender:** Wechseln Sie häufig und unerwartet das Thema. Antworten Sie nie direkt. Vermeiden Sie alles Konkrete. Lassen Sie sich nicht festlegen.
- **Kongruente Kommunikationsform:** Sprechen Sie Ihre Wünsche, Meinungen und Ansichten offen und direkt an. Machen Sie deutlich, wie Sie sich fühlen und wie Sie denken. Wenn etwas unstimmig ist, teilen Sie es mit. Üben Sie Kritik, indem Sie konkrete Verhaltensweisen bewerten. Vermeiden Sie es, Gesprächspartner zu beschuldigen. Unterbreiten Sie hingegen Alternativen und Lösungsvorschläge.

4. Rollenspiele: **Urlaubsplanung**

Die folgenden Rollenspiele können dazu beitragen, die Kommunikationsmuster deutlicher zu erkennen, mit denen Sie bevorzugt in Konfliktsituationen reagieren.
Ein Mitarbeiterteam sitzt zusammen und bespricht die Urlaubsplanung. Alle Mitarbeiter möchten ihren Urlaub in den Sommerferien nehmen. Sie haben unterschiedliche Gründe, die sie in unterschiedlichen Formen vertreten:

Mitarbeiter A nimmt die Rolle des **Versöhnlichen** ein: Sie haben schulpflichtige Kinder und sind auf die Sommerferien angewiesen. Wenn Sie Ihren Urlaub nicht in den Sommerferien nehmen können, fällt der gemeinsame Urlaub mit der Familie aus. Ihre Familie wäre sehr enttäuscht.

Mitarbeiter B nimmt die Rolle des **Anklagenden** ein: Sie möchten Ihren Urlaub in diesem Jahr in den Sommerferien nehmen. In den letzten Jahren konnten Sie aufgrund der Erkrankung von Kollegen immer nur im November Urlaub nehmen.

Mitarbeiter C nimmt die Rolle des **Rationalisierers** ein: In den letzten Jahren haben Sie immer im Frühling Ihren Urlaub gemacht. Sie möchten ihn nun während der Sommerferien nehmen, da Sie sich für Ihren Urlaub gutes Wetter wünschen.

Mitarbeiter D nimmt die Rolle des **Ablenkenden** ein: Sie möchten im Sommer in den Urlaub fahren, wissen aber noch nicht genau, wohin Sie verreisen wollen.

Spielen Sie das Rollenspiel in Kleingruppen drei bis fünf Minuten. Wechseln Sie dann Ihre Rollen. Spielen Sie das Rollenspiel mehrfach, bis jeder Teilnehmer alle Rollen (Kommunikationsmuster) mindestens einmal gespielt hat. Nehmen Sie die Rollenspiele mit einem Kassettenrecorder auf und werten Sie sie anschließend aus: Wie haben Sie sich gefühlt? Welche Kommunikationsmuster kamen Ihnen bekannt vor? In welchen Kommunikationsmustern haben Sie sich „zu Hause" gefühlt? Konnten Sie sich und Ihre Wünsche einbringen? Welche Kommunikationsmuster haben sich ergänzt, welche haben sich widersprochen? Hören Sie sich anschließend Ihre Aufnahmen an.

Spielen Sie dann abschließend ein Rollenspiel (ca. fünf bis zehn Minuten), bei dem **alle Teilnehmer** (Mitarbeiter A bis D) die **kongruente Kommunikationsform** einnehmen sollen. Versuchen Sie eine realistische Lösung zu finden, die alle Seiten zufriedenstellt. Werten Sie anschließend auch dieses Rollenspiel aus: Was war gegenüber den bisherigen Rollenspielen anders? Wie haben Sie sich bei diesem Rollenspiel gefühlt? Konnten Sie sich und Ihre Wünsche einbringen? Bereitete Ihnen diese Kommunikationsform Schwierigkeiten?

5. **Die Löffel**
   Ein Rabbi kommt zu Gott: „Herr, ich möchte die Hölle sehen und auch den Himmel." – „Nimm Elia als Führer", spricht der Schöpfer, „er wird dir beides zeigen." Der Prophet nimmt den Rabbi bei der Hand. Er führt ihn in einen großen Raum. Ringsum Menschen mit langen Löffeln. In der Mitte, auf einem Feuer kochend, ein Topf mit einem köstlichen Gericht. Alle schöpfen mit ihren langen Löffeln aus dem Topf. Aber die Menschen sehen mager aus, blass, elend. Kein Wunder: Ihre Löffel sind zu lang. Sie können sie nicht zum Munde führen. Das herrliche Essen ist nicht zu genießen. Die beiden gehen hinaus. „Welch seltsamer Raum war das?", fragt der Rabbi den Propheten. „Die Hölle", lautet die Antwort. Sie betreten einen zweiten Raum. Alles genau wie im ersten. Ringsum Menschen mit langen Löffeln. In der Mitte, auf einem Feuer kochend, ein Topf. Aber – ein Unterschied zu dem ersten Raum: diese Menschen sehen gesund aus, gut genährt, glücklich. „Wie kommt das?" – Der Rabbi schaut genau hin. Da sieht er den Grund: Diese Menschen schieben sich die Löffel gegenseitig in den Mund. Sie geben einander zu essen. Da weiß der Rabbi, wo er ist."
   (Honnefelder, 1985, S. 75)

- Übertragen Sie die Geschichte auf die Situation eines Teams (Ihrer Klasse). Was fällt Ihnen dazu ein?
- Welche Verantwortung tragen Sie für Ihr zukünftiges Team (Ihre Klasse)?

6. Besprechen Sie Möglichkeiten, wie Sie das Selbstwertgefühl von Kollegen, Eltern, Betreuten, Kindern und Jugendlichen achten bzw. unterstützen können.
   Erproben Sie Ihre Vorschläge in Rollenspielen.

7. Welche Möglichkeiten sehen Sie, Ihren Mitschülern Wertschätzung entgegenzubringen? Mit welchen konkreten Verhaltensweisen können bzw. wollen Sie dieses tun?

„Es ist immer Hoffnung da, dass dein Leben anders werden kann, denn du kannst jederzeit neue Erfahrungen machen und so Neues lernen."
(Satir, [20]2011, S. 36)

5 Fremd- und Selbstbild

- Welche Konsequenzen können entstehen, wenn Fremd- und Selbstbild nicht übereinstimmen?

- Wie beeinflussen Fantasien und Vermutungen unsere Kommunikation?

- Weshalb sollten sich Heilerziehungspfleger und Heilpädagogen mit den Phänomenen der Übertragung und Gegenübertragung auseinandersetzen?

5.1 Differenz zwischen Fremd- und Selbstbild

Unser Verhalten wird wesentlich durch das Bild beeinflusst, das wir von uns selbst besitzen. Wir möchten anderen ein bestimmtes Bild von uns vermitteln, das weitgehend unserem (Ideal-)Selbstbild entspricht (vgl. Kapitel 4.2). In sehr vielen Situationen handeln wir (unbewusst) gemäß den Meinungen und Überzeugungen, die unser Selbstkonzept bilden. Jemand, der z. B. Ehrlichkeit und Aufrichtigkeit als wichtige Eigenschaften erachtet, wird es als belastend und unangenehm empfinden, die Unwahrheit zu sagen.

Aber nicht nur unser Selbstbild beeinflusst unser Verhalten, sondern auch das Bild, das andere Menschen von uns besitzen (Fremdbild). Behauptungen oder Aussagen über uns, die nicht mit unserem Selbstkonzept übereinstimmen und mit denen wir nicht einverstanden sind, weisen wir

Helga, Ein Leben an seiner Seite

als ungerechtfertigt zurück. Viele Menschen reagieren mit Enttäuschung, Ärger oder Abwehr, wenn sie falsch eingeschätzt werden. Zwischen ihnen und ihren Gesprächs- bzw. Kommunikationspartnern entwickeln sich nachhaltige Beziehungs- und Kommunikationsstörungen, wenn eine Angleichung von Fremd- und Selbstbild nicht möglich ist. Wenn der Kommunikationspartner nicht bereit ist, seine Meinung, sein (Fremd-)Bild zu ändern, ist die Entwicklung einer nachhaltigen Beziehungsstörung nahezu unausweichlich.

Merke

Eine nachhaltige Beziehungs- und Kommunikationsstörung entsteht, wenn eine Person von wichtigen Bezugspersonen anders wahrgenommen wird, als sie sich selbst sieht.

Beispiel

Ein junger Mann mit einer Behinderung ist davon überzeugt, auf dem freien Arbeitsmarkt eine angemessene Stelle zu finden. Die Mitarbeiter sind anderer Meinung. Sie versuchen ihn vorsichtig darauf vorzubereiten, dass nur eine Tätigkeit in der Werkstatt für behinderte Menschen (WfbM) möglich ist. Jeder Versuch, ihn zu überzeugen, mündet in heftigen Auseinandersetzungen.

Ein Mitarbeiter wird während einer Teamsitzung von einem Kollegen kritisiert, sich zu wenig um die Betreuten zu kümmern. Der Mitarbeiter weist die Kritik energisch zurück. Er beschließt, zukünftig nicht mehr von seinen Problemen und Schwierigkeiten mit den Betreuten zu berichten.

Wenn das Bild, das andere Menschen von uns besitzen, nicht mit unserem Selbstbild übereinstimmt, fühlen wir unsere Identität bedroht:

„Identität ist das, was einen glauben lässt, man sei an diesem Ort und zu diesem Zeitpunkt derselbe wie an jenem Ort zu jenem Zeitpunkt, in der Vergangenheit oder in der Zukunft; sie ist all das, womit man identifiziert wird. Ich habe den Eindruck, dass die meisten Leute dazu neigen, im Laufe der Zeit zu glauben, sie seien vom Mutterleib bis zum Familiengrab dasselbe kontinuierliche Wesen. Und dass diese ‚Identität' um so heftiger verteidigt wird, je mehr sie der Fantasie angehört."
(Laing, ²1973, S. 89)

Aufgaben

1. Setzen Sie sich zu zweit zusammen und zwar nach Möglichkeit mit jemandem, den Sie noch nicht näher kennen. Beantworten Sie folgende Frage: Sind Sie ein guter Schüler?

   - Schreiben Sie Ihre Selbst-Überzeugungen auf (vgl. Kapitel 4).
   - Schreiben Sie die Überzeugungen auf, von denen Sie annehmen, dass Ihr Mitschüler sie über sich selbst besitzt.
   - Schreiben Sie die Überzeugungen auf, von denen Sie annehmen, dass Ihr Mitschüler sie von Ihnen besitzt bzw. annimmt.

   Vergleichen Sie Ihre Aussagen miteinander. Welche Aussagen haben Sie überrascht? Gab es Differenzen? Gab es Übereinstimmungen? Welche? Welche Aussagen stimmen mit Ihrem Selbstbild überein? Welche nicht? Welche Äußerungen können Sie kommentarlos annehmen? Welche möchten Sie zurückweisen oder „richtigstellen"? Weshalb?

2. Betrachten Sie das Foto. Schreiben Sie spontan sieben bis zehn Persönlichkeitseigenschaften auf (z. B. Freundlichkeit, Hilfsbereitschaft), die Sie der Person zuordnen.
   Vergleichen Sie Ihre Ergebnisse mit denen Ihrer Mitschüler. Gibt es Übereinstimmungen? Gibt es Abweichungen? Wie kommen Unterschiede zustande? Welche Erklärungen haben Sie dafür? Welche Bedeutung besitzen Ihre Erfahrungen?

5.2 Fantasien und Vermutungen

Jedes Mal, wenn wir mit einem anderen Menschen kommunizieren, reagieren wir nicht auf ihn. Wir reagieren auf das Bild, das wir von ihm besitzen. Es entspricht in der Regel nicht dem Selbstbild, das unser Kommunikationspartner von sich besitzt. Unser Bild besteht vielmehr aus mehr oder weniger vagen Vorstellungen und Vermutungen, die wir ihm zuschreiben und als Tatsachen betrachten. Dabei vergessen wir, dass unsere Wahrnehmung subjektiv ist. Individuelle Faktoren (Erfahrungen, Motive, Wissen, Bedürfnisse, Einstellungen etc.) und soziale Faktoren (gesellschaftliche Normen und Werte, Gruppenzugehörigkeiten etc.) beeinflussen unsere Wahrnehmung. Sie bestimmen wesentlich, wie wir Dinge und Ereignisse in unserer Welt interpretieren und welche Bedeutung wir ihnen beimessen (vgl. Kapitel 6.1). Wir besitzen daher eine Mitverantwortung für das Bild, das wir von einem Gesprächspartner besitzen (vgl. Kapitel 2).

Die Geschichte mit dem Hammer
Ein Mann will ein Bild aufhängen. Den Nagel hat er, nicht aber den Hammer. Der Nachbar hat einen. Also beschließt unser Mann, hinüberzugehen und ihn auszuborgen. Doch da kommt ihm ein Zweifel: Was, wenn der Nachbar mir den Hammer gar nicht leihen will? Gestern schon grüßte er mich nur so flüchtig. Vielleicht war er in Eile. Aber vielleicht war die Eile nur vorgeschützt, und er hat etwas gegen mich. Und was? Ich habe ihm nichts getan; der bildet sich da etwas ein. Wenn jemand von mir ein Werkzeug borgen wollte, ich gäbe es ihm sofort. Und warum er nicht? Wie kann man einem Mitmenschen einen so einfachen Gefallen abschlagen? Leute wie dieser Kerl vergiften einem das Leben. Und dann bildet er's sich noch ein, ich sei auf ihn angewiesen. Bloß weil er einen Hammer hat. Jetzt reicht's mir wirklich. – Und so stürmt er hinüber, läutet, der Nachbar öffnet, doch bevor er „Guten Tag" sagen kann, schreit ihn unser Mann an: „Behalten Sie Ihren Hammer, Sie Rüpel!"
(Watzlawick, 1988, S. 37 ff., gekürzt)

Fantasien und Vermutungen

> **Beispiel**
>
> Ein Bereichsleiter in einer Einrichtung für Menschen mit Behinderung hat eine schlechte Meinung über die Gruppenmitarbeiter in seinem Bereich. Er ist davon überzeugt, dass die Mitarbeiter sich mehr um die Betreuten kümmern könnten. Er ist darüber erbost, dass er die Mitarbeiter jedes Mal beim Kaffeetrinken antrifft, wenn er gegen 8.30 Uhr morgens oder nachmittags gegen 14.00 Uhr eine Wohngruppe betritt. Sein Kollege hingegen hat eine gute Meinung. Er erlebt, dass sich die Gruppenmitarbeiter seines Bereiches intensiv um die Betreuten kümmern. Im Gegensatz zu seinem Kollegen besucht er seine Gruppen zu unterschiedlichen Zeiten.

Unsere Fantasien beeinflussen unser Erleben und Verhalten. Das Unheilvolle an unseren Fantasien ist, dass wir sie nicht überprüfen und sie uns daher erst die Erfahrungen verschaffen, die wir vermeiden wollten.

> **Beispiel**
>
> Der neue Mitarbeiter einer Wohngruppe für Menschen mit geistiger Behinderung ist sehr unsicher. Aus Angst, Fehler zu machen und von seinen Kollegen abgelehnt zu werden, hält er sich in fast allen Gesprächen zurück. Er äußert sich nur, wenn er sich sicher fühlt. Seine Kollegen interpretieren seine Zurückhaltung als Arroganz. Ihre Vermutungen sprechen sie jedoch nicht aus, sondern reagieren mit unterschwelliger Kritik oder Nichtbeachtung. Hierdurch wird der neue Mitarbeiter weiter verunsichert. Er strengt sich noch mehr an, keine Fehler zu machen.

Aufgaben

1. Welche Bedeutungen verbinden Sie mit den folgenden Rollen? Beschreiben Sie zu jeder Rolle einen charakteristischen Satz. Vergleichen Sie Ihre Beschreibungen mit denen Ihrer Mitschüler. Gibt es Unterschiede? Welche? Weshalb?

Lehrer	Fußballspieler	Mutter	Psychologe
Betreuer	Polizist	Schaffner	Beamter
Pfarrer	Freund/in	Vater	Ehefrau
Arzt	Heimleiter	Heilpädagoge	Politiker

2. Ändern Sie Ihr Verhalten, wenn Sie erfahren, dass Ihr Gesprächspartner sich als Polizist, Lehrer, Psychologe zu erkennen gibt?

3. Wie gehen Sie mit Ihren Gedanken, Vorstellungen und Fantasien um, die Sie über einen Gesprächspartner besitzen? Sprechen Sie sie an? Wie? Welche Schwierigkeiten und Probleme erleben Sie?

4. Schreiben Sie differenziert Ihre Gedanken, Vorstellungen und Fantasien auf, wenn Ihnen ein
   - freundlicher und sympathischer Mensch oder
   - kluger und gebildeter Mensch oder
   - attraktiver und ansprechender Mensch oder
   - ein Mensch mit einer geistigen Behinderung

   vorgestellt wird. Beschreiben Sie auch Ihr Verhalten, mit dem Sie diesen Menschen begegnen. Tauschen Sie Ihre Ergebnisse in Kleingruppen aus.

5. Erinnern Sie sich an mehrere schwierige Situationen mit Betreuten oder Mitarbeitern aus Ihrem Praktikum. Beschreiben Sie zunächst das konkrete Verhalten, das Sie wahrgenommen haben. Beschreiben Sie dann Ihre (damaligen) Vorstellungen bzw. Vermutungen, die Sie über Ihren Kommunikationspartner hatten. Entwickeln Sie anschließend alternative Vorstellungen oder Erklärungen. Nutzen Sie die folgende Tabelle:

konkretes Verhalten von Betreuten oder Mitarbeitern	Vermutungen über den Partner bzw. über sein Verhalten	alternative Vermutungen und Vorstellungen
Der neue Mitarbeiter spricht nicht mit mir.	Der neue Mitarbeiter ist arrogant.	Der neue Mitarbeiter ist unsicher.
Der Jugendliche widerspricht mir ständig.	Der Jugendliche lehnt mich ab, er ist eigensinnig, schwer erziehbar.	Der Jugendliche ist sensibel; er fühlt sich nicht verstanden.

5.3 Übertragung und Gegenübertragung

Unsere Wahrnehmung ist nicht nur selektiv (vgl. Kapitel 1), sondern auch ergänzend. Die Informationen, mit denen wir unser Bild von einem anderen Menschen ergänzen, stammen aus früheren Erfahrungen mit anderen Menschen. Wenn wir z. B. einen Menschen zum ersten Mal sehen und ihn sofort unsympathisch finden, dann erinnert diese Person uns (z. B. aufgrund von Äußerlichkeiten wie Haarfrisur, Körpergröße, Tonfall) unbewusst an einen anderen Menschen (z. B. Vater, Lehrer, Vorgesetzter). Die negativen Gefühle, die wir mit diesem anderen Menschen verbinden, übertragen wir unbewusst auf unseren gegenwärtigen Kommunikationspartner und reagieren gefühlsmäßig so auf ihn, als ob er dieser andere wäre.

„Fast jeder erinnert einen an jemanden anderen. Es könnte ein Verwandter, ein früherer Freund oder eine frühere Freundin sein, ein Filmstar – irgendjemand. Wenn Sie eine Ähnlichkeit entdecken, machen Sie sich klar, wie Sie über jene Person fühlen. Es kann nämlich gut sein, dass Sie bei entsprechend starker Erinnerung manchmal jene Person mit der, die vor Ihnen ist, verwechseln. Sie würden auf die Person vor Ihnen so reagieren, als wäre sie die Erinnerungsperson [...]. Wenn so etwas vor sich geht, findet Kommunikation mit Schatten aus der Vergangenheit, aber nicht mit realen Personen statt. Ich bin tatsächlich auf Leute gestoßen, die 30 Jahre zusammenlebten und miteinander umgingen, als wäre jeder jemand anderes (unbewusst natürlich). Sie erlitten folglich ständig Enttäuschungen. ‚Ich bin nicht dein Vater!' schreit der Ehemann wütend [...]."
(Satir, [20]2011, S. 45 f.)

Das Wissen um Übertragungen ist für einen Mitarbeiter im sozialen Bereich auch aus einer anderen Perspektive von Bedeutung. Er muss wissen, dass grundsätzlich viele Übertragungen von Betreuten, Kollegen, Eltern etc. auf ihn gerichtet sind. Viele Gefühle, die ihm entgegengebracht werden, gelten nicht ihm, sondern anderen Personen.

Übertragung und Gegenübertragung

Beispiel

Ein Jugendlicher, der durch Schulschwänzen und Stehlen aufgefallen ist, wird in ein Heim eingewiesen. Die Mitarbeiter sind bestrebt, einen guten Kontakt zu ihm herzustellen. Der Jugendliche weist jedoch ihre Bemühungen zurück. Auf Ratschläge, Fragen und Ermunterungen reagiert er sehr aggressiv. Der Jugendliche, der von seinen Eltern misshandelt wurde, ist davon überzeugt, dass man Erwachsenen nicht trauen darf.

Die Eltern einer Frau mit einer geistigen Behinderung sind der Meinung, dass ihre Tochter zu wenig beachtet wird. Dieses sei schon einmal in einer anderen Einrichtung passiert. Die Mitarbeiter fühlen sich angegriffen. Sie sehen nicht, dass die Eltern ihre ungünstigen Erfahrungen mit anderen Mitarbeitern auf sie übertragen und aus Sorge handeln.

Professionelle Erzieher und Helfer müssen Übertragungen erkennen können. Wenn ihnen dieses nicht gelingt, besteht die Gefahr, dass sie mit **Gegenübertragungen** reagieren.

Definition

Unter einer Gegenübertragung versteht man die Reaktion einer Person auf Gefühle, die ein Kommunikationspartner zwar bei ihr auslöst, die aber ihm nicht gelten.
Die Gefühle gelten anderen Menschen, an die der Kommunikationspartner (unbewusst) erinnert.

In diesem Zusammenhang spielt das Selbstkonzept eine bedeutsame Rolle. Äußerungen und somit auch Übertragungen, die das Selbstkonzept infrage stellen, lösen intensive Gefühle aus. Sie werden fast immer energisch abgewehrt. Ein Mitarbeiter, der eine Übertragung „abbekommt", diese aber als solche nicht erkennt, läuft Gefahr, nicht mehr pädagogisch zu handeln, sondern lediglich sein Selbstwertgefühl zu schützen.

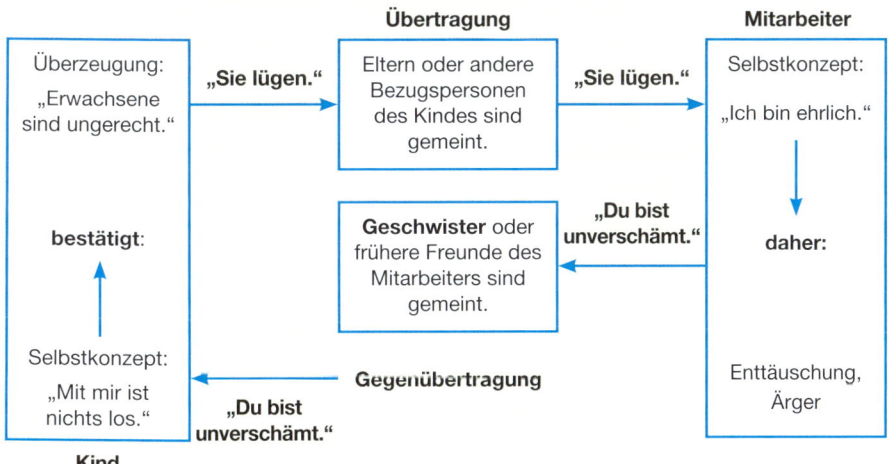

Aufgaben

1. Besprechen Sie in Kleingruppen, wie Sie auf Menschen reagieren, die Sie an Menschen aus Ihrer Vergangenheit erinnern (z. B. Lehrer, Vorgesetzte im Praktikum, Kollegen, Mitschüler).

2. Erinnern Sie sich bitte an Ihr letztes Praktikum. Welcher Mitarbeiter und/oder welcher Bewohner war Ihnen unsympathisch? Stellen Sie sich diese Person einen Moment lang vor. Welche Dinge sind Ihnen besonders aufgefallen (Kleidung, Verhaltensweisen, Aussagen, Mimik etc.)? Schauen Sie nun in Ihren Verwandten-, Bekannten- und Freundeskreis. Lassen Sie sich Zeit. An wen werden Sie erinnert? Welche Erfahrungen haben Sie mit dieser Person aus Ihrer Vergangenheit gemacht?

6 Partnerzentrierte Gesprächsführung

- *Was sind Basisvariablen? Weshalb sollten Heilerziehungspfleger und Heilpädagogen sie beachten?*

- *Welche Kriterien gibt es, das Gesprächsverhalten von Mitarbeitern zu beschreiben und zu klassifizieren?*

- *Weshalb sollten Heilerziehungspfleger und Heilpädagogen aktiv zuhören können?*

Partnerschaftszentrierte Gesprächsführung bezeichnet ein Gesprächsverhalten, bei dem eine Person sich ganz auf ihren Gesprächspartner konzentriert. Sie verzichtet weitgehend darauf, eigene Sichtweisen, Meinungen, Wünsche, Gefühle und Bedürfnisse zu äußern. Diese Haltung, die es dem Gesprächspartner ermöglicht, seine Gedanken und Gefühle frei auszusprechen, basiert wesentlich auf Erkenntnissen und Untersuchungen von C. R. Rogers, der zunächst Agrarwissenschaft und später Theologie studierte, bevor er sich der Psychologie zuwandte. Er entwickelte als klinischer Psychologe neue therapeutische Konzepte und Techniken. Diese fasste er zur klientenzentrierten Gesprächspsychotherapie zusammen. Rogers Wirken und Schaffen hat nicht nur die klinische Psychologie nachhaltig beeinflusst, sondern auch unser Bild vom Menschen.

6.1 Menschenbild

Aufgrund seiner klinischen Erfahrungen als Berater und Therapeut formulierte Rogers eine Reihe von Thesen. Eine seiner wichtigsten Annahmen ist die, dass der Mensch ein bewusst handelndes Wesen ist, das eigenständig und eigenverantwortlich seine Entwicklung gestaltet und vorantreibt. Dabei spielen die Erfahrungen, die ein Mensch macht, eine zentrale Rolle. Sie prägen und beeinflussen seine Wahrnehmungen und bestimmen sein Verhalten. Die vielfältigen Erfahrungen eines Menschen verdichten sich zu seinem Bild bzw. seiner Auffassung von der Welt. Sie werden zu seiner Realität, auf die er sich bezieht. Diese Realität ist einzigartig und von Mensch zu Mensch verschieden.

> „Jede Person lebt in ihrer eigenen inneren Erlebniswelt. Sie nimmt Menschen, Gegenstände und Ereignisse in einer ihr eigenen einzigartigen Weise wahr, mit nur von ihr empfundenen Bedeutungen. Jede Person lebt ihr Fühlen und ihre Erfahrungen. Das Zentrum dieser inneren Welt ist sie selbst. Diese Erlebniswelt ist für sie ‚Realität'. Und auf diese ‚Realität', auf diese Empfindungen, wahrgenommenen Bedeutungen und Erfahrungen reagiert ein Mensch. So reagieren Menschen auf gleiche Reize häufig unterschiedlich. Sie nehmen unterschiedliche Bedeutungen wahr, sie fühlen unterschiedlich und handeln entsprechend unterschiedlich."
> (Tausch/Tausch, [7]1979, S. 31)

Einen Menschen zu verstehen bedeutet nach Rogers, die Welt aus der Perspektive des anderen wahrzunehmen, seine Einstellungen und Werthaltungen zu begreifen. Dieses kann jedoch nicht vollständig gelingen, da wir Ereignissen unterschiedliche Bedeutungen beimessen. Einen anderen Menschen zu verstehen bedeutet daher lediglich, sich seiner Sichtweise anzunähern.

Beispiel

Unser Umgang mit Vorgesetzten ist z. B. wesentlich durch unsere Vorerfahrungen mit Autoritäten wie Lehrern, Erziehern und Eltern geprägt.

Nach Rogers besitzt jeder Mensch eine im Grunde positive Entwicklungsrichtung. Die Motivation hierzu ist dem Menschen angeboren. D. h., Menschen besitzen eine angeborene Tendenz, die Entwicklungspotenziale, die sie bei der Geburt mitbringen, auszuschöpfen. Jede Erfahrung, die eine Person macht, wird von ihr bewertet. Dabei spielt nach Rogers nicht nur der Intellekt eine Rolle:

> *„Eine der fundamentalen Einsichten, zu deren Erkenntnis ich lange Zeit brauchte und die ich heute noch zu begreifen lerne, ist die: wenn ich bei einer Tätigkeit empfinde, sie sei in sich wertvoll oder wert, getan zu werden, dann ist sie es auch. Anders gesagt: Ich habe gelernt, dass das Gefühl, mit dem mein ganzer Organismus eine Situation wahrnimmt, verlässlicher ist als mein Intellekt."*
> **(Rogers, ³1979, S. 38)**

Erfahrungen, die dem Wachstum einer Person dienen und es fördern, werden von einer Person positiv bewertet und wieder aufgesucht. Erfahrungen, die dem Wachstum nicht dienen, werden von ihr gemieden. Diese innere Tendenz des Individuums kann in Konflikt geraten mit einem anderen grundlegenden Bedürfnis, dem Bedürfnis nach Zuwendung und Wertschätzung: Ein Kind, das von seinen Eltern oder anderen Bezugspersonen kritisiert wird, ohne dass sein Verhalten gemeint ist, läuft Gefahr, nur noch Dinge zu tun, die andere von ihm erwarten. Das Kind richtet sich nicht mehr nach den Erfahrungen, die seine Entwicklung voranbringen, sondern nach der Anerkennung, die es von anderen erhält. Es übernimmt dabei wichtige Wertmaßstäbe und Auffassungen seiner Bezugspersonen und integriert sie in sein Selbstkonzept (vgl. Kapitel 4.2).

Beispiel
Ein Kind, das von seinen Eltern oder von anderen Bezugspersonen nur dann Zuwendung erhält, wenn es gute Leistungen erbringt, wird vermutlich zur Überzeugung gelangen, dass es perfekt sein muss, um anerkannt und geliebt zu werden.

Gefühle, Eindrücke und Erfahrungen, die im Widerspruch zu den Meinungen wichtiger Bezugspersonen und später im Widerspruch zu Überzeugungen des Selbstkonzeptes (vgl. Kapitel 4.2) stehen, werden als fremd und bedrohlich erlebt. Sie müssen abgewehrt werden. Dieses geschieht nach

Helga, Ein Leben an seiner Seite

Rogers durch die beiden Abwehrreaktionen **Verleugnung** und **Verzerrung**. **Verleugnung** bedeutet, dass die Existenz einer Erfahrung verneint wird, sodass sie nicht bewusst wahrgenommen wird.

Beispiel
Ein Heilerziehungspfleger hat hohe Ansprüche an sein professionelles Verhalten. Er ist davon überzeugt, dass er sich stets auf einer fachlichen Ebene mit seinen Kollegen austauschen muss. Die Probleme und Konflikte, die er hierdurch verursacht, nimmt er nicht wahr.

Bei der **Verzerrung** wird die Bedeutung einer Erfahrung so weit verändert, dass sie mit dem Selbstkonzept (vgl. Kapitel 4.2) übereinstimmt.

Beispiel
Eine Heilerziehungspflegerin lehnt die Kritik ab, die Eltern an ihrem Erziehungsverhalten äußern. Sie ist der Meinung, dass Eltern die Abläufe in einer Wohngruppe für Menschen mit geistiger Behinderung nicht richtig beurteilen können.

Die Tatsache, dass unsere Gegenstandswahrnehmungen mit denen anderer Personen weitgehend dahingehend übereinstimmen, dass wir z. B. Objekte und Situationen als dieselben identifizieren, verleitet uns häufig zu der irrigen Annahme, dass andere Menschen die Dinge und Situationen auch in der gleichen Art und Weise wahrnehmen und erleben, wie wir es tun.

Aufgaben

1. Nehmen Sie Stellung zu dem Satz: „Jeder Mensch ist in einem sehr realen Sinn eine Insel für sich […]" (Rogers, ³1979, S. 37).

2. Setzen Sie sich in Kleingruppen (fünf bis sieben Schüler) zusammen. Schreiben Sie zunächst jeder für sich eine differenzierte Bewertung über das Fach Gesprächsführung auf. Lesen Sie anschließend Ihre Bewertungen einander vor und registrieren Sie, wie viele Übereinstimmungen und Abweichungen es gibt. Führen Sie diese Aufgabe anschließend mit mind. fünf bis zehn weiteren Themen durch (z. B. Meinungen zu bestimmten Politikern, Schauspielern, Kinofilmen).

Übungen

1. Setzen Sie sich zu zweit zusammen. Legen Sie fest, wer A und wer B ist. A soll die Intensität einiger Gefühle (s. Kasten) beschreiben, ohne Zahlen oder Maßeinheiten zu benutzen. B soll aufmerksam zuhören und die Intensität jedes beschriebenen Gefühls mithilfe einer Prozentskala einschätzen. Anschließend soll er seine Einschätzung A mitteilen. Tauschen Sie sich aus: Wie gut ist es B gelungen, A zu verstehen? Welche Probleme und Schwierigkeiten gab es? Wechseln Sie nach einiger Zeit Ihre Rollen.

2. Bringen Sie die untenstehenden Gefühle in eine Rangfolge. Ordnen Sie den einzelnen Gefühlen Prozentzahlen zu. Vergleichen Sie dann Ihre Ergebnisse in Kleingruppen mit denen Ihrer Mitschüler. Versuchen Sie sich gegenseitig zu erklären, wie Ihre individuelle „Rangfolge" entstanden ist.

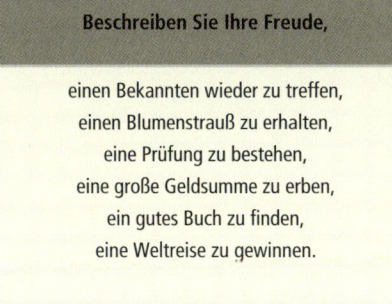
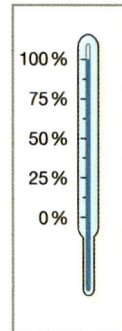

6.2 Basisvariablen

Nach Rogers ist die Beziehung zwischen einem konfliktbeladenen Menschen und einem (professionellen) Berater von entscheidender Bedeutung. Eine gute Beziehung ermöglicht es dem Ratsuchenden, sich angstfrei mit sich selbst und mit seinen Problemen zu beschäftigen. Die Abwehr von Erfahrungen, die mit dem Selbstkonzept nicht übereinstimmen, verliert dabei allmählich an Bedeutung. Die Person fühlt sich verstanden. Sie kann wieder ihre Entwicklungspotenziale ausschöpfen.

6.2.1 Empathie, Akzeptanz und Kongruenz

Empathie, Akzeptanz und **Kongruenz** sind Faktoren, die als Basisvariablen bezeichnet werden, da sie die Voraussetzungen für therapeutische Beziehungen und Gespräche schaffen. Aber nicht nur im Kontext von Beratung und Therapie werden sie für wichtig gehalten. Auch in vielen anderen professionellen Gesprächen werden sie berücksichtigt.

Snoopy & Die Peanuts, Allzeit bereit, United Feature Syndicate, Inc./Kipkakomites.de

Obwohl die Gesprächsführung in der Heilerziehungspflege und Heilpädagogik auf Menschen nicht so einen tiefgreifenden Einfluss hat wie die klientenzentrierte Gesprächspsychotherapie, geht es auch hier darum, Einfluss zu nehmen. Mitarbeiter nutzen das Gespräch, um auf das Verhalten und Erleben von Betreuten, Kindern und Jugendlichen einzuwirken. Mithilfe des Gesprächs möchten sie Einstellungsänderungen herbeiführen, Hilfen geben oder Konflikte und Probleme lösen.

Unter **Empathie** versteht man das **einfühlende Verstehen** einer Person in die innere Welt ihres Gesprächspartners. Dabei geht sie ganz auf die Sichtweise ihres Gegenübers ein und versucht alle Gefühle und Mitteilungen zu verstehen. Die Person stellt eigene Ansichten und Meinungen zurück und verzichtet auf die Bewertung des anderen. Ihr Verständnis für den Gesprächspartner bringt sie durch geeignete Rückmeldungen zum Ausdruck.

> „Wenn wir den anderen in seiner inneren Welt zu hören und zu verstehen suchen, erlebt er uns als einen geduldigen, ihn akzeptierenden Partner. Er ist dankbar und häufig erleichtert, dass jemand ihm zuhört und es ihm ermöglicht, über seine innere Welt zu sprechen. Manchmal mag er sich schon allein aufgrund dieses Aussprechens hinreichend erleichtert fühlen und kommt zu einer gewissen Klärung seines Erlebens und Fühlens."
> *(Tausch/Tausch, ⁷1979, S. 33)*

Akzeptanz beschreibt die Haltung einer Person einem Gesprächspartner gegenüber; d. h., sie nimmt alle Gefühle, Gedanken und Einstellungen des anderen wahr, ohne sie abzuwerten. Die Person akzeptiert ihren Gesprächspartner, bringt ihm Verständnis, Wohlwollen und **unbedingte, positive Wertschätzung** entgegen.

> „Akzeptieren heißt hier ein warmherziges Anerkennen dieses Individuums als Person von bedingungslosem Selbstwert – wertvoll, was auch immer seine Lage, sein Verhalten oder seine Gefühle sind. Das bedeutet Respekt und Zuneigung, eine Bereitschaft, ihn seine Gefühle auf seine Art haben zu lassen. Es bedeutet ein Annehmen seiner Gefühle, Rücksicht auf seine momentanen Einstellungen, gleichgültig wie negativ oder positiv sie sind, wie sehr sie Einstellungen, die er in der Vergangenheit gehabt hat, widersprechen. Das Akzeptieren jedes schillernden Aspekts dieses anderen Menschen läßt die Beziehung für ihn zu einer Beziehung der Wärme und Sicherheit werden; die Sicherheit, als Mensch gemocht und geschätzt zu werden [...]."
> *(Rogers, ³1979, S. 47, gekürzt)*

Kongruenz bedeutet **Echtheit** (vgl. Kapitel 4.3.5). Einfühlsames Verstehen und positive Wertschätzung bleiben wirkungslos, wenn sie nicht echt sind. Echtsein bedeutet, dass Äußerungen, Verhalten, Gestik und Mimik einer Person mit ihrem inneren Erleben und Denken übereinstimmen. Sie versteckt sich nicht hinter einer Fassade, sondern gibt sich so, wie sie ist.

6.2.2 Selektive Echtheit

Professionelle Gesprächspartner dürfen nicht jederzeit (vollkommen) offen sein. Einerseits würden sie durch eine schonungslose Offenheit ihre Gesprächspartner in vielen Situationen überfordern. Die Probleme und das Leid der Gesprächspartner könnten größer werden. Andererseits würden

Hägar, Die Axt im Wald

sie durch eine totale Offenheit ihre Beziehungen zu den Rat suchenden Personen belasten oder sogar gefährden. Schulz v. Thun schlägt in Anlehnung an R. Cohn eine selektive Echtheit bzw. eine selektive Authentizität vor (vgl. Schulz v. Thun, 2007, S. 120). Hiermit bringt er zum Ausdruck, dass es zwar nicht immer notwendig ist, dass ein (professioneller) Gesprächspartner eine Meinung äußert. Wenn er sie aber äußert, dann sollte sie echt sein.

> „Ich kann mir keine Beziehung vorstellen, in der totale Offenheit zu jeder Zeit möglich und zu ertragen ist. Ich unterscheide deshalb zwischen optimaler und maximaler Authentizität. Die Richtlinie ist: das, was sich an persönlicher Erfahrung im Inneren ereignet, mit optimaler innerer Ehrlichkeit und kommunikativer Klarheit – also authentisch – dem Partner mitzuteilen. Optimale Authentizität hat immer selektiven Charakter; maximale, d. h. absolute Aufrichtigkeit kann zerstören. Ich glaube, dass absolute Offenheit ein Aberwitz ist."
> **(Cohn, 1979, S. 27)**

Aufgaben

1. Erinnern Sie sich an eine Situation, in der Sie als Kind oder als Jugendlicher ein Problem hatten (z. B. eine schlechte Note in einer Klassenarbeit oder auf dem Zeugnis, Streit mit der Freundin/ dem Freund) und es Ihren Eltern erzählen wollten. Wie haben Ihre Eltern reagiert? Waren Sie mit der Reaktion einverstanden? Welche Reaktion hätten Sie sich von Ihren Eltern gewünscht? Was genau hätte Ihnen geholfen?

2. Beantworten Sie in Kleingruppen folgende Fragen: Welche Verhaltensweisen eines Gesprächspartners empfinden Sie heute als hilfreich, wenn Sie über ein Problem sprechen wollen? Wie sollte Ihr Gesprächspartner (Freund, Freundin, Lebens- bzw. Ehepartner) reagieren? Beschreiben Sie konkrete Verhaltensweisen. Gehen Sie anschließend auch auf Verhaltensweisen ein, durch die Sie gehemmt werden, Ihre Probleme mitzuteilen.

3. Erinnern Sie sich bitte an eine Situation, in der Sie von einem Bekannten um einen Rat bzw. um Hilfe gebeten wurden. Konzentrieren Sie sich auf diese Situation. Wie haben Sie reagiert? An welche Gefühle können Sie sich erinnern (Stolz, Freude, Mitgefühl, Traurigkeit, Hilflosigkeit etc.)? Haben Sie aufmerksam zugehört und sich ein Bild von dem Problem des anderen gemacht? Oder haben Sie über eigene, ähnliche Erfahrungen gesprochen? Haben Sie Ratschläge erteilt?

4. **Rollenspiel: Aufmunterung**

Die Eltern haben erfahren, dass ihre Tochter eine wichtige Prüfungsklausur nicht bestanden hat. Sie wollen ihre Tochter trösten und mit ihr überlegen, wie es weitergehen soll.

Tochter: Sie sind untröstlich. Sie machen sich Vorwürfe, nicht genügend gelernt zu haben. Sie befürchten, ihren Abschluss nicht zu bekommen. Sie werden dann die Lehrstelle nicht antreten können. Sie wollen Ihre Sorgen Ihren Eltern mitteilen.

Mutter: Sie möchten Ihre Tochter trösten. Sie wollen Ihre Tochter aufheitern und ihr deutlich machen, dass eine nicht bestandene Prüfungsklausur nicht das Ende der beruflichen Karriere bedeutet.

Vater: Sie wollen Ihre Tochter trösten. Sie wollen Ihre Tochter aufheitern und von der misslungenen Prüfung ablenken.

Führen Sie das Gespräch zu dritt (ca. zehn bis fünfzehn Minuten) und nehmen Sie es mit Kassettenrecorder oder Videokamera auf. Werten Sie das Gespräch anschließend anhand folgender Fragen aus:

Tochter: Wie haben Sie sich gefühlt? Konnten Sie sich Ihren Eltern mitteilen? Welche Verhaltensweisen der Eltern haben Ihnen geholfen? Durch welche Verhaltensweisen wurden Sie behindert?

Eltern: Haben Sie es geschafft, Ihre Tochter zu trösten? Wie haben Sie sich gefühlt? Was fiel Ihnen schwer? Welche Verhaltensweisen waren günstig, welche nicht? Welche alternativen Möglichkeiten können Sie sich vorstellen, einen Menschen zu trösten?

Tauschen Sie anschließend in der Klasse Ihre Erfahrungen aus, die Sie mit solchen oder ähnlichen Situationen (z. B. im Praktikum, Freundeskreis, in der Schule) gemacht haben.

5. **Rollenspiel: Beratungsgespräch**

Spielen Sie eine typische Teamsituation: Ein Mitarbeiter berichtet seinen Kollegen von Schwierigkeiten mit einem Betreuten und bittet um Hilfe.

Spielen Sie das Rollenspiel in Kleingruppen (ca. vier bis fünf Schüler). Erinnern Sie sich hierzu an mindestens eine schwierige Situation aus Ihrem letzten Praktikum. Bestimmen Sie dann, wer von Ihnen sein Problem der Gruppe vorstellt. Aufgabe der anderen Teilnehmer ist es, gemeinsame Lösungen zu finden und vorzuschlagen.

Nehmen Sie das Rollenspiel mithilfe eines Kassettenrecorders oder einer Kamera auf und werten Sie es anschließend aus: Konnten Lösungen für das geschilderte Problem gefunden werden? Wie haben sich die „Berater" verhalten? Wie wirkte sich das Verhalten der „Berater" auf den beratenen Mitarbeiter aus? Fühlte er sich verstanden? Konnte er die Ratschläge seiner Kollegen annehmen? Wie haben sich die „Berater" gefühlt? Fühlten sie sich verstanden? Wäre das Gespräch anders verlaufen, wenn die „Berater" mehr auf die Sichtweise ihres Mitarbeiters eingegangen wären?

6. *Nehmen Sie Stellung zu der Ansicht, dass ein Gesprächspartner durch Ratschläge entmündigt wird. Gehen Sie in diesem Zusammenhang auch auf Gedanken und Gefühle ein, die sich mittel- bis langfristig beim Ratsuchenden einstellen werden.*

6.2.3 Lenkung und Akzeptanz

Die Beziehungsebene bestimmt weitgehend die Qualität eines Gespräches (vgl. Kapitel 3.1.3). Sachliche Beiträge werden missverstanden oder abgelehnt, wenn es Störungen auf der Beziehungsebene gibt (vgl. Kapitel 2). Die vorrangige Aufgabe einer guten Gesprächsführung besteht daher darin, Voraussetzungen für vertrauensvolle Beziehungen zu schaffen. Eine Möglichkeit, das Beziehungsgeschehen zu erfassen, besteht in der Anwendung des Dimensionskonzeptes von Tausch/Tausch ([11]1998). Sie untersuchten das Erziehungsverhalten von Lehrern, Eltern und Erziehern. Sie fanden heraus, dass die Qualität einer Beziehung wesentlich von zwei Verhaltensdimensionen bestimmt wird: der **Lenkungsdimension** mit den Polen „keine Lenkung" vs. „starke Lenkung" und der **emotionalen Dimension** mit den Polen „Wertschätzung" vs. „Geringschätzung".

- **Starke Lenkung** beschreibt das Verhalten einer Person, die das Verhalten und Denken ihrer Gesprächspartner bedeutsam beeinflusst. Durch Befehle, Anordnungen, Manipulation oder Überredung versucht sie ihre Gesprächspartner zu beherrschen. Die Person unterbricht ihren Gesprächspartner, belehrt oder ermahnt sie.

- **Geringe Lenkung** beschreibt das Verhalten einer Person, die ihren Gesprächspartnern Selbstbestimmung einräumt. Sie befiehlt nicht, ordnet nicht an, kontrolliert und belehrt nicht. Sie unterbricht ihre Gesprächspartner nicht und lässt sie ausreden. Sie belehrt nicht und erläutert nur auf Wunsch komplexe Sachverhalte.

- **Wertschätzung** bedeutet, dass eine Person ihre Gesprächspartner mit Freundlichkeit, Takt und Anteilnahme begegnet. Sie sieht ihre Gesprächspartner als vollwertig an, behandelt sie wohlwollend und vertraut ihnen.

- **Geringschätzung** besagt, dass eine Person ihre Gesprächspartner abwertet, abweist oder ablehnt. Sie begegnet ihnen unfreundlich, verächtlich und in einer distanzierten Weise. Die Person nutzt Möglichkeiten, ihre Gesprächspartner zu entmutigen, ihnen zu drohen oder sie zu strafen.

Im **Koordinatensystem** sind die beiden Dimensionen „emotionale Dimension" und „Lenkungsdimension" wiedergegeben. Das Beispiel illustriert die verschiedenen Kommunikationsmöglichkeiten, die sich aus der Kombination dieser beiden Merkmale ergeben. Es zeigt idealtypisch unterschiedliche Reaktionsmöglichkeiten auf, mit denen ein Gruppenleiter auf einen Fehler reagieren könnte.

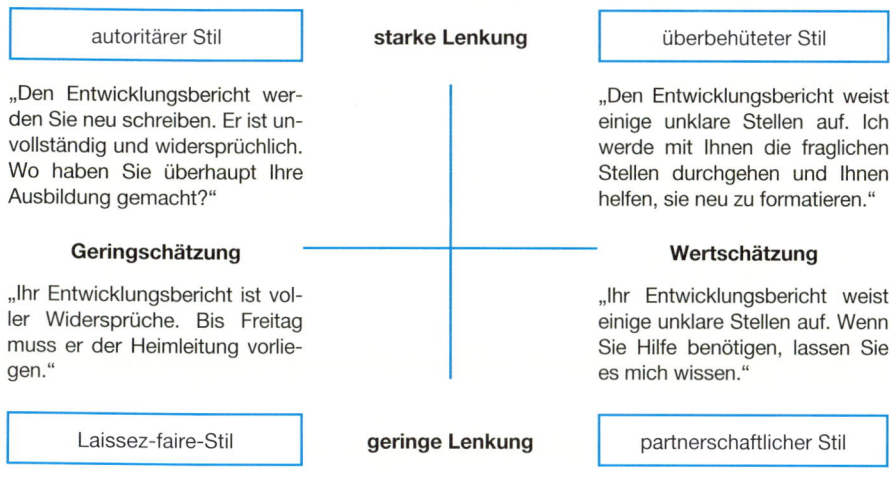

(Schulz v. Thun, 2007, S. 164)

Kapitel 6 | Partnerzentrierte Gesprächsführung

Aufgaben

1. Ordnen Sie folgende Aussagen einem der vier Felder des Koordinatensystems mit den beiden Dimensionen Lenkungsdimension (starke Lenkung vs. geringe Lenkung) und emotionale Dimension (Wertschätzung vs. Geringschätzung) zu. Vergleichen Sie Ihre Ergebnisse mit denen Ihrer Mitschüler und begründen Sie Ihre Einschätzung.

   a) Heilerziehungspflegerin zur neuen Mitarbeiterin: „Sie müssen sich viel konsequenter gegenüber den Betreuten verhalten. Wenn Sie möchten, dann erzähle ich Ihnen, worauf Sie achten müssen."

   b) Gruppenleiter zum Mitarbeiter: „Ich bestehe darauf, dass Sie mit den Betreuten die Zimmer aufräumen."

   c) Mitarbeiter zum Betreuten: „Ich glaube, dass du es alleine nicht schaffen wirst, die Tische zu decken. Ich komme gleich, dann machen wir es zusammen. Ja?"

   d) Mitarbeiter zum Zivildienstleistenden: „Ich finde es nicht gut, dass du vergessen hast, einzukaufen. Ich hoffe, dass das nicht wieder passiert."

   e) Gruppenleiter im Teamgespräch zu den Kollegen: „Im nächsten Monat soll der Tag der offenen Tür in unserer Einrichtung stattfinden. Gibt es bereits Vorschläge, die wir diskutieren können?

   f) Mitarbeiter zum Kollegen: „Du solltest einen Kurs in Gesprächsführung besuchen. Vielleicht schaffst du es dann, ein vernünftiges Elterngespräch zu führen."

2. Bestimmen Sie Ihr Kommunikationsverhalten. Beschreiben Sie mehrere konkrete Gesprächssituationen, die Sie

   a) in der Klasse,   b) in Arbeitsgruppen,
   c) im Praktikum,   d) in Ihrer Freizeit

   erlebt haben. Ordnen Sie dann Ihr Gesprächsverhalten einem der vier Felder des Koordinatensystems zu. Besprechen Sie Ihre Ergebnisse in Kleingruppen. Erläutern Sie mögliche Unterschiede. Lassen Sie sich ggf. ein Feedback von Ihren Klassenkameraden/Teammitgliedern zu Ihrem Kommunikationsverhalten geben.

3. Rollenspiel: **Diensttausch**

   Mitarbeiter: Sie möchten Ihren Dienst am kommenden Wochenende tauschen. Überzeugen Sie Ihren Gruppenleiter davon, dass Sie auf jeden Fall am kommenden Wochenende freihaben müssen.

   Gruppenleiter: Weisen Sie den Wunsch des Mitarbeiters zurück, den Dienst zu tauschen. Begründen Sie Ihre Ablehnung entweder mithilfe von Sachargumenten (z. B. Krankheit anderer Kollegen, Urlaub, Einarbeitung einer neuen Kollegin, Überforderung der Praktikantin, lange geplante Unternehmung am Wochenende) oder lediglich mit dem Hinweis auf eine bestehende Dienstanweisung der Heimleitung.

   Spielen Sie nacheinander alle Kommunikationsmöglichkeiten des Koordinatensystems („Verhaltensstile"). Spielen Sie die Rollenspiele in Kleingruppen jeweils ca. fünf Minuten und nehmen Sie sie mithilfe eines Kassettenrecorders auf. Werten Sie anschließend alle Rollenspiele aus: Welche Verhaltensweisen des Gruppenleiters erleichterten die Akzeptanz, den Dienst nicht tauschen zu können? Welche Verhaltensweisen erschwerten die Akzeptanz bzw. machten sie unmöglich? Welche Verhaltensweisen wurden als unangenehm, welche als angenehm empfunden? Welche Gedanken und Gefühle wurden ausgelöst? Wie wirkten sich Begründungen aus?
   Erörtern Sie langfristige Konsequenzen der verschiedenen Reaktionsformen. Welche Konsequenzen ergeben sich für das Selbstwertgefühl der Beteiligten?

6.3 Aktives, verständnisvolles Zuhören

Jede Mitteilung enthält neben sachlichen Informationen immer auch eine Vielzahl anderer Botschaften (vgl. Kapitel 3) wie unausgesprochene Werthaltungen, versteckte Bedürfnisse, implizite Appelle und Gefühlsregungen. In vielen Gesprächssituationen werden sie vom Empfänger zwar wahrgenommen, aber nur selten angesprochen bzw. dem Sender zurückgemeldet. Sie beeinflussen bzw. bestimmen jedoch weitgehend unsere Beziehungen zu unseren Gesprächspartnern und definieren infolgedessen auch, wie der Inhalt einer Nachricht (vgl. Kapitel 2 und 3) zu verstehen ist. In vielen Fällen entwickeln wir Vorstellungen und Fantasien über unsere Gesprächspartner, die jedoch nicht der Realität entsprechen. Das Fatale ist, dass wir auf unsere Fantasien und Vorstellungen reagieren, ohne sie zu prüfen (vgl. Kapitel 5). Hieraus entstehen nicht selten neue Probleme und Schwierigkeiten.

> **Beispiel**
>
> Die besorgten Eltern beklagen sich bei der neuen Gruppenleiterin: „Haben Sie auch schon bemerkt, dass unser Sohn in der letzten Zeit ziemlich durcheinander ist? Er benötigt klare Regeln und einen geregelten Tagesablauf. Achten Sie bitte darauf!"

Aktives Zuhören meint die bewusste Wahrnehmung und Rückmeldung dieser versteckten Botschaften. Der Empfänger versucht zu verstehen, was der Sender empfindet oder was seine Botschaften bedeuten. Der Empfänger achtet auf alle Informationen, die der Sender über sich selbst sendet. Er hört gewissermaßen mit seinem „Selbstoffenbarungsohr" (vgl. Kapitel 3.1.2) und registriert, was der Sender über sich, über seine Gedanken und Gefühle aussagt. Im Anschluss formuliert der Empfänger mit eigenen Worten, was er verstanden hat, und bittet den Sender um eine Bestätigung. Dabei verzichtet er weitgehend darauf, eigene Meinungen, Sichtweisen, Argumente, Analysen oder Ratschläge zu äußern. Er konzentriert sich ganz auf seinen Gesprächspartner. „Er meldet nur das zurück, was nach seinem Gefühl die Botschaft des Senders bedeutete – nicht mehr und nicht weniger" (Gordon, [20]1996, S. 66).

Helga, Ein Leben an seiner Seite

> **Definition**
>
> Als aktives Zuhören bezeichnet man die bewusste Wahrnehmung und Rückmeldung der in einer Nachricht enthaltenen unausgesprochenen Botschaften.

> **Beispiel**
>
> Eine Praktikantin beklagt sich bei ihrer Freundin: „Meine Praxisanleiterin nimmt sich zwar immer Zeit, wenn ich Fragen habe. An ihrem Gesichtsausdruck kann ich jedoch ablesen, dass meine Fragen ihr zu viel werden und ich sie in Ruhe lassen sollte. Ich glaube, dass ich sie mit meinen Fragen ziemlich nerve." Die Freundin antwortet: „Du bist ziemlich verunsichert und weißt nicht, wie du deine Praxisanleiterin ansprechen sollst. Stimmt es, dass du befürchtest, dass sich deine Beziehung zu ihr verschlechtern könnte?"

6.3.1 Stufen des aktiven, verständnisvollen Zuhörens

Grundsätzlich können drei verschiedene Stufen des verständnisvollen Zuhörens unterschieden werden (vgl. Schwäbisch/Siems, 1974):

I. Stufe: Verständnisvolles Zuhören – Gesprächsbereitschaft signalisieren

Mithilfe von Mimik und Gestik können wir einem Menschen unsere Bereitschaft signalisieren, auf ihn einzugehen. Wir können uns ihm zuwenden, Blickkontakt herstellen, mit dem Kopf zustimmend nicken etc. Auch durch Laute wie „Hm" und Worte wie „Ja", „Exakt" oder „Stimmt" machen wir deutlich, dass wir gewillt sind, unserem Gesprächspartner zuzuhören. Gleichzeitig tragen sie dazu bei, dass der Kommunikationsfluss nicht abbricht. Diese Form des verständnisvollen Zuhörens ist leicht anwendbar und auch leicht zu erlernen. Fragen und Äußerungen wie: „Möchtest du mehr erzählen?", „Das habe ich noch nicht völlig verstanden", „Ich würde gerne mehr erfahren" etc. können dem Gesprächspartner zusätzlich helfen, über sich zu berichten.

Signale, die Ihre Bereitschaft ausdrücken, zuzuhören und zu verstehen	Signale, die ein Nichtverstehen oder Andersdenken anzeigen
- Kopfnicken - zugewandter freundlicher Blick - den Körper jemandem zuneigen - Äußerungen wie „Ja", „Hm", „Genau", „Aha" usw.	- Kopfschütteln - Blick abwenden - sich zurücksetzen - Arme verschränken - Äußerungen wie „Nein", „Aber", „Ach was"

(Schwäbisch/Siems, 1974, S. 111)

II. Stufe: Paraphrasieren – Inhalte zusammenfassen

Paraphrasieren bedeutet, dass der Empfänger die Äußerungen des Senders mit eigenen Worten wiederholt. Zusätzlich zu den Verhaltensweisen der ersten Stufe prüft der Empfänger, ob er seinen Gesprächspartner richtig verstanden hat. Missverständnisse zwischen den Gesprächspartnern sowie Unklarheiten können auf diese Weise leicht erkannt und bei Bedarf korrigiert werden. Zusätzlich wird der Sender auf seine eigenen Wahrnehmungen, Gedanken und Gefühle konzentriert. Er beginnt, sie deutlicher wahrzunehmen. Darüber hinaus erfährt er, dass der Empfänger aktiv bemüht ist, ihn zu verstehen.
Dieses gilt jedoch nicht, wenn der Empfänger nur wenig bemüht ist, den Sender wirklich zu verstehen und seine Äußerungen lediglich „nachplappert".

> **Beispiel**
> *Ein Heilerziehungspfleger beklagt sich im Teamgespräch: „Am Freitagabend war ich wieder alleine im Dienst. Ich habe ja nichts dagegen, auch mal alleine Dienst zu machen. Aber gerade am Freitag. Alle Betreuten sind in der Gruppe und jeder will etwas. Ich habe nicht verstanden, weshalb der Dienstplan geändert worden ist. Niemand hat mich darüber informiert."*
> *Ein Kollege antwortet: „Habe ich dich richtig verstanden, dass du am Freitagabend alleine Dienst gemacht hast und von der Änderung des Dienstplanes erst bei Dienstbeginn erfahren hast?"*

III. Stufe: Verbalisierung emotionaler Erlebnisinhalte – Verständnis entwickeln

Verbalisierung emotionaler Erlebnisinhalte besagt, dass es hier hauptsächlich um Bedeutungen und Gefühle geht, die mit bestimmten Ereignissen und Erfahrungen verbunden sind. Der Empfänger wiederholt nicht mehr die Inhalte mit eigenen Worten, sondern gibt hauptsächlich die Gefühle wieder, die seiner Meinung nach in den Äußerungen seines Gesprächspartners enthalten sind.

Aktives, verständnisvolles Zuhören

Beispiel

Ein Heilerziehungspfleger beklagt sich im Teamgespräch: „Am Freitagabend war ich wieder alleine im Dienst. Ich habe ja nichts dagegen, auch mal alleine Dienst zu machen. Aber gerade am Freitag. Alle Betreuten sind in der Gruppe und jeder will etwas. Ich habe nicht verstanden, weshalb der Dienstplan geändert worden ist. Niemand hat mich informiert."
Ein Kollege antwortet: „Ich glaube, dass du dich ungerecht behandelt fühlst und du ziemlich sauer auf uns bist, da wir dich nicht informiert haben."

„Das Verbalisieren von Gefühlen ist nur dann hilfreich, wenn die Atmosphäre entspannt und akzeptierend ist. Erst dann können die eigenen Gefühle angenommen werden. Denn die Konfrontation mit den eigenen Gefühlen ist häufig mit Angst verbunden, und die verringert sich eben nur in einer entspannten, akzeptierenden Atmosphäre. Reagiert ihr Gesprächspartner häufig abwehrend auf ihre Verbalisierungen, dann ist es günstiger, zu Stufe I oder II überzugehen, das heißt akzeptierend zuzuhören oder den Satz Ihres Gesprächspartners in Ihren Worten zu wiederholen, ohne die Gefühle zu direkt anzusprechen."
(Schwäbisch/Siems, 1974, S. 114)

6.3.2 Missverständnisse und Schwierigkeiten

Gegenüber dem aktiven Zuhören besteht zuweilen Skepsis. Zum einen wird gelegentlich geäußert, dass das aktive Zuhören lediglich ein Wiederholen der Äußerungen des Gesprächspartners sei. Es sei unecht und verlange vom Zuhörer, auf eine eigene Meinung zu verzichten. Zum anderen wird geäußert, dass das aktive Zuhören wenig effektiv sei. Man rede nur um das eigentliche Problem herum, ohne das Problem zu lösen.
Die Behauptung, dass das aktive Zuhören eine unechte Verhaltensweise sei, ist verständlich. Aktives Zuhören ist eine Fähigkeit, die in unserer Gesellschaft nur sehr selten bewusst vermittelt wird. In kaum einem Lehrplan wird diese Fähigkeit berücksichtigt. Aktives Zuhören wird daher von vielen Menschen zunächst als fremd und unecht erlebt. Häufig besteht auch die irrige Annahme, dass man in sämtlichen Gesprächen aktiv zuhören müsse. Dieses ist nicht notwendig und darf auch nicht passieren. Es gibt viele Situationen, in denen aktives Zuhören unpassend ist und zu erheblichen Missverständnissen führt. Dieses gilt besonders für komplementäre Beziehungen (vgl. Kapitel 2).

Aktives Zuhören ist nicht leicht. Es verlangt vom Zuhörer Geduld. Diese Voraussetzung fehlt vielen Menschen. Besonders professionelle Helfer fühlen sich häufig verantwortlich, für Probleme geeignete Lösungen zu finden. Aber auch Gefühle wie Hilflosigkeit und Ohnmacht bewirken beim Zuhörer, dass er seinem Gesprächspartner nicht geduldig zuhören kann, sondern Ratschläge erteilt.

Hägar, Mehr Glück als Verstand

Ein weiterer Aspekt, der das aktive Zuhören schwierig macht, ist die Tatsache, dass der Zuhörer sich auf die Sichtweise seines Gesprächspartners einlassen muss, ohne sie abzuwehren. Dies setzt voraus, dass ein Zuhörer sich sicher ist und nicht eigene Ansichten und Sichtweisen verteidigen muss (vgl. Kapitel 4.2).

Aktives Zuhören ist zwar nicht gebunden an eine bestimmte Formulierungskunst, es fällt vielen jedoch schwer, eigene und fremde Gefühle anzusprechen. Häufig fehlen uns die passenden Worte oder wir trauen uns nicht, unsere eigenen Gefühle oder die unseres Gesprächspartners anzusprechen. Aber auch gesellschaftliche Vorstellungen darüber, wie wir uns in bestimmten Gesprächssituationen zu verhalten haben, verhindern, dass wir einander aktiv zuhören (vgl. Kapitel 4).

Kapitel 6 | Partnerzentrierte Gesprächsführung

Aufgabe: Analysieren Sie, welche Gefühle in den folgenden Aussagen enthalten sind. Verbalisieren Sie sie dann in ganzen Antwortsätzen. Spielen Sie anschließend einzelne Situationen im Rollenspiel. Der Zuhörer soll entweder die Äußerungen seiner/s Gesprächspartner/s mit eigenen Worten zusammenfassen oder aber die Gefühle bzw. die Bedeutungen, die mit den Äußerungen verbunden sind, verbalisieren.

Aussage	Gefühl	Verbalisierung
Ein Heilerziehungspfleger zum Kollegen:		
„Kritik ist ja in Ordnung. Aber wenn ich an das letzte Elterngespräch denke, dann frage ich mich, was ich sonst noch alles machen soll."	Ärger, Ratlosigkeit	„Ist es richtig, dass du dich über die Ansprüche und die Kritik der Eltern ärgerst?"
„Die Teamberatung bringt nicht viel. Jedes Mal werden wir unterbrochen. Entweder klingelt das Telefon oder der Heimleiter meldet sich an oder irgendein Handwerker stört."		
„Ich weiß nicht, ob es gut ist, mit allen Betreuten in die Ferien zu fahren. Die Unruhe überfordert viele."		
„Manchmal weiß ich nicht, ob mich die Kinder und Jugendlichen akzeptieren. Meistens verhalten sie sich sehr freundlich. Sobald ich aber etwas von ihnen verlange, beschimpfen sie mich."		
„In den Teamgesprächen weiß ich häufig nichts zu sagen. Ich denke immer, dass die Mitarbeiter mich für naiv halten und über das, was ich sage, lächeln."		
Eltern zum Mitarbeiter:		
„Wir fragen uns, ob unsere Tochter in der Wohngruppe richtig untergebracht ist. Am Wochenende klagt sie ständig über ihre Mitbewohnerinnen."		
„Die Werkstatt wird den Fähigkeiten unseres Sohnes nicht gerecht."		
Eine Betreute zur neuen Mitarbeiterin:		
„Wenn ich sage, dass ich gerne alleine in einer Wohnung leben möchte, dann sagen meine Erzieher, dass ich das nicht schaffe. Ich sei behindert."		
„Ich finde es ungerecht, dass ich nicht selbst bestimmen kann, wann ich abends zur Gruppe zurückkehre. Andere Jugendliche in meinem Alter dürfen dies selbst bestimmen."		

Aktives, verständnisvolles Zuhören

Übungen

1. *Paraphrasieren*
   Erinnern Sie sich an eine Situation aus Ihrem Praktikum. Lassen Sie sich hierzu etwas Zeit. Setzen Sie sich dann zu zweit zusammen. Legen Sie fest, wer A und wer B ist. Anschließend soll A seine Situation ausführlich beschreiben. B soll die wesentlichen Inhalte, die A berichtet, zusammenfassen und mit eigenen Worten wiedergeben. Nehmen Sie das Gespräch mit einem Kassettenrecorder auf. Überprüfen Sie, ob es B gelungen ist, die Ausführungen von A mit eigenen Worten wiederzugeben. Wechseln Sie anschließend Ihre Rollen. Tauschen Sie Ihre Erfahrungen in der Klasse aus.

2. *Satzanfänge*
   Aktives Zuhören ist ein Prozess der Annäherung an die Sichtweise des Gesprächspartners. Zuhörer müssen dies berücksichtigen, wenn sie die Gefühle von Gesprächspartnern verbalisieren wollen. Allzu leicht kann es geschehen, dass die Erwiderung nicht genau das Gefühl bzw. die Bedeutung wiedergibt oder dass der Gesprächspartner sie als zu direkt oder gar als entlarvend empfindet. Der Gesprächspartner fühlt sich dann falsch verstanden oder sogar angegriffen und wehrt die Verbalisierung ab. Um dies zu vermeiden, sollte der Zuhörer stets herausstellen, dass die Rückmeldungen, die er gibt, seine Wahrnehmungen sind und er sich irren kann. Dies erreicht man zum einen dadurch, dass die **Stimme** zum Schluss einer Verbalisierung etwas fragend angehoben wird. Zum anderen helfen bestimmte **Satzanfänge** wie:

   - „Kann es sein, dass …"
   - „Ich frage mich, ob …",
   - „Habe ich Sie richtig verstanden, wenn ich Folgendes zusammenfasse …",
   - „Ich habe das Gefühl, dass …", „Ist es richtig, wenn ich sage …",
   - „Ich bin mir unsicher, ob ich Sie richtig verstanden habe, aber …",
   - „Bitte korrigieren Sie mich, wenn ich etwas falsch verstanden habe. Ich habe Folgendes verstanden …"

   Setzen Sie sich zu zweit zusammen. Legen Sie fest, wer A und wer B ist. Nachdem dies geschehen ist, soll A eine Begebenheit aus seinem letzten Praktikum schildern. B soll ihm aktiv zuhören und üben, die Rückmeldungen, die er A gibt, als seine Wahrnehmungen deutlich herauszustellen. Nehmen Sie das Gespräch mithilfe eines Kassettenrecorders auf. Überprüfen Sie mithilfe der Aufnahme, inwieweit es B gelungen ist, die Gefühle von A zu verbalisieren. Finden Sie ggf. neue Formulierungen bzw. Verbalisierungen, um die Gefühle von A zu erfassen und wiederzugeben.

3. *Verbalisierung emotionaler Erlebnisinhalte (I)*
   Wir sind wenig geübt, Gefühle oder andere psychische Zustände unserer Gesprächspartner differenziert auszudrücken. Die folgende Übung kann dazu beitragen, eine größere Flexibilität zu entwickeln.
   Setzen Sie sich in Kleingruppen (vier bis fünf Schüler) zusammen und versuchen Sie **Synonyme** (sinnverwandte Wörter), **Antonyme** (Wörter mit entgegengesetzter Bedeutung) und **bildhafte Vorstellungen** für die nachfolgenden Ausdrücke zu finden. Je nach gedachtem Kontext sind verschiedene Antworten möglich.
   Üben Sie in einem zweiten Schritt, auf Äußerungen zu reagieren. Bilden Sie hierzu ganze Sätze wie: „Ich werde von niemandem richtig beachtet und bin eigentlich ziemlich unwichtig." – Verbalisierung: „Ich glaube, du fragst dich, ob du für uns bedeutungslos bist."

Ausdruck	Synonym	Antonym	bildhafte Vorstellung
unwichtig sein	bedeutungslos sein	einzigartig sein	Sandkorn am Strand
ärgerlich sein	sich gereizt fühlen		
Angst empfinden		mutig sein	
sich schämen			vor Scham erröten

Weitere Ausdrücke:

frustriert sein	*sich wichtig fühlen*	*Mitleid haben*
sich abgelehnt fühlen	*sich abhängig fühlen*	*sich schuldig fühlen*
unzufrieden sein	*beunruhigt sein*	
sich leer fühlen	*entmutigt sein*	

4. **Verbalisierung emotionaler Erlebnisinhalte (II)**
   Mithilfe von Ratingskalen kann das Gesprächsverhalten durch die Beurteilung von Tonaufnahmen zuverlässig eingeschätzt werden. Tausch/Tausch ([11]1998) haben mehrere Skalen entwickelt, mit denen das Gesprächsverhalten beurteilt werden kann. Mithilfe der folgenden Schätzskala kann einfühlendes, nicht wertendes Verstehen beurteilt werden.

   Übersichtsskala für einfühlendes nicht wertendes Verstehen

kein einfühlendes Verstehen	**vollständiges einfühlendes Verstehen**
■ eine Person geht auf die Äußerungen des anderen nicht ein	■ eine Person erfasst vollständig die vom anderen geäußerten gefühlsmäßigen Erlebnisinhalte und gefühlten Bedeutungen
■ sie geht nicht auf die vom anderen ausgedrückten oder hinter seinem Verhalten stehenden gefühlsmäßigen Erlebnisinhalte ein	■ sie wird gewahr, was die Äußerungen oder das Verhalten für das Selbst des anderen bedeuten
■ sie versteht den anderen deutlich anders, als dieser sich selbst sieht	■ sie versteht den anderen so, wie dieser sich im Augenblick selbst sieht
■ sie geht von einem vorgefassten Bezugspunkt aus, der den des anderen völlig ausschließt	■ sie teilt von dem anderen das mit, was sie von seiner inneren Welt verstanden hat
■ sie zeigt nicht einmal, dass ihr die vom anderen offen ausgedrückten Oberflächengefühle bewusst sind	■ sie hilft dem anderen, die von ihm gefühlte Bedeutung dessen zu sehen, was er geäußert hat
■ sie ist entfernt von dem, was der andere fühlt, denkt und sagt	■ sie ist dem anderen in dem nahe, was dieser fühlt, denkt und sagt
■ sie bemüht sich nicht, die Welt mit den Augen des anderen zu sehen	■ sie zeigt in ihren Äußerungen und ihrem Verhalten das Ausmaß an, inwieweit sie die Welt des anderen mit seinen Augen sieht
■ sie befasst sich nicht mit den vom anderen geäußerten gefühlsmäßigen Erlebnissen oder schmälert diese, indem sie bedeutsam geringere gefühlsmäßige Erlebnisinhalte des andern anspricht	■ sie drückt die vom anderen gefühlten Inhalte und Bedeutungen in tiefgreifenderer Weise aus, als dieser es selbst konnte
■ ihre Handlungen und Maßnahmen sind nicht der inneren Welt des anderen angemessen, sie gehen an dem Fühlen und den inneren Bedürfnissen des anderen vorbei	■ ihre Handlungen und Maßnahmen sind dem persönlichen Erleben des anderen angemessen

   (Tausch/Tausch, [11]1998, S. 181)

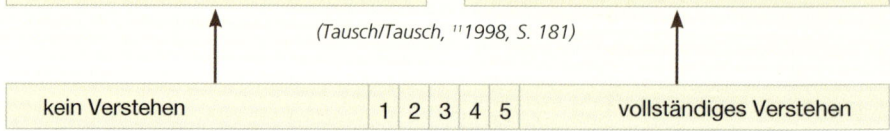

Bilden Sie Kleingruppen (drei bis vier Schüler). Bestimmen Sie, wer A und wer B ist. Führen sie ein fünf- bis zehnminütiges Gespräch. B soll dabei ein Problem aus dem Praktikum schildern. A soll versuchen, sich in die Gedankenwelt von B hineinzuversetzen. Dabei soll er das, was er verstanden hat, B zurückmelden. Nehmen Sie das Gespräch mithilfe eines Kassettenrecorders auf. Schätzen sie dann das Ausmaß des einfühlenden Verstehens mithilfe der obigen Skala ein und geben Sie A eine Rückmeldung zu seinem Gesprächsverhalten. Wechseln Sie dann Ihre Rollen, bis alle Teilnehmer einmal die Rolle von A eingenommen haben.

7 Sokratischer Dialog

- *Kann man Menschen überzeugen?*
- *Welche Faktoren haben einen Einfluss auf unsere Überzeugungskraft?*
- *Welche Gesprächshaltung ist erforderlich, um zu überzeugen?*

Der **Sokratische Dialog** stellt eine Form der Gesprächsführung dar, bei dem es darum geht, den Gesprächspartner zu überzeugen. Der Gesprächspartner soll nicht überredet werden. Er soll vielmehr durch eine dialogische Gesprächsführung mittels Frage und Antwort angeregt werden, eigene Meinungen, Annahmen, Vorstellungen, Urteile, Wertungen, Haltungen, Verhaltensweisen etc. zu überdenken und sie ggf. zu verändern.

Der griechische Philosoph **Sokrates** (469–399 v. Chr.), auf den diese Form der Gesprächsführung zurückgeht, war der Überzeugung, dass wirkliche Erkenntnis nicht von außen herangetragen und aufgesetzt werden kann, sondern von innen kommen muss. Seine Form der Gesprächsführung soll die Gedanken des Gesprächspartners zur Sprache bringen, sie prüfen, verändern und verbessern, um so der Wahrheit näher zu kommen.

7.1 Einige grundlegende Schwierigkeiten, Menschen zu überzeugen

Menschen zu überzeugen ist nicht einfach, da Erklärungen leicht als Belehrungen wahrgenommen werden und Ratschläge als Festlegungen oder gar Anweisungen missverstanden werden können. Im Kontext von Erziehung ist diese Gefahr besonders groß, denn Erziehung findet

> „[...] im Wesentlichen im Gespräch statt [...] [und, Anm. d. Verf.] [...] viele Gespräche zwischen Erwachsenen und Kindern [und Jugendlichen, Anm. d. Verf.] handeln um den Sinn und die Berechtigung von erzieherischen Ansprüchen und Forderungen oder die Angemessenheit von Regeln des gemeinsamen Zusammenlebens."
> *(Rotthaus, ⁴2002, S. 117, gekürzt)*

7.1.1 Reaktanz

Nach Jack W. Brehm sind Menschen grundsätzlich bestrebt, ihre Freiheiten zu erhalten. Dieses gilt sowohl für Wahlmöglichkeiten und Entscheidungen als auch für Verhaltensweisen. Reaktanz bezeichnet einen Erregungs- und Motivationszustand, der bei Menschen generell auftritt und

> „[...] darauf abzielt, bedrohte oder gar blockierte Freiheiten wiederherzustellen [...] Reaktanz ist eine Art Trotzreaktion: Man versucht, das Verbotene ‚erst recht' zu tun; die verbotene Möglichkeit gewinnt an Attraktivität; und man empfindet Wut."
> *(Herkner, ²2001, S. 97, gekürzt)*

Beispiel

Mutter zur 14-jährigen Tochter: „ Du kannst heute nicht so lange bei deiner Freundin bleiben. Du musst morgen eine Mathematikarbeit schreiben und solltest ausgeschlafen sein." Tochter ärgerlich: „Das weiß ich selbst."
Durch ihre Äußerung schränkt die Mutter die Freiheit der Tochter ein, den Zeitpunkt selbst zu bestimmen, zu dem sie heimkehren möchte. Obwohl die Tochter möglicherweise mit der Mutter übereinstimmt, unternimmt die Tochter den Versuch, die bedrohte Freiheit, selbst zu entscheiden, indirekt wieder herzustellen. Sie reagiert ärgerlich und signalisiert der Mutter: „Das habe ich bereits entschieden."

Einige grundlegende Schwierigkeiten, Menschen zu überzeugen

Je wichtiger die bedrohte Freiheit ist, desto größer ist die Reaktanz. Während ein zehn jähriges Kind auf ein Fernsehverbot möglicherweise sehr ruhig und gelassen reagiert, wird die Ankündigung, dass der geplante Zoobesuch ausfallen muss, vielleicht eine sehr viel heftigere Reaktion auslösen.

Hägar, Der Schreckliche

„Die Stärke der Reaktanz und damit die Stärke der Reaktanzwirkungen hängt u. a. von folgenden Faktoren ab: von der Wichtigkeit der bedrohten Freiheit; von der Erwartung (Gewissheit), die Freiheit ausüben zu können; von der Stärke der Bedrohung; und von dem Ausmaß der Freiheitseinschränkung."
(Herkner, ²2001, S. 98)

Reaktanz tritt nicht nur auf, wenn die Freiheit eines Menschen bedroht wird, bestimmte Verhaltensweisen auszuüben, sondern auch dann, wenn seine Möglichkeiten, sich eine eigene Meinung zu einem gegebenen Sachverhalt zu bilden, eingeschränkt oder offensichtlich einseitig beeinflusst werden. Jede stärker der Versuch ist, ihn zu überzeugen, d. h., ihn zu der Annahme einer bestimmten Position/Meinung zu motivieren, desto größer ist die Wahrscheinlichkeit, dass genau das Gegenteil erreicht wird. Dieser Effekt wird in der Sozialpsychologie als **Bumerangeffekt** bezeichnet.

„Einstellungs- oder Meinungsfreiheit wird durch Mitteilungen bedroht, die den Empfänger auf eine ganz bestimmte Position festlegen wollen. Es entsteht Reaktanz und der Empfänger will seinen ursprünglichen Freiheitsspielraum wiederherstellen. Deshalb ändert er seine Einstellung nicht im Sinn der Mitteilung, sondern verschiebt seine Einstellung in die Gegenrichtung."
(Herkner, ²2001, S. 237)

Aufgaben

1. Finden Sie mindestens drei typische Beispiele aus Ihrer erzieherischen Praxis, wie Sie oder andere Erzieher durch Erklärungen, Anweisungen und Belehrungen Kinder und/oder Jugendliche zu überzeugen suchten. Beschreiben Sie typische Reaktionen der Kinder und/oder Jugendlichen.

2. Erinnern Sie sich an Situationen, in denen einige Ihrer zentralen Überzeugungen infrage gestellt wurden und Eltern, Lehrer, Erzieher und/oder Kollegen etc. sie vom Gegenteil überzeugen wollten. Tauschen Sie in Kleingruppen Ihre Erfahrungen aus. Beschreiben Sie darüber hinaus Ihre Gedanken, Gefühle und Reaktionen, wenn man Sie von einer anderen Meinung überzeugen will.

3. Rollenspiel: **Alkoholkonsum eines 16-jährigen Jugendlichen**
   Mitarbeiterin: Überzeugen Sie den Jugendlichen, dass Alkohol eine gefährliche und schädliche Droge ist, die nicht notwenig ist, um sich zu amüsieren.
   Jugendlicher: Vertreten Sie die Meinung, dass Alkohol unbedingt zu einer gelungenen Feier dazugehört.
   Spielen Sie das Rollenspiel ca. fünf bis zehn Minuten. Tauschen Sie anschließend Ihre Erfahrungen aus. Gehen Sie dabei besonders auf die Gefühle ein, die sowohl bei der Mitarbeiterin als auch beim Jugendlichen entstanden sind. Wie haben sich beide gefühlt? Welche Erklärungen bzw. Ursachen können identifiziert werden?

7.1.2 Appelle

Jede Nachricht besitzt immer auch eine Appell-Botschaft. Der Sender teilt seinem Gesprächspartner nicht nur etwas mit (Selbstoffenbarung, Sachinhalt), sondern vermittelt ihm stets auch, was er von ihm erwartet und wozu er ihn veranlassen möchte (Appell). Dieses gilt nicht nur für konkrete Verhaltensweisen und Situationen, sondern auch für tief greifende Veränderungen wie die Internalisierung von Normen und Werten oder die Übernahme von Ansichten und Haltungen.

Hägar, Der Schreckliche

Appelle sind jedoch nur bedingt tauglich, Menschen zu überzeugen und sie zu Verhaltens- und/oder Einstellungsänderungen zu bewegen. Dieses gilt besonders für Appelle, die dem Gesprächspartner kaum eine andere Wahl lassen und ihn zu einer Reaktion drängen, die er freiwillig zeigen sollte. Sie erzeugen Reaktanz, denn „[...] Mit jedem Appell betrittst du ein Königreich! – nämlich das Königreich der Freiheit und Selbstinitiative des anderen." (Schulz v. Thun, 2007, S. 214)

> **Beispiel**
> „Ich erwarte von dir, dass du deine Hausaufgaben machst."
> „Du bist jetzt 14 Jahre alt und kannst beim Abräumen helfen."

Appelle, die die Qualität eines Wunsches besitzen, haben eine gewisse Chance, erfüllt zu werden. Sie legen den Gesprächspartner nicht fest, sondern lassen ihm die Freiheit, nach eigenem Ermessen zu handeln. Dieses gilt besonders für explizite Appelle, die mit einer Selbstoffenbarungsbotschaft verbunden sind:

> **Beispiel**
> „Es wäre sehr schön, wenn du zügig deine Hausaufgaben machen würdest, dann könnten wir gemeinsam..."
> „Ich würde mich freuen, wenn du mir beim Abräumen helfen würdest."

> **Aufgaben**
> 1. Welche Appelle nutzen Sie, um Kinder oder Jugendliche zu motivieren? Finden Sie mindestens drei Beispiele und bewerten Sie den Erfolg Ihrer Bemühungen.
> 2. Diskutieren Sie in Kleingruppen alternative Möglichkeiten, Kinder und Jugendliche zu bestimmten Verhaltensweisen zu veranlassen. Gehen Sie dabei auch auf Ihre Vorbehalte und Ängste ein.
> 3. Erläutern Sie folgende Aussage: „Eine Handlung ändert ihre psychologische Qualität, sobald sie appellgemäß erfolgt [...]." (Schulz v. Thun, 2007, S. 216 f.)

7.1.3 Bewertung des Senders

Die Bewertung des Senders spielt eine wichtige Rolle, ob wir uns überzeugen lassen oder nicht. Ein positiv bewerteter Sender ist in der Regel erfolgreicher als eine negativ bewertete Person.

> *„Jedes Argument, jede vorgeschlagene Meinung wird nämlich attraktiver und damit wirksamer, wenn sie für den Empfänger im Zusammenhang mit einem positiv eingeschätzten Sender steht."*
> *(Herkner, ²2001, S. 230)*

Die **Glaubwürdigkeit** des Senders stellt in diesem Zusammenhang neben anderen Variablen (Sympathie, Ähnlichkeit, Macht etc.) eine wichtige Einflussgröße dar. Menschen, die über ein fundiertes Fachwissen verfügen und kompetent und urteilssicher handeln, überzeugen uns eher als Menschen, die wir zwar sympathisch finden und denen wir vertrauen, von denen wir aber annehmen, dass sie nur wenig sachkundig sind. Es ist bemerkenswert, dass Sender (Eltern, Lehrer, Erzieher etc.) dabei umso glaubwürdiger werden, je weniger sie beanspruchen, alles zu wissen und je klarer und unverfänglicher sie die Grenzen ihres Wissen bzw. ihrer Fähigkeiten akzeptieren und zugeben können.

Die **Beziehung** zu unseren Gesprächspartnern gibt uns Hinweise, wie das Gesagte zu verstehen ist (vgl. Kapitel 2.2.). In Abhängigkeit von Art (z. B. Lehrer – Schüler) und Qualität (z. B. freundschaftlich vs. autoritär) der Beziehung stellen wir unterschiedliche Vermutungen an, weshalb unser Gesprächspartner uns überzeugen will. D. h., wir versuchen Anhaltspunkte zu finden, ob seine Argumente wirklich zutreffen oder ob unser Gesprächspartner uns manipulieren möchte.

Beispiel

Eine besorgte Mutter will ihre Tochter, die vor Kurzem das Abitur bestanden hat, davon überzeugen, eine Ausbildung im kaufmännischen Bereich zu absolvieren. Die 18-jährige Tochter hingegen möchte Philosophie und Theaterwissenschaften studieren.

Aufgaben

1. Tragen Sie in Kleingruppen zusammen, von welchen Personen Sie sich leicht überzeugen lassen und von welchen nicht. Beschreiben Sie für beide Gruppen die für Sie relevanten Persönlichkeitsmerkmale (z. B. Ehrlichkeit, Zuverlässigkeit, Intelligenz, Freundlichkeit, Hilfsbereitschaft) und deren Ausprägung. Erläutern Sie anschließend, welche Persönlichkeitsmerkmale jemand besitzen muss, damit es Ihnen leichtfällt, sich überzeugen zu lassen.
2. Analysieren Sie anhand von geeigneten Beispielen aus der Praxis die Bedeutung der Basisvariablen **Wertschätzung, Akzeptanz** und **Kongruenz** für Gespräche, in denen Sie andere Menschen überzeugen wollten. Fällt es Ihnen leicht, sie zu berücksichtigen?

7.1.4 Selbstwertgefühl des Empfängers

Die Bedeutung des Selbstkonzeptes ergibt sich einerseits aus seinem beachtlichen Einfluss auf unser Verhalten und Erleben und andererseits aus seiner sehr hohen Änderungsresistenz (vgl. Kapitel 4.2.3). Menschen, die zu ihrer Person sehr viele negative Rückmeldungen erhalten haben und ein entsprechendes negatives Selbstbild und Selbstwertgefühl ausgebildet haben, sind häufig misstrauisch. Oftmals können sie den Äußerungen anderer Menschen nicht glauben, da sie befürchten, hintergangen zu werden. Sie sind nur wenig in der Lage, sachlichen Argumenten, Hinweisen und/oder Kritik angemessen zu begegnen.

Für die Erziehung ergibt sich eine besondere Situation, denn Kinder und Jugendliche benötigen Orientierung und daher einerseits ein gewisses Maß an Lenkung und Unterweisung. Andererseits weckt

> „[...] jede Aufforderung an ein Kind, sich bzw. sein Verhalten zu verändern, auch jede Aufforderung, zu lernen – was ja auch ein Sichverändern ist [...] allzu leicht bei dem Kind die Vorstellung, dass es so, wie es ist, nicht so ist, wie es sein soll, dass es so nicht liebenswert ist, nicht in Ordnung, nicht den Erwartungen genügend."
> (Rotthaus, ⁴2002, S. 98, gekürzt)

Aufgrund der hohen Änderungsresistenz des Selbstkonzeptes ist es äußerst schwierig, einen Menschen davon zu überzeugen, dass er sich hinsichtlich Auffassungen, die ihn selbst betreffen, irrt. Der Versuch, zentrale Annahmen und Selbstüberzeugungen (vgl. Kapitel 4.2.1.) infrage zu stellen und ggf. zu verändern, erzeugt nicht nur Unsicherheit und Angst, sondern kann beim Gesprächspartner, wenn er übereinstimmt, sogar eine Identitätskrise auslösen. Unmut und Aggressivität sowie Zurückweisung und Abwehr sind zu erwartende Reaktionen. Erzieher und Heilpädagogen sehen sich oft dieser besonderen und schwierigen Aufgabe gegenüber; sie arbeiten häufig mit Kindern und Jugendlichen zusammen, die aufgrund ihrer vielfältigen negativen Erfahrungen mit Erwachsenen ein sehr negatives Selbstkonzept entwickelt haben und sich kongruent verhalten.

> „Ist das Kind erst einmal der Überzeugung, dass es aggressiv oder faul ‚ist', dann wird es mit hoher Wahrscheinlichkeit resignieren und Bemühungen aufgeben, dies zu ändern. Mehr noch: Jede erfahrene Erzieherin kennt solche Kinder, die die Überzeugung gewonnen haben, sie seien ‚schlecht' oder ‚nicht liebenswert', und weiß, wie diese Kinder aus einem verhängnisvollen Bedürfnis, diese negativen Eigenschaften immer wieder bestätigt zu sehen, selbst Situationen herbeiführen, in denen sie dann derartige Rückmeldungen nahezu zwangsläufig bekommen."
> (Rotthaus, ⁴2002, S. 102)

Aufgabe

Setzen Sie sich mit einem Gesprächspartner zusammen. Teilen Sie sich gegenseitig (Lebens-)Bereiche mit, für die Sie sich nicht gut gerüstet fühlen (Lösen von Mathematikaufgaben; freies Sprechen vor einer großen Zuhörerschaft; Wechseln eines Autoreifens; Umgang mit dem PC etc.). Legen Sie fest, wer von Ihnen A und wer B ist. A übernimmt dann die Aufgabe, B in einem zehn minütigen Gespräch davon zu überzeugen, dass B mit ein wenig Übung die angegebene Schwierigkeit überwinden kann (z. B. Mathematikaufgaben lösen können; Referate halten können). Achten Sie während Sie miteinander sprechen auf Ihre Gefühle und Reaktionen und tauschen Sie sie anschließend aus. Wechseln Sie danach Ihre Rollen.

7.2 Ausgewählte Ziele und Formen sokratischer Gesprächsführung

Ziel des sokratischen Dialogs ist es, den Gesprächspartner mittels Fragen zu motivieren, neue Einsichten und Erkenntnisse selbstständig zu erarbeiten. Der Gesprächspartner soll angeregt werden, sein eigenes Denken zu reflektieren, Widersprüche in seinem Denken zu erkennen und notwendige Schlüsse zu ziehen. Dabei sind Widersprüche zwischen seinem Denken und seinen Zielen, seinem Denken und der Realität sowie Widersprüche innerhalb seines Denkens gemeint (vgl. Wilken, 2010, S. 89 f.).

In vielen Gesprächen mit Kindern und Jugendlichen, aber auch in einer Vielzahl von Gesprächen mit Eltern und Angehörigen geht es oftmals auch darum, Einfluss auf das Verhalten der Betroffenen zu nehmen und sie zu einer Verhaltensänderung zu bewegen. Die Betroffenen verhalten sich häufig irrational, d. h. ihr Verhalten ist für einen Beobachter oder Gesprächspartner mitunter kaum erklärbar oder nachvollziehbar, da es im Widerspruch zu den von den Betroffenen geäußerten Zielen steht.

> **Beispiel**
>
> Eine 74-jährige Frau sucht seit einiger Zeit einen Wohnheimplatz für ihre 50-jährige Tochter mit einer schweren geistigen Behinderung, die sie bislang alleine versorgte. In mehreren Einrichtungen ist sie vorstellig geworden und hat eindringlich ihre Not dargestellt, mit der Betreuung und Versorgung ihrer Tochter überfordert zu sein. Als ein geeignetes Wohnheim auf das Ersuchen der Mutter positiv reagiert und einen Heimplatz anbietet, teilt sie dem Einrichtungsleiter mit, dass sie ihre Tochter noch eine längere Zeit selbst betreuen wolle.
>
> Im Hilfeplangespräch teilt der Vater eines 14-jährigen Jugendlichen, der seit einiger Zeit in einer Außenwohngruppe eines Kinderheimes lebt, dem Jugendamt mit, dass er sich in Zukunft intensiver um seinen Sohn kümmern wolle. Als die Mitarbeiterinnen der Wohnheimgruppe einige Zeit später konkrete Besuchstermine vereinbaren wollen, äußert der Vater, dass er zwar eine gute Beziehung zu seinem Sohn haben wolle, dass er die freie Zeit an den Wochenenden aber für sich benötige, um sich vom Berufsstress zu erholen.

7.2.1 Einige Ursachen für irrationales Verhalten

Zukunftsorientierung und begrenztes Bewusstsein

Unser Denken, Handeln und Fühlen wird maßgeblich von unseren Vorstellungen bestimmt, die wir über die Zukunft besitzen. Wir entwickeln Ziele und Lebensperspektiven, konzipieren Unternehmungen und entwerfen Pläne. Wir sind stolz, wenn wir unsere Vorstellungen und Ideen umsetzen können und enttäuscht, wenn sich unsere Planungen als undurchführbar herausstellen. Darüber hinaus empfinden wir Unsicherheit oder Angst, wenn wir mit einer wichtigen Situation konfrontiert werden, von der wir annehmen, dass wir sie nicht bewältigen können. Wir sind sogar gefährdet, depressiv zu werden, wenn wir glauben, auf zentrale Lebensbereiche keinen oder nur einen sehr geringen Einfluss zu haben und annehmen, wichtige (Lebens-)Ziele (z. B. interessante Berufstätigkeit) nicht mehr erreichen zu können.

Jeder Mensch besitzt eine Vielzahl von Zielen, die hierarchisch gegliedert sind und darauf abzielen, angeborene und/oder erworbene Bedürfnisse zu befriedigen. Aufgrund der Enge unseres Kurzzeitgedächtnisses, das zu einem gegebenen Zeitpunkt nur sieben bis neun Informationseinheiten (z. B. Namen, Ziffern, Vorhaben, Planungen) gleichzeitig erfassen und verarbeiten kann, sind wir nicht in der Lage, alle relevanten Ziele zu einem gegebenen Zeitpunkt zu berücksichtigen; viele werden uns nicht bewusst. Erst wenn wir über sie nachdenken, entdecken wir, dass wir in der Regel immer eine Vielzahl von Zielen gleichzeitig verfolgen.

Beispiel

Eine junge Frau bereitet sich intensiv auf ihr Abitur vor, da sie einen guten Abschluss erreichen will, um Heilpädagogik studieren zu können. Sie sitzt zu Hause und lernt für die Mathematikklausur, während sie zum Fenster hinausschaut und bedauert, das schöne Sommerwetter nicht genießen zu können. Dabei fällt ihr ein, dass sie die Blumen gießen und ihren Freund anrufen wollte.

Aufgaben

1. Nehmen Sie sich Zeit und schreiben Sie alle Ziele auf, die für Sie zurzeit von Bedeutung sind.
2. Beantworten Sie folgende Fragen: Weshalb besuchen Sie den Ausbildungsgang zur Heilerziehungspflegerin, Heilpädagogin, Erzieherin etc.? Welche kurz- und langfristigen Ziele sind mit der Ausbildung verbunden? Bereiten Sie sich regelmäßig auf den Unterricht/auf Seminare vor? Lernen Sie regelmäßig jeden Tag oder lernen Sie erst vor Klausuren oder Prüfungen den vermittelten Stoff?

Hedonistische Orientierung

Es gibt sehr unterschiedliche Theorien, die versuchen, die Beweggründe menschlichen Verhaltens zu erklären. Eine zentrale und weitverbreitete Ansicht besteht in der Annahme, dass der Mensch angelegt ist, Genuss und Lust zu empfinden; d.h., wir sind bestrebt, angenehme Situationen und Ereignisse aufzusuchen, sie zu schaffen und unangenehme zu vermeiden. Mit anderen Worten:

Hägar, Der Schreckliche

> „[...] wir tun, wovon wir uns Vergnügen versprechen und wodurch wir Schmerzen vermeiden." (Zimbardo, [6]1995, S. 238)

Dieses Prinzip stellt zwar auf der einen Seite das Überleben des Einzelnen und der Menschheit sicher, da viele lebenswichtige Funktionen wie Nahrungsaufnahme und Sexualität mit Genuss und Lustgewinn verbunden sind. Andererseits verhindert ein ungehemmt ausgelebter Hedonismus, dass Menschen sich entwickeln und ihre Potenziale ausschöpfen können.

Kurz- und langfristige Verhaltenskonsequenzen

Jede Verhaltensweise, jede Handlung besitzt stets kurz- und langfristige Folgen. Während wir die kurzfristigen Konsequenzen unserer Handlungen in der Regel beachten und anstreben, schenken wir den langfristigen Auswirkungen oftmals keine oder nur wenig Aufmerksamkeit.

Beispiel

Ein Jugendlicher wird von seinen Freunden zu einer Fete eingeladen. Obwohl er weiß, dass er am nächsten Tag ein Vorstellungsgespräch hat und eigentlich ausgeschlafen sein sollte, nimmt er die Einladung an.

Die Enge unseres Bewusstseins (s. o.) hindert uns zudem häufig daran, alle Konsequenzen zu bedenken, die von Bedeutung sein könnten. Mitunter wollen wir auch gar nicht mit den langfristigen Folgen unserer Handlungen konfrontiert werden, da die kurzfristigen Konsequenzen für uns sehr angenehm sind.

Hägar, Der Schreckliche

Beispiel

Ein Jugendlicher raucht. Er wird vom Lehrer angesprochen, dass Rauchen gesundheitsschädlich ist und mit sehr großer Wahrscheinlichkeit Lungenkrebs zur Folge haben wird. Der Jugendliche antwortet, dass er viele alte Menschen kenne, die schon Jahrzehnte rauchten und immer noch gesund seien. Es sei viel wahrscheinlicher, durch einen Unfall im Straßenverkehr zu sterben, als an Lungenkrebs zu erkranken.

Aufgaben

1. Ein Erzieher in einer Wohngruppe für verhaltensauffällige Kinder und Jugendliche möchte pünktlich seinen Dienst beenden. Er hat sich mit Freunden zum Fußballspiel verabredet. Er beendet zeitig seinen Dienst, obwohl die neue Kollegin, die erst vor Kurzem eingestellt wurde und noch sehr unsicher ist, ihn bittet länger zu bleiben.
Notieren Sie alle möglichen kurz- und langfristigen Folgen des Verhaltens des Erziehers und vergleichen Sie anschließend Ihr Ergebnis mit den Ergebnissen Ihrer Mitschülerinnen. Sind Sie zu gleichen Ergebnissen gekommen oder gibt es Unterschiede? Wie viele Möglichkeiten haben Sie gefunden? Welche wichtigen Konsequenzen hatten Sie nicht bedacht?

2. Finden Sie Beispiele aus Ihrem eigenen Leben. Beschreiben Sie (Entscheidungs-)Situationen. Beschreiben Sie kurzfristige und langfristige Konsequenzen Ihrer Handlungen.

3. Wenn Sie Raucher sind (gerne Schokolade essen, gerne Bier oder Wein trinken etc.), notieren Sie bitte alle Argumente, die gegen das Rauchen (das Essen von Schokolade, Trinken von Alkohol etc.) sprechen. Setzen Sie sich anschließend in Kleingruppen zusammen und stellen Sie Ihre Argumente dar. Tauschen Sie sich anschließend über Ihre Gefühle aus.

7.2.2 Gesprächshaltungen

Die Gesprächshaltung des Professionellen, der das sokratische Gespräch führt, sowie seine Beziehung zum Gesprächspartner spielen für das Gelingen des Gespräches eine wesentliche Rolle. Erst dadurch, dass der Professionelle die Haltung eines naiv fragenden und um Verständnis bemühten Gesprächspartners einnimmt, der nicht belehren oder manipulieren will, wird es seinem Gesprächspartner möglich, die eigenen Gedanken, Vorstellungen und Meinungen, Wahrnehmungen und Verhaltensweisen kritisch zu reflektieren und ggf. zu ändern.

Die sokratische Gesprächsführung ist daher „[...] weniger eine konkrete Strategie oder Technik, als vielmehr eine Haltung." (Wilken, 2010, S. 90)

Diese Haltung ist einerseits durch Respekt, Achtung und Empathie (vgl. Kapitel 6.2) gegenüber dem Gesprächspartner gekennzeichnet. Andererseits erfordert ein sokratischer Dialog, dass der Befragte (z. B. ein Jugendlicher) dem professionellen Gesprächspartner vertraut. Eine sokratische

Helga, Ein Leben an seiner Seite

Gesprächsführung setzt daher eine gute Beziehung zwischen den Gesprächspartnern voraus. Ist sie nicht gegeben, werden die Fragen nicht als Hilfe wahrgenommen, sondern als Angriff gewertet und abgewehrt. Dieses gilt besonders für Fragen und/oder Kommentare, die darauf abzielen, Teile des Selbstkonzeptes des Gesprächspartners (vgl. Kapitel 4.2) infrage zu stellen, um Veränderungsprozesse zu initiieren. Der professionelle Gesprächspartner sollte grundsätzlich um Erlaubnis fragen, ungewöhnliche und persönliche Fragen stellen zu dürfen. Gemeinsam mit dem Hinweis, dass keine Fragen beantwortet werden müssen, kann dies die Gesprächssituation erleichtern und Reaktanz und Abwehr entgegenwirken.

Professionelle Kräfte wie Erzieher, Sozial- und Heilpädagogen, die die Methode der sokratischen Gesprächsführung nutzen wollen, um Kinder und Jugendliche zu überzeugen, müssen zusätzlich berücksichtigen, dass Freiwilligkeit eine Voraussetzung ist, damit sich jemand überzeugen lässt (vgl. Reaktanz). Grundsätzlich gilt diese Aussage für den gesamten Erziehungsprozess, denn die

> „[...] wichtigste Wahrnehmung zum Verständnis erzieherischer Prozesse ist die Erkenntnis ihrer Paradoxie, d. h. die Erkenntnis der Tatsache, dass das, was Erziehung ausmacht, nämlich eine absichtsvolle Beeinflussung eines anderen zu einem ganz bestimmten Verhalten oder einer ganz bestimmten Einstellung, in strengem Sinne gar nicht möglich ist [...]."
> **(Rotthaus, ⁴2002, S. 108 f.)**

Der Betreuungsauftrag sowie der Betreuungskontext können mitunter die Anwendung des sokratischen Dialogs unmöglich machen, wenn der Aufbau einer vertrauensvollen Beziehung unter bestimmten Bedingungen nicht möglich ist oder nicht gelingen kann. Je nach Kontext oder Situation kann es z. B. (vorübergehend) notwendig werden, Kinder und Jugendliche (subtil oder offensichtlich) zu drängen, gegebene Grenzen einzuhalten.

7.2.3 Disputationstechniken

Wesentliches Mittel der sokratischen Gesprächsführung sind **Fragen**, die die Situation des Gesprächspartners, sein Denken und Handeln sowie seine Ziele kritisch prüfen. Dieses geschieht im Rahmen einer sogenannten Disputation. Obwohl dieser Begriff mit „Streitgespräch" übersetzt werden kann, geht es hier nicht um eine Auseinandersetzung oder einen Streit, wie wir sie aus alltäglichen Beziehungen kennen. Es geht auch nicht darum, dem Gesprächspartner etwas „beizubringen"; es geht vielmehr darum, dass der Gesprächspartner selbstständig zu neuen, für ihn günstigeren Einsichten gelangt.

Im Rahmen kognitiver Therapien werden verschiedene Varianten des sokratischen Dialogs unterschieden (vgl. Stavemann, 2005; Wilken, 2010), denen verschiedene Disputationstechniken zugeordnet werden können. Einige sind für Gespräche im heilpädagogischen oder heilerziehungspflegerischen Bereich mit Kindern und Jugendlichen gut geeignet.

Hedonistische Disputation

Die hedonistische Disputation zielt darauf ab, Widersprüche zwischen Denken und Handeln und zwischen kurz- und langfristigen Zielen aufzugreifen und zu hinterfragen. Der Gesprächspartner soll zur Aufgabe unangebrachter Vorstellungen und Bewertungen motiviert werden, die ihn daran hindern, seine Ziele zu erreichen. Gleichzeitig soll er von alternativen Gedanken und Ansichten überzeugt werden, die ihm helfen können, seine Ziele zu erreichen.

> **Beispiel**
>
> *Ein Jugendlicher erklärt, dass er sich um eine gute Ausbildungsstelle bewerben will. Statt Bewerbungen zu schreiben und bei Firmen und Betrieben anzurufen, verbringt er seine Nachmittage vor dem Fernseher oder der Spielkonsole. Als er auf sein Verhalten angesprochen wird, äußert er, dass es keinen Sinn habe, sich zu bewerben; es gebe zu viele Bewerber und kaum Ausbildungsstellen. Er habe sich bereits fünfmal beworben, aber bislang noch keine Einladung zu einem Vorstellungsgespräch erhalten.*

Geeignete Fragen:

- Hilft dir der Gedanke, dass es keinen Sinn hat, sich zu bewerben, dein Ziel, eine Ausbildungsstelle zu erhalten, zu erreichen?
- Wie wirst du dich verhalten, solange du dieses glaubst? Wie wirst du dich fühlen?
- Was bringt es dir **langfristig**, so zu denken? Welche Nachteile entstehen dir? Ist es das, was du erreichen möchtest? Was möchtest du erreichen?
- Was bringt es dir **kurzfristig**, so zu denken? Welche Vorteile hat deine Überzeugung für dich? Ist es das, was du erreichen möchtest? Was möchtest du erreichen?
- Welche Gedanken oder Überzeugungen können dir (besser) helfen, dein Ziel (weiterhin) zu verfolgen, eine (gute) Ausbildungsstelle zu finden?
- Welcher Gedanke kann dir helfen, aktiv zu werden und dich zu bewerben?

Empirische Disputation

Die empirische Disputation hilft dem Gesprächspartner, zu überprüfen, inwieweit seine Gedanken und Bewertungen Realitätsgehalt besitzen oder ob sie lediglich auf Annahmen und Vermutungen beruhen.

> **Beispiel**
>
> Ein Jugendlicher erklärt, dass er sich um eine gute Ausbildungsstelle bewerben will. Statt Bewerbungen zu schreiben und bei Firmen und Betrieben anzurufen, verbringt er seine Nachmittage vor dem Fernseher oder der Spielkonsole. Als er auf sein Verhalten angesprochen wird, äußert er, dass es keinen Sinn habe, sich zu bewerben; es gebe zu viele Bewerber und kaum Ausbildungsstellen. Er habe sich bereits fünfmal beworben, aber bislang noch keine Einladung zu einem Vorstellungsgespräch erhalten. Er werde wahrscheinlich nur Absagen bekommen. Dieses beweise, dass seine Fähigkeiten nicht ausreichen. Er sei eben ein „Loser".

Geeignete Fragen:
- Woher weißt du, dass du keine Chancen hast? Wer hat dir das gesagt?
- Wo ist der Beweis dafür?
- Wie oft haben sich Auszubildende im letzten Jahr beworben, bis sie erfolgreich waren? Gibt es eine festgelegte oder offizielle Zahl von Bewerbungen, ab der man keine Chance mehr hat?
- Wie viele Bewerber und Ausbildungsstellen gibt es in diesem Jahr tatsächlich? Kennst du die Zahlen? Woher? Wer hat sie dir mitgeteilt?
- Woher weißt du, dass bereits alle Stellen besetzt sind und du keine Chancen mehr hast?
- Selbst wenn du jetzt fünf Absagen bekommen würdest, wo ist der Beweis dafür, dass dieses zukünftig so bleiben muss?

Logische Disputation

Die logische Disputation ist eng mit der empirischen Disputation verbunden. Sie dient der Überprüfung der Logik von Schlussfolgerungen aus Alltagsbeobachtungen sowie der Überprüfung von Widersprüchen im Denken des Gesprächspartners.

> **Beispiel**
>
> Ein Jugendlicher erklärt, dass er sich um eine gute Ausbildungsstelle bewerben will. Statt Bewerbungen zu schreiben und bei Firmen und Betrieben anzurufen, verbringt er seine Nachmittage vor dem Fernseher oder der Spielkonsole. Als er auf sein Verhalten angesprochen wird, äußert er, dass es keinen Sinn habe, sich zu bewerben; es gebe zu viele Bewerber und kaum Ausbildungsstellen. Er habe sich bereits fünfmal beworben, aber bislang noch keine Einladung zu einem Vorstellungsgespräch erhalten. Er werde wahrscheinlich nur Absagen bekommen. Dieses beweise, dass seine Fähigkeiten nicht ausreichen. Er sei immer schon ein „Loser" gewesen und nichts wert.

Geeignete Fragen:
- Ist der Gedanke logisch, dass jemand, der sich vergebens bewirbt, nichts wert ist? Für wen ist er nichts wert? Wie wertvoll ist ein Jugendlicher, der eine Stelle erhalten hat? Kannst du seinen Wert beziffern?
- Wenn du jetzt einen Ausbildungsplatz erhalten würdest, wodurch genau wird dein Wert verbessert? Wenn du zwei Ausbildungsplätze angeboten bekämest, würde sich dann dein Wert verdoppeln?
- Kann man von einem Jugendlichen, der zwar keine Lehrstelle bekommen hat, aber zwei Millionen Euro im Lotto gewonnen hat, behaupten, dass er ein „Loser" sei?
- Wie viele Absagen darf man erhalten, um nicht als „Loser" zu gelten? Wer hat diese Zahl festgelegt? Wo kann man sie erfahren?
- Wenn nur ein Ausbildungsplatz zur Verfügung steht und sich hierauf 50 Jugendliche bewerben und 49 Jugendliche eine Absage erhalten, bedeutet dies, dass 49 Jugendliche keine Fähigkeiten besitzen?

Beispiel eines möglichen Dialogs

Erzieher: Du, darf ich dich fragen, warum du keine Bewerbungen mehr schreibst?

Jugendlicher: Es hat doch keinen Sinn.

Erzieher: Was genau hat keinen Sinn?

Jugendlicher: Dass ich mich bewerbe.

Erzieher (provokant): Das verstehe ich nicht.

Jugendlicher: Es gibt doch so viele Bewerber. Weshalb sollte gerade ich eine Lehrstelle bekommen?

Erzieher: Du glaubst also, dass du keine Chance hast, weil es viele Bewerber gibt, die besser geeignet sind?

Jugendlicher: Ja.

Erzieher: Woher nimmst du die Gewissheit, dass sie besser geeignet sein könnten?

Jugendlicher: Das denke ich.

Erzieher: Habe ich das richtig verstanden: Weil du denkst, dass es viele Bewerber gibt, die besser geeignet sein könnten und daher eine bessere Chance haben könnten als du, bewirbst du dich nicht mehr?

Jugendlicher: Ja.

Erzieher: Wie groß ist deine Chance, eine Lehrstelle zu bekommen, wenn du dich nicht mehr bewirbst?

Jugendlicher: Sie ist gleich Null.

Erzieher: Wenn ich das jetzt alles zusammenfasse, dann wirst du keine Lehrstelle bekommen, weil du **denkst,** dass du keine Chancen hast und dich deshalb nicht mehr bewirbst. Ist das richtig?

Jugendlicher: Ja.

Erzieher: Was möchtest du? Was ist dein Ziel?

Jugendlicher: Ich möchte eine gute Lehrstelle.

Erzieher: Was muss man tun, um eine Lehrstelle zu bekommen? Was müsstest du tun?

Jugendlicher: Ich müsste mich bewerben.

Erzieher: Das habe ich verstanden. Hilft dir dein Gedanke: „Ich habe keine Chancen, eine Lehrstelle zu bekommen", dich zu motivieren, Bewerbungen zu schreiben?

Jugendlicher: Nein.

Erzieher: Welcher Gedanke könnte dir helfen? Was könntest du dir selbst sagen, um dich zu motivieren?

Jugendlicher: ...

Aufgaben

1. Entwickeln Sie für jede der nachfolgenden Situationen Fragen, durch die die betroffene Personen motiviert werden könnten, ihre Gedanken und Bewertungen kritisch zu reflektieren. Achten Sie dabei auf die mitgeteilten Zielsetzungen bzw. Ziele.

2. Überlegen Sie in Kleingruppen, welche Formulierungen geeignet sind, hedonistisch, empirisch und/oder logisch zu disputieren.

3. Setzen Sie sich in Kleingruppen zusammen und erarbeiten Sie für jede der nachfolgenden Situationen ein Gesprächsskript (vergleichbar dem Beispiel). Überlegen Sie, welche Fragen der Gesprächsführende stellen sollte und wie er Gesprächsergebnisse zusammenfassen kann. Achten Sie auch darauf, welche Antworten die Betroffenen geben könnten; die Antworten sollten realistisch sein. Entwickeln Sie das Skript sukzessiv, indem Sie abwechselnd die Aussagen der Gesprächsteilnehmer formulieren.

4. Rollenspiel: Spielen Sie die verschiedenen Skripts in Rollenspielen nach. Versuchen Sie dabei frei zu sprechen und eigene Formulierungen zu finden. Tauschen Sie sich anschließend in Kleingruppen über Ihre Erfahrungen aus.

5. Rollenspiel: Finden Sie Situationen aus Ihrer eigenen Praxis und erproben Sie das Disputieren im Rollenspiel nach entsprechender Aufarbeitung der Situationen.

Situationen

- Die neu eingestellte Erzieherin im Kindergarten teilt ihrer Kollegin mit, dass sie erhebliche Schwierigkeiten habe, zu allen Kindern einen guten Kontakt zu bekommen. Einige Kinder, besonders die älteren, bereiteten ihr besondere Schwierigkeiten. Die Erzieherin äußert, dass sie Sorge habe, dass die Kindergartenleiterin glauben könnte, dass sie unfähig sei und dass sie deshalb möglicherweise die Probezeit nicht überstehe. Auf die Nachfrage der Kollegin teilt die Erzieherin mit, dass die Stelle im Kindergarten ihre erste Stelle nach der Ausbildung sei und sie deshalb stets Angst habe, Fehler zu machen und sich daher auch sehr unsicher fühle.

- Eine 14-jährige Jugendliche ist sehr selbstkritisch, was ihre Kleidung und ihr Aussehen anbelangt. Bevor sie morgens das Haus verlässt, steht sie sehr lange vor dem Spiegel und prüft den Sitz ihrer Kleidung. Auf Nachfragen der Mutter teilt die Jugendliche mit, dass sie Angst habe, dass sie von ihrer Clique ausgeschlossen werden könnte. Ihre Freundinnen könnten sich über ihr Outfit lustig machen und sie nicht mehr mögen. Das wäre schlimm, da sie dann alleine wäre.

- Ein 17-jähriger Jugendlicher wird von seinem Freund, der 18 Jahre alt wird, zur Geburtstagsfeier eingeladen. Er weiß jedoch nicht, ob er die Einladung annehmen soll. Einerseits fühlt er sich seinem Freund verpflichtet und würde sehr gerne zur Feier gehen. Andererseits muss er am nächsten Tag ausgeschlafen sein, da er zu einem Einstellungstest eingeladen ist, von dem sehr viel abhängt. Der Jugendliche weiß, dass er nur diese eine Chance hat, seinen Traumberuf ergreifen zu können.

- Eine junge Frau ist in der Ausbildung zur Heilerziehungspflegerin. Obwohl sie gerne einen guten Abschluss erreichen möchte, schafft sie es nicht, regelmäßig zu lernen und sich auf den Unterricht und Klassenarbeiten vorzubereiten. Jedes Mal, wenn sie zu Hause am Schreibtisch sitzt, fallen ihr viele Dinge (z. B. Blumen gießen, wichtige Telefonate führen, Einkaufen) ein, die sie noch zu erledigen hat. Statt zu lernen, erledigt sie dann die Dinge, die ihr spontan einfallen. Die junge Frau wendet sich an den Klassenlehrer und bittet ihn um Rat.

Vierfelderschema

Die angemessene Berücksichtigung und Bewertung von kurz- und langfristigen Konsequenzen der eigenen Handlungen und Entscheidungen fällt vielen Menschen schwer. Oftmals ist ihnen nicht bewusst, dass die verschiedenen Konsequenzen sich widersprechen können. Ein geeignetes Instrument, sich kurz- und langfristige Konsequenzen bewusst zu machen und sie zu überprüfen, ist das Vierfelderschema. Mit seiner Hilfe können die verschiedenen Konsequenzen gegenübergestellt werden:

	positive Konsequenzen	negative Konsequenzen
kurzfristige Konsequenzen	■ Rauchen in gemütlicher Atmosphäre mit Freunden und Bekannten; Gemeinsamkeit ■ Rauchen in Pausen, Signal zur Entspannung ■ Vermeidung von aufkommender Unruhe (Sucht)	■ Kleidung riecht nach Rauch ■ hohe Kosten für Tabak ■ „Rauchermund"; negative Rückmeldungen des Partners/der Partnerin ■ Brennen in Mund und Hals
langfristige Konsequenzen		■ geringere Attraktivität aufgrund von körperlichen Veränderungen wie beispielsweise gelbe Hände, gelbe Zähne ■ viele gesundheitliche Probleme und Schäden wie Atemnot, Husten, Mund-, Zungen- und Kehlkopfkrebs ■ qualvoller Tod durch Lungenkrebs

Konsequenzen am Beispiel des Rauchens

1. Entwickeln Sie für jede der oben genannten Situationen ein Vierfelderschema.

2. Suchen Sie mindestens drei Situationen aus Ihrem (privaten oder beruflichen) Leben, in denen Sie vor Entscheidungssituationen (z. B. Kauf eines Autos vs. Urlaubsreise) standen. Nehmen Sie sich etwas Zeit und entwickeln Sie für alle Situationen ein Vierfelderschema.

3. Finden Sie mindestens drei Situationen, in denen Sie mit Ihren eigenen Handlungen unzufrieden waren. Nehmen Sie sich Zeit und entwickeln Sie für diese Situationen ein Vierfelderschema. Tauschen Sie sich anschließend in Kleingruppen über kurz- und langfristige Konsequenzen aus. Welche waren Ihnen bewusst? Welche nicht?

8 Rahmenbedingungen für Gespräche

- *Welche Gespräche sollten vorbereitet werden?*
- *Wie kann eine günstige Gesprächssituation geschaffen werden?*
- *Welche Rahmenbedingungen müssen beachtet werden?*

Im pädagogischen Alltag finden vielfältige Gespräche statt: Gespräche mit Kindern, Jugendlichen und/oder Betreuten, Elterngespräche, Teamgespräche, Förder- und Hilfeplangespräche, Teamberatungen, Aufnahmegespräche, Konfliktgespräche etc. (vgl. Kapitel 1). Sie alle erfordern eine mehr oder weniger intensive Vorbereitung. Je bedeutender ein Gespräch ist, desto wichtiger ist es, seine Rahmenbedingungen zu gestalten.

Vorbereitung

Ein wichtiger Aspekt betrifft die Vorbereitung von Gesprächen. In der Regel findet der Austausch zwischen Mitarbeitern im Rahmen von Team-, Förder- und/oder Hilfeplangesprächen statt. Normen, Werte, Regeln und Maßnahmen werden hier besprochen, die in alltäglichen Begegnungen mit den Kindern, Jugendlichen und/oder Betreuten vermittelt bzw. umgesetzt werden sollen. Je klarer und eindeutiger die Absprachen zwischen den Mitarbeitern sind, desto besser ist die Orientierung, die sie geben können. Die Bedeutung dieser Gespräche wird manchmal verkannt, da die Vielfalt von Normen und Haltungen, die in einem Team existieren, unterschätzt wird. Auch Gespräche, die mit Personen geführt werden sollen, die nicht zum Team gehören, müssen oftmals geplant und vorbereitet werden. Hierzu gehören Gespräche mit Eltern, Vertretern von Ämtern und Behörden sowie Mitarbeitern anderer Einrichtungen etc.

In der Regel geht es dabei zunächst um die Selbstklärung der Mitarbeiter: Wie sehen sie den Sachverhalt, der angesprochen werden soll? Gibt es Übereinstimmungen oder Differenzen? Für wie wichtig werden einzelne Aspekte gehalten? Was soll bzw. muss unbedingt besprochen werden? Welche Ziele sollen erreicht werden? Was erwarten die Gesprächspartner (z. B. Eltern)? Wie sieht die Beziehung zwischen den Mitarbeitern und ihren Gesprächspartnern aus? Ist sie vertrauensvoll, gereizt, kritisch? Wie wird das Gespräch verlaufen? Welche Probleme und Schwierigkeiten werden erwartet? Welche Informationen werden benötigt? Wird ein kooperatives Verhalten erwartet oder eher eine Konfrontation?

> *„Klare Kommunikation setzt immer Selbstklärung voraus. Zeitraubend sind alle Situationen, wo Menschen erst im Kontakt sich einstimmen, mühsam nach wichtigen Informationen kramen und somit an Präsenz und Effektivität im Gespräch verlieren."*
> (Schulz v. Thun, ²2001, S. 110)

Klärung der Rahmenbedingungen

Der Gesprächsanlass bestimmt, ob der Rahmen eines Gesprächs geklärt und festgelegt werden muss. Besonders bei heiklen Themen und Fragestellungen können Rahmenbedingungen, die gut geplant sind, die Gesprächsatmosphäre entlasten und zu einem positiven Gesprächsverlauf beitragen. Probleme und Schwierigkeiten entstehen oftmals dadurch, dass bestimmte Bedingungen im Vorfeld nicht ausreichend bedacht wurden. Wenn ein Gespräch z. B. häufig durch Telefonanrufe unterbrochen wird, ist es für alle Gesprächsteilnehmer schwierig, ihre Anliegen angemessen darzustellen. Stress und Anspannung, die dann entstehen, mindern die Bereitschaft, einander zuzuhören und gefährden das Gesprächsergebnis.

Teilnehmer: Eine wichtige Frage, die sich fast immer stellt, ist die nach den Teilnehmern eines Gespräches. Wer soll zum Gespräch eingeladen werden? Welche Mitarbeiter sollen teilnehmen? Wann sollen die Betroffenen eingeladen werden? Diese und weitere Fragen müssen sorgsam beantwortet werden. Für die Mitarbeiter, die ein Elterngespräch planen, stellt sich z. B. die Frage, wer an dem Gespräch teilnehmen soll. Viele Eltern fühlen sich überfordert, wenn sie mit mehreren Teammitgliedern gleichzeitig sprechen müssen. Durch die relativ große Anzahl von „Experten" fühlen sie sich eingeschüchtert und verzichten darauf, wichtige Ansichten, Meinungen und Wünsche zu äußern. Vielfach ist auch die Anwesenheit von Mitarbeitern notwendig, die Beratungs- oder Entscheidungskompetenzen besitzen. Hierzu zählen Mitarbeiter gruppenübergreifender Dienste, die beratende und unterstützende Aufgaben wahrnehmen sowie Mitarbeiter, die Leitungsfunktionen ausüben.

Zeit: Die Planung des zeitlichen Rahmens ist ein weiterer wichtiger Aspekt, der z. B. von Mitarbeitern im Gruppendienst besonders berücksichtigt werden muss. Für sie ist die Beantwortung der Frage, wann das Gespräch stattfinden und wie lange es dauern soll, nicht unerheblich, da sie gewöhnlich gleichzeitig die Versorgung und Betreuung der Klientel sicherstellen müssen. Die Erfordernisse einer Wohngruppe bestimmen daher in einem nicht unerheblichen Maße den zeitlichen Rahmen. Folgende Fragen spielen hier eine Rolle: Wie viel Zeit wird das Gespräch voraussichtlich in Anspruch nehmen? Kann es in Ruhe beendet werden? Wird es vielleicht von Kindern und Jugendlichen gestört, die aus der Schule kommen bzw. von Betreuten, die aus der Werkstatt zurückkehren?

Ort: Auch die Auswahl des Ortes, an dem das Gespräch stattfinden soll, ist von Bedeutung. Es nicht unerheblich, ob es in der Einrichtung, im Jugendamt oder bei den Eltern stattfinden soll. Je nachdem, wo das Gespräch stattfindet, erhält es einen offiziellen oder inoffiziellen Charakter. Hierdurch werden die Auswahl der Themen und die Art, wie sie besprochen werden, wesentlich beeinflusst (vgl. Kapitel 2). Darüber hinaus müssen ggf. die konkreten Rahmenbedingungen geplant werden. Wenn z. B. ein Gespräch in einer Einrichtung stattfinden soll, muss überlegt werden, wo dies ungestört möglich ist. Soll es im Gruppenbereich, im Wohn- oder Dienstzimmer oder im Konferenzraum geführt werden? Die Auswahl des Raumes sollte auch im Hinblick auf seine Atmosphäre erfolgen; sie sollte dem Gesprächsanlass entsprechen.

Sitzordnung: Eine besondere Bedeutung hat die Sitzordnung, die gewählt wird. Häufig sitzen sich die Gesprächpartner gegenüber.

> *„Das Sitzen vis-à-vis, Blick in Blick, bedeutet, dass man sich ganz dem Gegenüber widmet. Diese konzentrierte Aufmerksamkeit kann ebenso sachbezogen wie gefühlsbezogen sein. [...] In Verhandlungen heißt diese Sitzposition schlicht: Man will sich in der Sache konfrontieren und aus der jeweiligen Interessenlage den gemeinsamen Punkt finden."*
> **(Molcho, 1998, S. 110)**

Aus dieser Situation heraus entstehen häufig jedoch Konflikte, da die Gesprächspartner einander nicht ausweichen können. Die Sitzhaltung über Eck verhindert diese Gefahr und ermöglicht gleichzeitig einen direkten Kontakt.

> *„Man gewinnt darüber hinaus Gelegenheiten, sich auf eigene Gedanken und Gefühle zu konzentrieren oder Ablenkungen durch Hinwendung auf andere Vorgänge oder Personen zu schaffen, weil in dieser Sitzposition jeder vom anderen akzeptiert, dass er auch einmal geradeaus, und das heißt an ihm vorbei oder von ihm weg schaut. Kurzum: Die Sitzposition über Eck erzeugt eine sehr bewegliche Gesprächssituation, die vielen Variationen offen ist."*
> **(Molcho, 1998, S. 111)**

Aufgaben

1. Erinnern Sie sich an Ihr letztes Praktikum. Beschreiben Sie verschiedene Gesprächssituationen, die Sie erlebt haben. Welche dieser Gespräche wurden vorbereitet? Weshalb wurden sie vorbereitet und wie? Wer nahm an den Vorbereitungen teil? Welche Gespräche wurden nicht vorbereitet?

2. Diskutieren Sie in Kleingruppen optimale Rahmenbedingungen für die folgenden Gespräche. Beantworten Sie für jede Gesprächsform folgende Fragen:

Rahmenbedingungen für Gespräche

- Wer soll zum Gespräch eingeladen werden bzw. daran teilnehmen?
- Wo soll das Gespräch stattfinden?
- Wann soll es stattfinden? Wie lange soll es dauern?
- Welche Sitzordnung soll gewählt werden?
- Ist eine Gesprächsleitung notwendig? Wer soll es leiten?
- Wer schreibt das Gesprächsprotokoll?
- Welche Maßnahmen werden ergriffen, um eine gute Gesprächsatmosphäre zu schaffen?

Gesprächsart	Teil-nehmer	Ort	Zeit	Sitz-ordnung	Leitung/Protokoll	Atmos-phäre
Elterngespräch						
Förder- und Hilfeplangespräch						
Aufnahmegespräch						
Teamgespräch						
Teamübergabe						
Beratungsgespräch						
Supervision						
Leitungsgespräch						
Gespräch mit Betreuten						

Übungen

1. Führen Sie zu zweit ein Gespräch über ein alltägliches Thema. Variieren Sie dabei Ihre Sitzpositionen und erproben Sie die beiden Positionen „vis-à-vis" (Blick in Blick) und „Eck-Position". Registrieren Sie Ihre Gefühle. Tauschen Sie sich anschließend aus: Welche Sitzposition war angenehmer? Welche ermöglichte es Ihnen, sich auf Ihren Gesprächspartner einzulassen?

2. Bilden Sie Kleingruppen. Diskutieren Sie ein Thema, zu dem es in Ihrer Kleingruppe unterschiedliche Meinungen gibt. Setzen Sie sich zunächst an einen rechteckigen Tisch und nehmen Sie ähnliche Positionen wie im unten angegebenen Beispiel ein. Unterbrechen Sie Ihre Diskussion nach ca. zehn Minuten. Tauschen Sie sich kurz aus und ändern Sie dann Ihre Sitzverteilung. Erproben Sie nacheinander alle dargestellten Sitzvariationen.

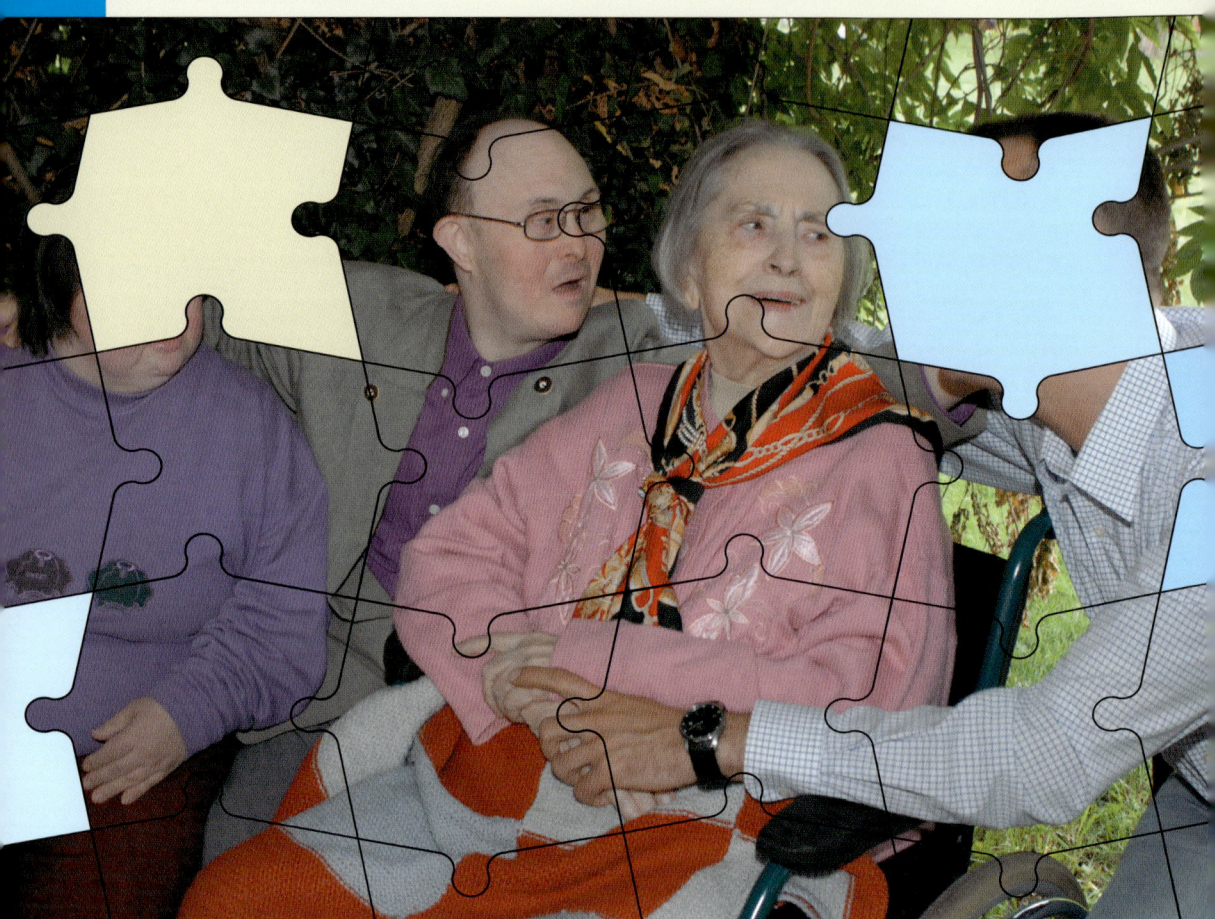

9 Gespräche mit Menschen mit geistiger Behinderung

- Welche Fähigkeiten von Menschen mit geistiger Behinderung müssen beachtet werden, damit Kommunikation erfolgreich sein kann?

- Welche grundlegenden Haltungen sind notwendig, um vertrauensvolle Beziehungen herzustellen?

Einen Menschen zu verstehen bedeutet, die Welt aus seiner Perspektive bzw. aus seinem inneren Bezugsrahmen heraus zu betrachten (vgl. Kapitel 6). Diese Fähigkeit setzt voraus, dass wir nachvollziehen können, welche Bedeutung ein Mensch seiner Umwelt, seinen Erfahrungen und/oder sich selbst beimisst. Im Alltag gelingt uns dieses trotz vieler Missverständnisse verhältnismäßig gut (vgl. Kapitel 3). Ausgehend von eigenen Erlebnissen schließen wir auf Gedanken und Gefühle unserer Mitmenschen und erfahren oftmals, dass sie in vielen Situationen ähnlich denken und empfinden.

Im professionellen Bereich ist diese intuitive Form der Annäherung an die Sichtweise eines anderen Menschen wenig geeignet. Mitarbeiter verfügen in der Regel nicht über die besonderen und oftmals traumatischen Lebenserfahrungen, die Kinder, Jugendliche und Betreute sowie deren Angehörige machen mussten. Der Rückgriff auf eigene, vergleichbare Erfahrungen ist daher kaum möglich und eher ungewöhnlich. Wirkliches Verstehen (vgl. Kapitel 6) wird somit erschwert. In vielen Gesprächssituationen besteht zudem die Gefahr, dass Mitarbeiter eigene Vorstellungen und Gefühle unreflektiert auf ihre Gesprächspartner übertragen. Mitunter entstehen Probleme und Konflikte, die aus unterschiedlichen Sichtweisen resultieren (vgl. Kapitel 5.1 und 5.3).

Eine professionelle Gesprächsführung setzt voraus, dass sich Mitarbeiter (Fach-)Wissen über die besonderen Lebenslagen, Probleme, Schwierigkeiten, Fähigkeiten und Ressourcen ihrer Klientel aneignen. Die in den folgenden Kapiteln thematisierten Aspekte sollen exemplarisch dazu beitragen. Sie stellen nur eine unvollständige Auswahl von bedeutsamen Lebenszusammenhängen dar. Der Anspruch, eine Situation auch nur annähernd vollständig erfassen zu wollen, würde den Rahmen des Buches sprengen. Es werden lediglich einige wichtige Aspekte hervorgehoben, die in der heilpädagogischen bzw. heilerziehungspflegerischen Praxis eine Rolle spielen.

9.1 Einige Aspekte geistiger Behinderung

Die Weltgesundheitsorganisation (WHO) und die American Psychiatric Association (APA) beschreiben geistige Behinderung als ein Entwicklungsdefizit intellektueller und sozialadaptiver Fähigkeiten. Geistige Behinderung ist jedoch kein einheitliches Persönlichkeitsmerkmal. Mit dem Begriff „geistige Behinderung" werden sehr unterschiedliche Verhaltens- und Erlebensäußerungen angesprochen. Selbst die Einteilung in vier verschiedene Schweregrade, bei der die Intelligenzminderung als Kriterium genutzt wird, nämlich in leichte (IQ 50–69), mittelgradige (35–49), schwere (20–34) und schwerste (IQ < 20) Intelligenzminderung (bzw. geistige Behinderung), hilft nur wenig weiter. Denn

> „[...] trotz dieser Definitionsversuche muss kritisch angemerkt werden, dass es eine hohe Variabilität in der Ausprägung verschiedener Teilleistungen sowie der sozialen Adaption gibt, die sich nicht nur auf das Ausmaß der Intelligenz zurückführen lassen."
> **(Lehmkuhl, 1999, S. 870)**

Der Begriff „geistige Behinderung" ist daher, obwohl er mittlerweile sehr geläufig ist, wenig prägnant. Die

> „[...] Unklarheit bezieht sich sowohl auf die Komplexität dessen, was alles ‚an' einem Menschen als ‚geistig behindert' zu gelten hat, als auch auf die stimmige Abgrenzung eines solchen Befundes von einer anderen Behinderung oder einer Nichtbehinderung."
> **(Speck, [9]1999, S. 38)**

Aufgrund der Vielschichtigkeit und Komplexität geistiger Behinderung ist es unmöglich, alle relevanten Gesichtspunkte aufzuzeigen, die in einer Gesprächssituation von Bedeutung sein können. Die beiden Aspekte „Probleme der sprachlichen Kommunikation" und „Selbstwertprobleme" spielen häufig eine wichtige Rolle.

9.1.1 Sprachliche Kommunikation

Menschen mit einer geistigen Behinderung haben häufig erhebliche Probleme, sich sprachlich mitzuteilen. Untersuchungen an Kindern und Jugendlichen mit einer geistigen Behinderung zeigen, dass auffallend viele von ihnen Sprachstörungen aufweisen. Die Ursachen hierfür sind vielfältig. Sie reichen von hirnorganischen Störungen über Seh- und Hörschäden hin zu Aufmerksamkeitsstörungen und Schwächen des geistigen Repräsentationssystems.

„Sämtliche Sprachstörungen, die es gibt, finden sich auch bei geistiger Behinderung. Ihre außerordentliche Häufung ist einerseits auf die vorliegende Intelligenzschwäche und andererseits auf die große Zahl von Hirnschädigungen zurückzuführen, die auch unmittelbare Sprachschädigungen auslösen.
(Speck, ⁹1999, S. 124)

Sprachliche Kommunikation verlangt vom Individuum eine hohe Diskriminationsleistung. Der Gebrauch von Sprache setzt z. B. die Fähigkeit voraus, Symbole (Worte) bestimmten Objekten, Handlungen oder Ereignissen zuzuordnen. Wir müssen z. B. in der Lage sein, das Wort „Haus" entsprechenden Objekten, nämlich Häusern, zuzuordnen. In diesem Zusammenhang bezeichnet dann z. B. der Begriff „Villa" ein anderes Objekt als der Begriff „Bungalow". Sprachliche Kommunikation erfordert ferner die Fähigkeit, zwischen unterschiedlichen Sprachsymbolen unterscheiden zu können. Bei gleich klingenden Symbolen wie „Meer" und „mehr" ist dieses nicht immer einfach. Sprachliche Kommunikation setzt zudem auch die Fähigkeit voraus, die Bedeutung unterschiedlicher Abfolgen von Sprachsymbolen zu erkennen. So bedeutet „Hans wird von Heinz beraten" etwas anderes als „Heinz wird von Hans beraten."

Im pädagogischen Alltag wird manchmal zu wenig bedacht, dass Menschen mit einer geistigen Behinderung diese hohe Diskriminationsleistung häufig kaum erbringen können. Allzu oft werden sie mit komplexen Aussagen konfrontiert und bekommen Schwierigkeiten. Sie werden verwirrt,

„[…] wenn ihre Umwelt zu komplex, zu unübersichtlich und allzu veränderlich ist. Ihr Kommunikationsverhalten wird deshalb im Allgemeinen dürftig, sie können nicht effektiv handeln, wenn sie sprechen oder verstehen sollen."
(Speck, ⁹1999, S. 126)

Ein anderer Aspekt, der die sprachliche Kommunikation mit Menschen mit geistiger Behinderung erschwert, besteht darin, dass sie Bedürfnisse, Absichten und Wünsche nur unzureichend artikulieren können. Die Gründe hierfür sind vielfältig. Menschen mit einer geistigen Behinderung sind beispielsweise häufig nur wenig in der Lage, ihre sprachlichen Äußerungen im Hinblick auf ihre Sprechabsichten zu überprüfen und ggf. zu korrigieren. Sie erleben unter Umständen, dass sie etwas anderes mitteilen, als sie tatsächlich ausdrücken wollten. Demzufolge muss ein Mensch mit einer geistigen Behinderung

„[…] oft Verständnislosigkeit, Uninteressiertheit, Verlegenheit und Spott hinnehmen."
(Speck, ⁹1999, S. 127)

Das Verständnis von sprachlichen Signalen beruht neben anderen Aspekten auch auf der teilweisen Vorwegnahme von dem, was eine Person ihrem Gesprächspartner mitteilen will. Aufgrund von geläufigen Wortfolgen und nonverbalen Signalen erschließt der Zuhörer einen Teil der Nachricht, die ihm sein Gegenüber vermitteln will. Menschen mit einer geistigen Behinderung sind hier zweifach benachteiligt: Einerseits können ihre Äußerungen und kommunikativen Absichten von Gesprächspartnern nur begrenzt richtig eingeschätzt werden. Andererseits sind Menschen mit einer geistigen Behinderung selbst nur wenig in der Lage, die kommunikativen Absichten ihrer Gesprächspartner zu antizipieren. Gegenseitiges Verstehen ist infolgedessen erschwert (vgl. Speck, ⁹1999, S. 127).

9.1.2 Selbstwertprobleme

Das Selbstwertgefühl ist für jeden Menschen von außerordentlicher Bedeutung. Es resultiert aus der Bewertung des Selbst bzw. Selbstkonzeptes und beeinflusst nicht nur das Denken, Handeln und Fühlen einer Person, sondern auch ihre Art, Beziehungen zu anderen Menschen zu gestalten (vgl. Kapitel 4.1). Personen, die eine realistische Einstellung zu sich selbst besitzen und sich selbst schätzen, sind in der Lage, eigene Schwächen und Fehler anzunehmen. Sie können Lob und Kritik als Rückmeldungen zu ihrem Verhalten annehmen und sind fähig, kongruent zu kommunizieren (vgl. Kapitel 4.3.5). Ein positives Selbstkonzept wird durch zahllose Beziehungsbotschaften begründet, die einem Kind signalisieren, dass es erwünscht ist und bedingungslos geliebt wird. Ein negatives hingegen entwickelt sich aufgrund von ungünstigen Beziehungsbotschaften, die einem Menschen verdeutlichen, dass er nicht den Vorstellungen wichtiger Bezugspersonen entspricht (vgl. Kapitel 4.2.1).

> *„Der Arzt empfing uns freundlich und bat mich, dich auszuziehen. Er warf einen Blick auf dich, dann einen auf mich und sagte: ‚Sie haben ein doofes Kind!' Ich glaube, ich habe den Menschen total verständnislos angesehen und dich dann ganz schnell wieder angezogen. Wie gehetzt bin ich aus der Praxis gelaufen. Immer noch den Satz in den Ohren: ‚Sie haben ein doofes Kind.'"*
> **(Oelmann, 2000, S. 12)**

Das Selbstkonzept bzw. das Selbstverständnis von Menschen mit einer geistigen Behinderung ist besonders gefährdet. Bereits von Geburt an erhalten die meisten unzählige negative Rückmeldungen, die ihnen bedeuten, unerwünscht und minderwertig zu sein (vgl. Dörner/Ploog, 1996). Das Lebensgefühl vieler Menschen mit einer geistigen Behinderung wird durch diese tiefgreifenden Kränkungen nachhaltig geprägt. Menschen, die nicht mehr glauben, für andere etwas zu bedeuten, werden von Angst, Selbstzweifel und Unsicherheit beherrscht.

Eine eigene Identität zu besitzen ist für alle Menschen von außerordentlicher Bedeutung. Ihre Begründung fällt Menschen mit geistiger Behinderung ungleich schwerer als Menschen ohne Behinderung. Aufgrund eingeschränkter intellektueller und sozialer Fähigkeiten und aufgrund der vielfältigen negativen Zuschreibungen, die sie durch ihre Umwelt erfahren, ist es Menschen mit geistiger Behinderung nahezu unmöglich, gesellschaftlich vorgegebene und akzeptierte Lebensziele zu verwirklichen. Ihre Vorstellungen unterscheiden sich jedoch kaum von denjenigen Nichtbehinderter. Häufig werden Wünsche nach einer eigenen Wohnung, nach einer befriedigenden Arbeitstätigkeit (außerhalb der Werkstatt für Menschen mit Behinderung), nach einem Lebenspartner und eigenen Kindern geäußert. In all diesen Wünschen kommen wesentliche menschliche Bedürfnisse nach Zugehörigkeit, Annahme und Wertschätzung zum Ausdruck. Das Etikett „Geistige Behinderung" stellt für viele daher eine Bedrohung dar:

> *„Der Betroffene erfährt sich als einer, der in seinem Leben mit der gegebenen Beeinträchtigung und Stigmatisierung fertigzuwerden hat. Er hat sich auseinanderzusetzen mit der Realität seiner Abweichung und seinen eingeschränkten Möglichkeiten in der Schule, Beruf und Freizeit einerseits und [...] seinen Ansprüchen andererseits. Dabei versucht er eine produktive Antwort zu finden auf die distanzierenden, dummen und diskriminierenden Einstellungen und Handlungsweisen seiner Mitmenschen."*
> **(Speck, ⁴1998, S. 249)**

> *ab sonderlich*
>
> bei meinen töchtern
> selbstverständlichkeit
> bei dir
> ein schmerzliches ringen
> oder gar
> ein utopischer wunsch
>
> das
> dazugehören
> im regelkindergarten
> und
> in der grundschule
> bei uns im dorf
>
> (Zachmann, ³2000, S. 83)

Je nachdem, wie wichtige Bezugspersonen wie Eltern und professionelle Betreuer auf den Menschen mit Behinderung eingehen, wie sie ihn unterstützen und welche Erwartungen sie an ihn richten, helfen sie ihm, Anerkennung, Sicherheit und Geborgenheit zu erfahren und sich trotz seiner Begrenzungen selbst zu verwirklichen. Gelingt dies nicht, gerät der Mensch mit geistiger Behinderung dauerhaft in eine äußerst belastende Situation. Stress und Anspannungen, die hieraus resultieren, münden nicht selten in problematische Verhaltensweisen (vgl. Heijkoop, 1998, S. 23 ff.).

9.2 Beziehungsgestaltung und Kommunikation

9.2.1 Bedeutung vertrauensvoller Beziehungen

Die Auswirkungen einer geistigen Behinderung werden neben anderen Faktoren wesentlich von der Qualität der Beziehungen bestimmt, die der Mensch mit geistiger Behinderung zu anderen besitzt. Dabei spielt das Bild, das der Betroffene von sich selbst hat, eine wichtige Rolle, da es nicht nur sein Denken, Fühlen und Handeln beeinflusst (vgl. Kapitel 4), sondern auch seine Kommunikation mit anderen. Denn

> „[...] isoliert und von uns allein gelassen, kann jemand aus seinem Minderwertigkeitsgefühl die Haltung entwickeln: „Ich kann gar nichts, ich liefere euch jeden Beweis dafür."
> (Dörner/Plog, ³2007, S. 82)

Bei jeder Ansprache oder Anforderung erlebt der Mensch mit geistiger Behinderung die Einschätzungen seiner Mitmenschen. Je besser seine Beziehungen zu ihnen sind, desto seltener fühlt er sich angegriffen und als Person infrage gestellt. In unbelasteten Beziehungen braucht der Mensch mit Behinderung nicht um sein Selbstverständnis zu ringen. Ganz im Gegenteil; vertrauensvolle Beziehungen helfen ihm, seine Unsicherheiten zu überwinden und sich trotz sprachlicher Schwierigkeiten mitzuteilen. Umgekehrt tragen gute Beziehungen auch dazu bei, dass Mitarbeiter die mitunter dürftigen sprachlichen Äußerungen von Betreuten richtig interpretieren.

Eine besondere Schwierigkeit für die Beziehungsgestaltung mit Menschen mit geistiger Behinderung besteht in der Tatsache, dass Menschen mit Behinderungen in der Regel ein erhöhtes Zeitbedürfnis haben. Sie benötigen z. B. mehr Informationen und Übungen als Nichtbehinderte, um ein bestimmtes Ziel zu erreichen. Dieses bedeutet für professionelle Kräfte im Extremfall, dass sie Menschen betreuen, die scheinbar zukunftslos sind, da Veränderungen kaum wahrnehmbar sind.

> *„Die erdrückende Allgegenwart eines Status quo kann sich ungemein lähmend nicht nur auf das erzieherische, sondern auf zwischenmenschliche Verhältnisse überhaupt auswirken [...]. Ich habe mich zwar verausgabt, sehe aber nicht, wofür. Ich bin müde, weiß ‚de facto' aber nicht, warum. Ich habe Beziehungen gestiftet und unterhalten, die ich jedoch nicht für mich behalten darf. Ich bin da gewesen und habe nichts zurückgelassen."*
> **(Kobi, [5]1993, S. 245, gekürzt)**

Menschen mit geistiger Behinderung sind auf vielfältige Weise abhängig von ihren Eltern und/oder Betreuern. Sie benötigen nicht nur Unterstützung bei der Bewältigung von lebenspraktischen Aufgaben, sondern auch Hilfen, um ihre Mitmenschen und ihre Umwelt angemessen zu verstehen. Dieser Sachverhalt verleitet viele Betreuer zu der Annahme, „[...] dass Fachleute grundsätzlich besser wüssten als die Betroffenen selbst, was für sie gut sei" (Schwarte/Oberste-Ufer, [2]2001, S. 273).

Fremdbestimmung, Bevormundung und Überbehütung sind oftmals Konsequenzen, die aus solchen Überzeugungen resultieren. Um sie weitgehend zu vermeiden, müssen Mitarbeiter fähig sein, ihre Beziehungen zu Betreuten kritisch zu reflektieren. Dabei sollten sie in der Lage sein, sich mit den Gefühlen und Einstellungen, die Menschen mit einer geistigen Behinderung in ihnen auslösen, auseinanderzusetzen. Gelingt ihnen dieses nicht, werden Menschen mit geistiger Behinderung aufgrund von Übertragungsphänomenen (vgl. Kapitel 5) zu Objekten der eigenen (Selbst-) Hilfe, Zuneigung und Abwehr. Erst durch eine angemessene Selbstwahrnehmung können Mitarbeiter zu der Einsicht gelangen, „[...] dass Behinderung keine Eigenschaft der Person, sondern eine Angelegenheit der Beziehung zwischen verschiedenen Menschen ist" (Schwarte/Oberste-Ufer, [2]2001, S. 271).

9.2.2 Einige Grundregeln der Beziehungsgestaltung

Menschen mit geistiger Behinderung benötigen Ansprache und Aufmerksamkeit. Als schwächere Gesprächspartner haben sie Schwierigkeiten, sich mitzuteilen, ihre Anliegen, Wünsche oder Bedürfnisse zu äußern. Sie sind gefährdet, missverstanden oder nicht genügend beachtet zu werden. Hierdurch geraten sie in Gefahr, isoliert zu werden, sich aus der Kommunikation mit anderen Menschen dauerhaft zurückzuziehen oder eine ablehnend-aggressive Haltung einzunehmen, die in extremen Ausformungen jedwede Kommunikation unmöglich macht (vgl. Speck, [9]1999, S. 133). Menschen mit geistiger Behinderung brauchen einen sicheren Rahmen, um sich auf eine angstfreie und entkrampfte Begegnung mit anderen Menschen einzulassen. Die Beziehungsgestaltung besitzt daher in der Arbeit mit Menschen mit geistiger Behinderung eine besondere Bedeutung. Die Beachtung der folgenden Grundsätze, die sich u. a. aus den Basisvariablen nach Rogers (vgl. Kapitel 6) ergeben, hat sich als günstig erwiesen und kann zu einer gelungenen Beziehungsgestaltung beitragen (vgl. auch Schwarte/Oberste-Ufer, [2]2001, S. 273).

Respekt vor dem anderen

Mitarbeiter sollten Menschen mit einer geistigen Behinderung als Personen wahrnehmen und achten. Die Betroffenen sollten nicht nur als Bewohner oder als Betreute betrachtet werden. Der Respekt, der den Betroffenen entgegengebracht wird, sollte sich in alltäglichen Handlungen widerspiegeln. Es sollte z. B. selbstverständlich sein, in der Kommunikation mit Menschen mit geistiger Behinderung Umgangsformen zu wählen, die eine Wertschätzung deutlich machen. Hierzu gehören u. a. sowohl eine freundliche und respektvolle Ansprache als auch die Benutzung einer sprachlichen Ausdrucksweise, die den Fähigkeiten von Menschen mit geistiger Behinderung entspricht.

> *„Gehe ich mit Menschen außerhalb meines Berufes eigentlich anders um, wenn ich mich mit ihnen verstehen will?"* – *Diese Frage sollte als eine ‚innere Selbst-Kontrolle' in jeder Situation der Beziehungsgestaltung wirken."*
> **(Schwarte/Oberste-Ufer, [2]2001, S. 274)**

Akzeptanz und Annahme

Annahme und Zuwendung sind elementare Voraussetzungen sowohl für die Persönlichkeitsentwicklung eines Menschen (vgl. Kapitel 1) als auch für sein Wohlbefinden. Akzeptanz und Annahme bedeuten in der heilerziehungspflegerischen bzw. heilpädagogischen Arbeit, dass die Betroffenen ganzheitlich, d. h. mit all ihren Stärken und Schwächen, mit ihren Fähigkeiten und Unzulänglichkeiten, angenommen werden. Für Menschen mit geistiger Behinderung, die in ihrem Leben vielfach tiefgreifende Kränkungen erfahren haben (vgl. Kapitel 9.1), ist eine wohlwollende, nicht wertende Haltung, die ihnen von professionellen Kräften entgegengebracht wird, von besonderer Bedeutung. Dazu gehört, dass Gefühle und Äußerungen ernst genommen und angemessen berücksichtigt werden. Fragen von Menschen mit geistiger Behinderung sollten z. B. selbst dann beantwortet werden, wenn sie ständig wiederholt werden (vgl. Schwarte/Oberste-Ufer, ²2001, S. 275). Akzeptanz und Annahme sind in der heilerziehungspflegerischen und heilpädagogischen Arbeit nicht immer leicht zu verwirklichen. Gerade in der Arbeit mit Menschen mit einer schwersten Mehrfachbehinderung können Mitarbeiter durch körperliche Missbildungen oder massive Verhaltensstörungen von Betroffenen unangenehm berührt sein.

Offenheit und Eindeutigkeit

Vertrauensvolle Beziehungen entwickeln sich nur langsam. Sie entstehen nur dann, wenn die Kommunikationspartner wechselseitig lernen, ihre Handlungen und Reaktionen richtig einzuschätzen. Offenheit und Eindeutigkeit sind daher Haltungen, welche die Entstehung von tragfähigen Beziehungen begünstigen. Offenheit bezeichnet dabei die Übereinstimmung des Verhaltens eines Menschen mit seinem inneren Erleben, d. h. mit seinem Denken und Fühlen. Menschen mit geistiger Behinderung sind aufgrund ihrer eingeschränkten kognitiven Möglichkeiten und ihrer größeren Verletzbarkeit besonders darauf angewiesen, dass Mitarbeiter deutlich machen, welche Absichten und Ziele sie verfolgen und welche Rollen sie einnehmen. Dabei sollten sie stets ihr eigenes Handeln erklären und kommentieren, ohne die Betroffenen zu überfordern. Mitarbeiter sollten jedoch nicht auf professionelle Distanz und selektive Echtheit (vgl. Kapitel 6.2.2) verzichten.

Transparenz

Neue, ungewohnte oder unübersichtliche Situationen können bei einem Menschen besonders dann Besorgnis oder Angst auslösen, wenn er für sie keine oder nur unzureichende Erklärungen oder Handlungsmöglichkeiten besitzt. Mitarbeiter sollten daher Menschen mit geistiger Behinderung alle Regelungen und organisatorischen Abläufe, von denen die Betreuten betroffen sind, erklären und veranschaulichen. Dieses gilt sowohl für Entscheidungs- und Informationswege als auch für Alltagssituationen. Je klarer und eindeutiger z. B. Tagesabläufe, Aufgabenstellungen, Freizeit- und Feriengestaltung vermittelt werden, desto sicherer werden die Beziehungen der Betreuten zu den professionellen Kräften.

Aufgaben

1. Erörtern Sie in Kleingruppen (ca. fünf bis sechs Schülerinnen) Kriterien für eine gerechte Entlohnung der Arbeit in einer Werkstatt für Menschen mit Behinderung. Welche Kriterien (z. B. Leistung, Motivation, Sozialverhalten, Bedürftigkeit) sollten berücksichtigt werden? Stellen Sie anschließend in der Klasse sowohl Ihre Ergebnisse als auch die Schwierigkeiten vor, die mit der Diskussion verbunden waren.

2. Sammeln Sie in Kleingruppen verschiedene Formen, wie Menschen (miteinander) leben können. Versuchen Sie alternative Modelle zu gängigen Lebensformen zu finden. Setzen Sie sich intensiv mit den Vor- und Nachteilen verschiedener Möglichkeiten auseinander (z. B. Ehe, Familie, Partnerschaft, Singlehaushalt, Wohngemeinschaft). Diskutieren Sie anschließend, welche Lebensformen Sie für Menschen mit einer geistigen Behinderung für angemessen halten.

3. Finden Sie eine Erklärung für die Reaktion des Bewohners: Ein Mitarbeiter erklärt einem Bewohner die Funktionsweise der neuen Spülmaschine. Der Betreute hört interessiert und aufmerksam zu. Der Mitarbeiter erkundigt sich, ob der Bewohner alles verstanden habe. Dieser bejaht die Frage. Als der Mitarbeiter ihn hierauf auffordert, die Spülmaschine in Gang zu setzen, reagiert der Bewohner mit einer hilflosen Geste. Er zuckt mit den Achseln und verlässt wortlos die Küche.

4. Rollenspiel:

   Eine junge Frau mit einer leichten geistigen Behinderung, die in einer Wohngruppe lebt, möchte in eine eigene Wohnung ziehen. Sie spricht den diensthabenden Mitarbeiter an.

   Betreute: Machen Sie dem Mitarbeiter deutlich, dass Sie nur bis zu ihrem 30. Lebensjahr in der Wohngruppe leben und danach eine eigene Wohnung beziehen möchten. Machen Sie auch deutlich, dass Sie ein eigenes Auto haben möchten, heiraten wollen und Kinder bekommen möchten.

   Mitarbeiter: Versuchen Sie die Betreute davon zu überzeugen, dass ihre Vorstellungen nur teilweise umsetzbar sind, dass sie wahrscheinlich nie heiraten wird und Kinder haben kann.
   Werten Sie das Rollenspiel anschließend aus: Welche Argumente fielen dem Mitarbeiter leicht? Welche bereiteten Schwierigkeiten? Wie wirkten die Argumente des Mitarbeiters auf die Betreute? Waren sie überzeugend? Worauf sollten Mitarbeiter in ähnlichen Situationen unbedingt achten?

Übung

Auswirkungen der Langsamkeit

Setzen Sie sich zu zweit ca. 20 bis 30 Minuten lang schweigend zusammen. Registrieren Sie Ihre Gedanken und Gefühle. Tauschen Sie sich anschließend aus. Was fiel Ihnen leicht, was schwer? Welche Gedanken und Impulse drängten sich auf?

10 Gespräche mit Eltern von Kindern mit geistiger Behinderung

- Welche besonderen Probleme und Schwierigkeiten müssen in Gesprächen mit Eltern von Kindern mit geistiger Behinderung berücksichtigt werden?

- Welche Hilfen brauchen Eltern?

- Welche Gesprächshaltung sollten Mitarbeiter Eltern gegenüber einnehmen?

10.1 Reaktionen von Eltern auf die Behinderung

Die Reaktionen von Eltern auf eine geistige Behinderung sind vielschichtig und komplex. Sie reichen von unüberwindlicher Enttäuschung, Abwehr, Hilf- und Ratlosigkeit hin zu Reaktionen, das zunächst Unfassbare anzunehmen und Probleme und Schwierigkeiten, die mit der Behinderung einhergehen, positiv lösen zu wollen. Dabei sind die Reaktionsweisen von Eltern abhängig vom Zeitpunkt der Wahrnehmung der Behinderung, vom Grad der Schädigung des Kindes, von ihrer Persönlichkeitsstruktur, von ihrer Ehe bzw. Familie, vom Verhalten der Umwelt, von aktuellen Lebensbedingungen und sozialen Zugehörigkeiten. Aussagen zum Verhalten und Erleben von Eltern bergen daher die Gefahr, unzulässige Verallgemeinerungen darzustellen. Im Einzelfall stimmen sie nicht oder verstellen sogar den Blick auf individuelle Entwicklungen. Trotz dieser Gefahr werden im Folgenden Gesichtspunkte aufgezeigt, die in vielen Elterngesprächen eine Rolle spielen, auch wenn sie nicht ausdrücklich angesprochen werden.

Schock

Die Geburt eines Kindes mit einer Behinderung stürzt eine Familie, in die das Kind hineingeboren wird, in eine tiefe **Krise**. Die Mitteilung oder die Wahrnehmung, ein Kind mit einer Behinderung in die Welt gesetzt zu haben, löst bei fast allen Eltern eine tiefe Erschütterung aus. Vorstellungen, Hoffnungen und Erwartungen, die mit dem Kind verbunden waren, gelten nicht mehr. Sie werden zunichte gemacht, Träume und Zukunftserwartungen stürzen ein. Für die meisten Eltern ist die Behinderung ihres Kindes zunächst unfassbar.

> „Mutig sitze ich einige Minuten später dem unsicher und zögerlich wirkenden Arzt gegenüber und erkläre: ‚Sie können mir ruhig sagen, wenn ‚was ist'. Ich habe ja das Kinderkrankenpflegeexamen und kenne mich aus." Doch was dann kommt, trifft mich wie ein Blitz aus heiterem Himmel: „Ihr Kind hat das Down-Syndrom und ist schwer herzkrank! Sie kennen ja die Symptome der Trisomie 21 [...]."
> (Wiegard, ³2001, S. 17)

Schuldgefühle

Eine geistige Behinderung wird oftmals erst gegen Ende des ersten Lebensjahres oder später entdeckt. Dieses gilt besonders für leichtere Behinderungen, für die es keine eindeutigen medizinischen Befunde gibt (vgl. Dörner/Ploog, 1996, S. 71 f.). Der Erschütterung, die entweder jäh über die Eltern hereinbricht oder aber erst allmählich entsteht, folgt häufig ein unbestimmtes Gefühl, dafür verantwortlich zu sein. Viele Eltern nehmen auf der Suche nach einer Erklärung für die Behinderung ihres Kindes willkürlich Ursachen und Zusammenhänge an. In vielen Fällen glauben sie sogar, die geistige Behinderung selbst verursacht zu haben.

> „Vom Genussmittelkonsum und dem Gebrauch bestimmter empfängnisverhütender Mittel über Abtreibungsversuche und Unvorsichtigkeiten während der Schwangerschaft, Pflegeunpünktlichkeiten bis hin zu weit zurückliegenden ‚Jugendsünden' reicht die Skala der vermeintlichen Ursachen, die sich Eltern selber anlasten [...]."
> (Bach, ⁴1971, S. 86)

Aus den oft willkürlich angenommenen Verursachungszusammenhängen entstehen nicht selten tiefe **Schuldgefühle**, die sie dem behinderten Kind gegenüber hegen und die sich nicht wegdiskutieren lassen.

> „Als ich deinem Papa die Nachricht bringe, ist auch er sehr betroffen. Noch nie habe ich ihn weinen sehen, aber jetzt bricht's aus ihm heraus [...]. Seine Schuldgefühle, durch sein Trinken deine Behinderung verursacht zu haben, sind sehr groß. Ich versuche, sie zu entkräften und erkläre ihm: „Es ist ein Unfall der Natur, eine Chromosomenerkrankung! Das Chromosom 21 ist dreifach vorhanden. Wenn es mit uns zu tun hat, dann eher mit mir als mit dir." Doch ich vermag ihn nicht zu beruhigen [...]."
> (Wiegard, ³2001, S. 19, gekürzt)

Kränkung des Selbstwertgefühls

Mit dem Wunsch nach einem Kind verbinden Paare immer auch Wünsche nach Normalität, gesellschaftlicher Akzeptanz und Ansehen. Viele werdende Eltern besitzen bereits vor der Geburt eine mehr oder weniger deutliche Vorstellung davon, welche Ziele sie für und mit ihren Kindern erreichen wollen. Dabei spielen allgemeine Leistungserwartungen eine wichtige Rolle. Bereits im Kindergartenalter erwarten viele Eltern, dass ihre Sprösslinge mit anderen konkurrieren können und gute Leistungen erbringen. Sie sollen lebenstüchtig und erfolgreich sein, in der Schule gute Noten erzielen, eine gute Berufsausbildung absolvieren und ggf. Karriere machen. Eltern möchten mit einem guten Selbstgefühl auf die positive Entwicklung ihrer Kinder blicken können. Die Geburt eines Kindes mit einer Behinderung bedeutet daher fast immer eine Kränkung des **Selbstwertgefühls** der Eltern. Dabei dürfte die Enttäuschung

> „[...] um so größer sein, je höher die Erwartungen der Eltern angesetzt waren, z. B. im Hinblick auf die Mehrung des Sozialprestiges durch das Kind. Das ‚nichtvollwertige' Kind kann als narzisstische Kränkung für das Ich und als Unglück empfunden werden."
> (Speck, ⁹1999, S. 307)

Gesellschaftliche Erwartungen und Vorstellungen haben für das Ausmaß der Kränkung eine große Bedeutung. In einer Gesellschaft, die auf dem Prinzip von Leistung und Wettbewerb aufgebaut ist, ist es für einen Menschen schwer, gesellschaftliche Anerkennung zu erhalten, wenn er nicht leistungsfähig ist. Dies gilt auch für Eltern, die ein Kind mit einer Behinderung zur Welt gebracht haben. Wie groß der gesellschaftliche Druck ist, der auf Eltern lastet, gesunde Kinder zu haben, wird anhand von einschlägigen Urteilen oder Zeitungsartikeln zur Abtreibung deutlich. Aus der Rechtsnorm der sog. medizinischen Indikation für die Straffreiheit eines Schwangerschaftsabbruchs ist inzwischen

> *Abtreibung nicht vollzogen*
> **Kasse zog Klage gegen Arzt zurück**
> Hannover (idea/EB) – Die niedersächsische AOK, die einen niedergelassenen Gynäkologen gerichtlich belangt hatte, weil dieser die Behinderung eines Fötus nicht „fristgerecht" bis zur 24. Woche erkannt habe und damit eine Abtreibung nicht mehr möglich war, hat ihre Klage auf Schadenersatz zurückgezogen.

> „[...] eine offiziell vertretene Verpflichtung geworden [...]. Nach der gegenwärtigen Rechtssprechung kann davon ausgegangen werden, dass die Geburt eines behinderten Kindes einen ‚vermeidbaren Schaden' bedeutet."
> (Speck, ⁴1998, S. 152, gekürzt)

Soziale Isolation

Kränkende und schmerzliche Erfahrungen werden aber nicht nur durch gesellschaftliche Erwartungen und Haltungen verursacht, sondern auch durch viele Reaktionen aus dem direkten Lebensumfeld der betroffenen Familien. Unbedachte oder abfällige Äußerungen, Gleichgültigkeit und Distanz führen dazu, dass Eltern gegenüber den Bemerkungen ihrer Mitmenschen empfindlich werden und sich (emotional) zurückziehen. Dabei übersehen sie oftmals, dass

Nichtbetroffene sich kaum in ihre Situation einfühlen können und häufig nicht wissen, wie sie sich verhalten sollen. Hierdurch bedingt und aufgrund der allgemein verbreiteten sozialen Distanz gegenüber Menschen mit geistiger Behinderung (vgl. Speck, 1999, S. 308) entsteht die Gefahr, dass betroffene Familien zunehmend isoliert werden.

> „Wir werden von allen Seiten beeinflusst, dich, unser behindertes Kind, fortzugeben. Ich bin völlig verunsichert. Mein Kopf ist wie ein Karussell. Deine Oma meint, du gehörst unter deinesgleichen. Außerdem könnten die gesunden Kinder dein Verhalten nachahmen, ist ihre Besorgnis. Von meinen Mitschwestern im Nachtdienst und den Ärzten an meinem Arbeitsplatz bekomme ich zu hören: „Ich würde doch solch ein Kind nicht behalten!" Und selbst der Chefarzt rät mir: ‚In Ihrer besonderen Lage würde ich das Kind in ein Heim geben.'"
> (Wiegard, ³2001, S. 21)

Wahrnehmung eingeschränkter Lebensperspektiven

Die Enttäuschung von Eltern, ein Kind mit einer Behinderung zur Welt gebracht zu haben, ist auch eine Reaktion auf den Schmerz, den sie empfinden über seine eingeschränkten Lebensmöglichkeiten. Durch den Vergleich mit den Fähigkeiten Gleichaltriger wird den Eltern zunehmend bewusst, dass ihr Kind einen anderen Weg gehen muss als seine Altersgenossen. Spätestens der Eintritt in das Schulalter (25 % der geistigen Behinderungen werden erst nach dem sechsten Lebensjahr entdeckt, vgl. Speck, 1999, S. 306) macht Eltern unmissverständlich klar, dass ihr Kind eine Behinderung hat. Die Schule wird zum „[...] empfindlichsten und u. U. rücksichtslosesten gesellschaftlichen Diagnosemittel für mäßige und vor allem für leichte geistige Behinderungen" (Dörner/Plog, ³2007, S. 72).

Während die Kindergarten- und (Sonder-)Schulzeit für viele Eltern eine Phase darstellt, in der sie ihre Kinder noch selbst begleiten und zu Hause versorgen können, stellt sich ihnen früher oder später die Frage nach einer anderen Lebensform. Dies bedeutet, dass sie sich mit der Trennung von ihrem Kind auseinandersetzen und seine Begleitung und Betreuung durch professionelle Kräfte akzeptieren müssen. Viele Eltern erleben diese Situation als sehr belastend. Mitunter befürchten sie, dass ihr Kind bei fremden Personen nicht gut aufgehoben ist, dass es falsch eingeschätzt wird und weniger liebevolle Zuwendung erhält. Insgeheim befürchten viele Eltern, ihr Kind im Stich zu lassen. Das schlechte Gewissen und ihre Sorge veranlassen manche von ihnen, es bis weit ins Erwachsenenalter zu betreuen. Erst wenn die eigenen Kräfte im Alter nachlassen, suchen sie nach geeigneten professionellen Betreuungsformen, deren Arbeit sie zuweilen kritisch hinterfragen.

Überbehütung und Verwöhnung

Überbehütung und Verwöhnung sind häufige Verhaltensweisen, mit denen betroffene Eltern reagieren. Wichtige Motive hierfür bestehen darin, schmerzhafte Enttäuschungen, Mitleid und insbesondere Schuldgefühle zu kompensieren (vgl. Speck, ⁹1999, S. 309). Um sich von vermeintlicher Schuld zu befreien und um die eigenen Gefühle zu beruhigen, nehmen die Eltern ihren Kindern oftmals viele Aufgaben ab, erbringen zeitliche und materielle Opfer. Die insgeheim erhoffte emotionale Entlastung tritt jedoch nicht ein. Die Behinderung bleibt bestehen und für viele Eltern damit auch die Quelle ihrer Selbstvorwürfe und Schuldgefühle. Überbehütung und Verwöhnung helfen nicht weiter. Im Gegenteil, sie führen dazu, dass das Kind mit Behinderung weit weniger selbstständig wird, als es ihm unter anderen Bedingungen möglich wäre. Einige Eltern nehmen teilweise oder ganz eine Opferhaltung an.

> „Hier gibt ein Elternteil sein ganzes Leben für das geistig behinderte Kind her, verzichtet auf Feierabend, Ferien, auf die großen und kleinen Freuden, richtet den ganzen Tages- und Lebenslauf nahezu ausschließlich auf den Dienst am behinderten Kind aus."
> (Bach, ⁴1971, S. 88)

Überlastung und ambivalente Gefühle

Die Geburt eines Kindes mit geistiger Behinderung bedeutet für Eltern den Beginn einer Lebensphase, die u. a. durch eine kontinuierliche Dauerbelastung gekennzeichnet ist. Je nach Schweregrad der Behinderung, d. h. bedingt durch eine erhöhte körperliche Anfälligkeit und vermehrte Pflegebedürftigkeit, werden Eltern unablässig von ihren Kindern beansprucht. Während die Belastungen, die Eltern von nicht behinderten Kindern erleben, nach einiger Zeit nachlassen, bleiben sie bei den Betroffenen jahrelang bestehen. Intensive Pflege, die Abhängigkeit von Behandlungs- und Fördermaßnahmen sowie von Vorgaben der Einrichtungen der Behindertenhilfe (Frühförderung, Sonderkindergarten und -schule, Werkstatt für Menschen mit Behinderung etc.), fehlende Unterstützung von Angehörigen oder Behörden, fehlende Freizeit- und Urlaubsmöglichkeiten, beengte Wohnverhältnisse etc. führen dazu, dass in betroffenen Familien eine dauerhafte Spannung entstehen kann, die alle Familienmitglieder nervlich belastet. Partnerschaftsprobleme und Konflikte mit und zwischen den Geschwisterkindern sind nicht selten. Die negativen Gefühle, die aus der permanenten Überforderung resultieren, stürzen nicht wenige Eltern in ein verwirrendes Gefühlschaos. Auf der einen Seite fühlen sie sich verantwortlich für ihr Kind, leiden mit ihm und unternehmen alles, was in ihrer Kraft steht, die Auswirkungen der Behinderung zu verringern. Auf der anderen Seite erleben sie, dass sie durch die Behinderung ihres Kindes ständig überfordert werden und ihm gegenüber auch Verdruss und Ärger empfinden. Diese Gefühle und der insgeheim gehegte Wunsch, ein normales, d. h. weniger belastetes Leben zu führen, verstärken mitunter die vorhandenen Schuldgefühle.

Aufgaben

1. Erörtern Sie in Kleingruppen, welche Bedeutung Eltern für ihre Kinder besitzen. Tauschen Sie auch Ihre eigenen Erfahrungen aus: Wann haben Sie Ihren Eltern zum ersten Mal einen wichtigen Wunsch abgeschlagen? Wie haben Sie sich dabei gefühlt?

2. Diskutieren Sie in Kleingruppen Ihre Reaktion auf die Geburt eines Kindes mit schwerster Mehrfachbehinderung in die Familie eines Freundes (Nachbarn, Bekannten, Verwandten etc.). Werden Sie Ihren Freunden, Nachbarn, Bekannten etc. zur Geburt gratulieren?

3. Nehmen Sie Stellung zur Frage: Würden Sie ein Kind mit einer (mehrfachen) geistigen Behinderung adoptieren? Begründen Sie Ihre Antwort.

4. Welche Vorstellungen verbinden Sie mit dem Wunsch nach einem eigenen Kind? Wie stellen Sie sich Ihr Leben mit einem Kind vor? Welche Eigenschaften, Fähigkeiten etc. soll es besitzen bzw. beherrschen? Welche Schule soll es besuchen?

10.2 Aspekte der Gesprächsführung

Ziele

Eltern von geistig behinderten Kindern brauchen aufgrund der vielfältigen Aufgaben und Schwierigkeiten, die sich ihnen bei der Betreuung ihrer Kinder stellen, Hilfe und Unterstützung. Sie benötigen Ansprechpartner, die ihnen helfen, eine wirklichkeitsnahe und akzeptierende Einstellung zu ihrem Kind, zu sich selbst und zu ihrer Lebenssituation zu gewinnen. Sachliche Informationen über die Behinderung, über Behandlungs- und Fördermöglichkeiten sowie über realistische Entwicklungschancen des Kindes sind dabei zwar notwendig, alleine reichen sie aber nicht aus. Eltern müssen auch ermutigt werden, die erlittenen Enttäuschungen zu verarbeiten. Dabei kommt es darauf an, „[...] dass sie sich ihrer eigenen Gefühle bewusst werden, und dass sie ein gewisses Verständnis für das vielfach befremdende Verhalten der anderen Leute erlernen" (Speck, [9]1999, S. 312).

---

im wartezimmer

und wieder
fühle ich mich verpflichtet
dankbar zu sein
all den vielen
ärzten
pädagogen
therapeuten
die mein kind
untersuchen
fördern
behandeln

die meisten
dieser menschen

sehen nur
einen klitzekleinen ausschnitt
aus deinem leben
manche begleiten dich ein stück

sie fällen entscheidungen
die deine zukunft betreffen
und geben eine richtung vor
die du gehen sollst

im unterschied zu mir
scheinen sie alle
genau zu wissen
wo es lang geht

(Zachmann, [3]2000, S. 75)

Beziehungsgestaltung

Eine gute Beziehung zwischen Eltern und Mitarbeitern ist eine wichtige Voraussetzung dafür, dass Eltern Hilfen annehmen können (vgl. Kapitel 2). Mitarbeiter müssen daher bemüht sein, die Entwicklung vertrauensvoller Beziehungen zu ermöglichen bzw. zu unterstützen. Vom Ausmaß des Vertrauens, das Eltern Mitarbeitern entgegenbringen, ist ihre Bereitschaft abhängig, sich auf alternative Sichtweisen einzulassen bzw. eigene zu verändern sowie neue Perspektiven für ihr eigenes Leben und das ihres Kindes zuzulassen. Mitarbeiter sollten Eltern in alle Überlegungen einbeziehen und gemeinsam mit ihnen Ziele und Veränderungsschritte entwickeln und planen. Dabei sollten Mitarbeiter Eltern nicht nur als Ratsuchende sehen, die belehrt werden müssen, sondern als Partner. Denn

> „[...] Eltern sind weder Schüler noch Patienten. Sie haben sich nicht einfach belehren oder therapieren zu lassen. Ihr Leben mit ihrem behinderten Kind ist mehr als bloßes Fördern unter pädagogisch-therapeutischen Maßgaben."
> **(Speck, [9]1999, S. 318)**

Mitarbeiter und Eltern als Experten

Mitarbeiter sollten einerseits verstehen, dass sie in einer partnerschaftlichen Beziehung die Rolle von Fachexperten einnehmen, die ein umfassendes und differenziertes Wissen über Behinderungen, Behandlungs- und Fördermaßnahmen sowie über Wohn-, Arbeits- und Freizeitmöglichkeiten besitzen. Andererseits sollten sie akzeptieren, dass Eltern Experten für ihr Kind sind. Sie kennen seine Vorlieben, Schwächen und Stärken und können seine Gefühle und Verhaltensweisen in der Regel besser einschätzen als Außenstehende. Mitarbeiter sollten ihre Aufgaben darin sehen, ihr Fach- und Handlungswissen Eltern zur Verfügung zu stellen, ihnen zu assistieren (vgl. Speck, ⁹1999, S. 318).

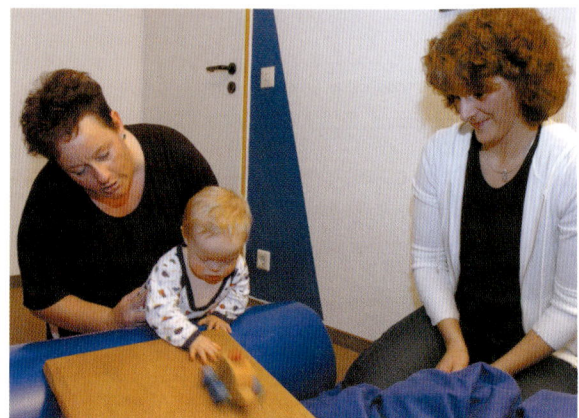

Akzeptanz

Mitarbeiter sollten grundsätzlich versuchen, die Situation aus der Perspektive der Eltern zu verstehen. In gemeinsamen Gesprächen sollten sie stets versuchen, die Bedenken und Gefühle der Eltern zu erfassen und rückzumelden (vgl. Kapitel 6). Sie sollten den Eltern deutlich machen, dass sie ihre Ängste und Sorgen akzeptieren und angemessen berücksichtigen.

---

ganztägige Sonderschule

nicht
aus Überzeugung
das Beste
für dich
zu tun
sondern
aus Notwendigkeit
deinen Schwestern

den ihnen zustehenden
Platz zu geben
und uns selbst
wieder mehr
Raum zu nehmen
haben wir
diese Entscheidung
getroffen

(Zachmann, ³2000, S. 89)

Wertschätzung und Erlaubnis, an sich zu denken

Viele Eltern sind intensiv um das Wohl ihres Kindes bemüht. Erfordernisse, die sich aus der Behinderung ergeben, sowie Bedürfnisse der Kinder stehen ständig im Vordergrund. Mitarbeiter sollten die Bemühungen der Eltern wertschätzen. Sie sollten ihnen deutlich signalisieren, dass es nicht selbstverständlich ist, sich jahrelang intensiv um ein Kind zu kümmern. Gleichzeitig sollten sie deutlich machen, dass auch Eltern ein Recht auf ein eigenes Leben haben, das unabhängig ist von dem ihres Kindes. Sie sollten Eltern ermutigen, wieder an sich zu denken und eigenen Wünschen und Bedürfnissen Raum zu geben. Besonders im Kontext einer Heimunterbringung ist dieses von Bedeutung. In verständnisvoller und einfühlsamer Weise sollten Mitarbeiter mit den Eltern langfristige Lebensperspektiven für das behinderte Kind entwickeln und darüber nachdenken, wie der Trennungsprozess gestaltet werden kann.

Konflikte und Auseinandersetzungen

Von besonderer Bedeutung ist es, dass Mitarbeiter die Gespräche und ggf. Auseinandersetzungen mit Eltern als einen Prozess der Annäherung und des Übergangs verstehen. Eltern müssen nicht nur ihre eigenen Enttäuschungen und Kränkungen verarbeiten, sie müssen auch weitreichende Entscheidungen für sich selbst und das Leben ihres Kindes treffen. Ihnen muss daher das Recht eingeräumt werden, Entscheidungen kritisch überprüfen zu dürfen. Viele Konflikte, die zwischen Mitarbeitern und Eltern bestehen, entstammen der Sorge der Eltern um ihr Kind, sich falsch entschieden zu haben.

Beispiel

Die Eltern eines Betreuten, der erst vor einiger Zeit ins Wohnheim aufgenommen wurde, kommen jedes Wochenende und helfen ihrem Sohn beim Aufräumen des Zimmers. Obwohl die Mitarbeiter sie auf die eifersüchtigen Reaktionen der anderen Betreuten aufmerksam gemacht haben, ändern die Eltern ihr Verhalten nicht. Sie befürchten, dass ihr Sohn überfordert sein könnte.

Wenn Probleme, Konflikte oder gar Auseinandersetzungen zwischen Eltern und Mitarbeitern entstehen, sollten Mitarbeiter überlegen, ob sie die Sichtweisen der Eltern vernachlässigt haben und z. B. zu sehr aus der Perspektive der Wohngruppe heraus entschieden oder gehandelt haben. In gemeinsamen Gesprächen mit den Eltern sollten Konflikte und Probleme rechtzeitig angesprochen werden. Die Mitarbeiter sollten die Gespräche so gestalten, dass eine offene Kommunikation entstehen kann, die von akzeptierendem Zuhören (vgl. Kapitel 6) sowie der Bereitschaft geprägt ist, sich von den Äußerungen und Anliegen der Eltern bewegen zu lassen.

Aufgaben

1. Rollenspiel: **Ambulant Betreutes Wohnen**

   Die Mitarbeiter eines Wohnheimes für Menschen mit geistiger Behinderung sind der Überzeugung, dass einer ihrer Bewohner ins betreute Wohnen wechseln kann und eine eigene Wohnung beziehen sollte. Sie haben die Eltern zum Gespräch eingeladen, um ihnen ihre Überlegungen vorzustellen.
   Bilden Sie Kleingruppen (vier bis sechs Schüler). Legen Sie fest, wer von Ihnen die Rolle der Gruppenmitarbeiter und wer die Rolle der Eltern übernimmt. Führen Sie ein Elterngespräch. Nehmen Sie sich etwas Zeit, geeignete Argumente zu finden.

   Eltern: Widersprechen Sie den Mitarbeitern. Machen Sie deutlich, dass Sie glauben, dass Ihr Sohn hiermit überfordert sein wird.

   Mitarbeiter: Überzeugen Sie die Eltern davon, dass ihr Sohn, der seit zwei Jahren in dem Wohnheim lebt, mittlerweile so selbstständig geworden ist, dass er in eine Wohnung ziehen kann und nur noch stundenweise betreut werden muss.
   Sprechen Sie die Sorgen und Nöte der Eltern an. Erproben Sie hierzu die folgenden Satzanfänge, die Möglichkeiten darstellen, die Gefühle, Gedanken und Motive von Eltern anzusprechen:

   - Wenn ich an Ihrer Stelle wäre, würde es mir folgendermaßen gehen …/würde ich Folgendes denken …/würde mir Folgendes schwerfallen …
   - Ich denke, dass Sie …
   - Ich täusche mich vielleicht, aber ich stelle mir Folgendes vor …
   - Ich habe folgende Fantasie …/Gedanken …
   - Viele Eltern, die ihre Kinder in unserer Einrichtung untergebracht haben, …/Andere Eltern haben auch …

Nehmen Sie das Rollenspiel mithilfe einer Videokamera oder eines Kassettenrecorders auf. Werten Sie es anschließend aus: Konnten die Eltern überzeugt werden? Welche Verhaltensweisen waren förderlich? Welche Verhaltensweisen waren hinderlich? Wurden die Sorgen, Gedanken und Gefühle der Eltern berücksichtigt?

2. Rollenspiel: **Besorgte Eltern**

Die Eltern einer jungen Frau mit geistiger Behinderung, die erst vor wenigen Wochen ins Wohnheim aufgenommen wurde, rufen ständig an, um sich bei den Mitarbeitern nach ihrer Tochter zu erkundigen. Fast jedes Wochenende besuchen sie ihre Tochter und räumen mit ihr das Zimmer auf. Die Mitarbeiter haben die Eltern zu einem klärenden Gespräch eingeladen.
Bilden Sie Kleingruppen (vier bis sechs Schüler). Legen Sie fest, wer von Ihnen die Rolle der Gruppenmitarbeiter und wer die Rolle der Eltern übernimmt. Führen Sie ein Elterngespräch. Nehmen Sie sich etwas Zeit, geeignete Argumente zu finden.

Eltern: Erklären Sie den Mitarbeitern, dass sie auf jeden Fall ihre Tochter häufig besuchen möchten und dass Sie sich um sie sorgen.

Mitarbeiter: Teilen Sie den Eltern mit, dass sie durch ihr fürsorgliches Verhalten die Gruppenatmosphäre negativ beeinflussen. Schlagen Sie den Eltern in geeigneter Weise vor, sich schrittweise von ihrer Tochter zu lösen. Sprechen Sie die Sorgen und Nöte der Eltern mithilfe der Methode des aktiven Zuhörens (vgl. Kapitel 6.3) an.
Nehmen Sie das Rollenspiel mithilfe einer Videokamera oder eines Kassettenrecorders auf. Werten Sie es anschließend aus: Konnten die Eltern überzeugt werden? Welche Verhaltensweisen waren förderlich? Welche Verhaltensweisen waren hinderlich? Ist es den Mitarbeitern gelungen, den Eltern aktiv zuzuhören? Konnten die Sorgen, Gedanken und Gefühle der Eltern berücksichtigt werden?

3. Rollenspiel: **Kritik**

Die Eltern eines 30-jährigen Bewohners mit einer leichten geistigen Behinderung haben die Mitarbeiter des Wohnheims um ein Gespräch gebeten. Sie wollen sich bei den Mitarbeitern beschweren. In den letzten Wochen konnten sie ihren Sohn nie rechtzeitig zum Wochenende abholen. Immer wieder kam es vor, dass ihnen erklärt wurde, dass er noch Aufgaben in der Gruppe zu erledigen hätte oder sein Zimmer aufräumen müsse.
Bilden Sie Kleingruppen (vier bis sechs Schüler). Legen Sie fest, wer von Ihnen die Rolle der Gruppenmitarbeiter und wer die Rolle der Eltern übernimmt. Führen Sie ein Elterngespräch. Nehmen Sie sich etwas Zeit, geeignete Argumente zu finden.

Eltern: Bringen Sie Ihren Unmut über die dürftige Zusammenarbeit zum Ausdruck. Stellen Sie heraus, dass Sie von den Mitarbeitern erwarten, angemessen informiert zu werden.

Mitarbeiter: Versuchen Sie die Probleme und Schwierigkeiten der Eltern anzunehmen. Gehen Sie angemessen auf den Ärger der Eltern ein. Versuchen Sie einerseits zu den Eltern wieder eine gute Beziehung herzustellen. Weisen Sie andererseits falsche Beschuldigungen freundlich und bestimmt zurück. Versuchen Sie mit den Eltern gemeinsame Lösungen zu finden.
Nehmen Sie das Rollenspiel mithilfe einer Videokamera oder eines Kassettenrecorders auf. Werten Sie es anschließend aus: Konnten gemeinsame Lösungen gefunden werden? Welche Verhaltensweisen waren förderlich? Welche Verhaltensweisen waren hinderlich? Konnten die Sorgen, Gedanken und Gefühle der Eltern berücksichtigt werden?

11 Gespräche mit Kollegen

- *Welche Bedingungen begünstigen Teamkonflikte?*
- *Wie können Auseinandersetzungen und Konflikte gelöst werden?*
- *Was kann jedes Teammitglied zu einer guten Zusammenarbeit beitragen?*

Ein Team ist eine Gruppe von Personen, die sich für einen unbestimmten Zeitraum zusammenfinden, um ihre Beiträge zugunsten eines gemeinsamen Ziels oder eines Auftrages zu koordinieren (vgl. Zimbardo, 1995, S. 723). Die Erziehung und Förderung von Kindern, Jugendlichen und Betreuten sind Aufgaben, die von einer Person nicht alleine bewältigt werden können. Heilerziehungspfleger und Heilpädagogen arbeiten daher stets in einem Team mit anderen zusammen. Sie müssen Ziele bestimmen, Erziehungs- und Fördermaßnahmen planen, durchführen und reflektieren, Normen und Werte festlegen sowie Regelungen absprechen und Handlungsstrategien vereinbaren. Der notwendige Austausch zwischen den Mitarbeitern findet in Team-, Förder- und Hilfeplangesprächen statt (vgl. Kapitel 8). Je klarer und eindeutiger die Kommunikation zwischen den Mitarbeitern ist, desto effektiver sind die Hilfen, die sie anbieten können.

Die Bedeutung der Teamarbeit ist jedoch nicht begrenzt auf die Planung und Realisierung von Erziehungs- und Fördermaßnahmen. Neben der Familie und den Freundesgruppen erfüllen Gruppen am Arbeitsplatz zahlreiche Funktionen, die einen bedeutenden Einfluss auf die Persönlichkeitsentwicklung besitzen. Außerdem trägt eine positive und harmonische Zusammenarbeit wesentlich zur Arbeitszufriedenheit der Mitarbeiter bei. Die Zufriedenheit mit der ausgeübten Tätigkeit ist besonders im Sozial- und Gesundheitsbereich von besonderer Bedeutung. Pflege, Erziehung und Lebensbegleitung können nur gelingen, wenn Mitarbeiter motiviert sind, sich den ihnen anvertrauten Menschen zuzuwenden und sich für sie zu engagieren. Umfragen zur Arbeitszufriedenheit in diesem Bereich ergaben jedoch, dass das Miteinander in einem Team immer wieder als Belastung empfunden wurde. „Ausbrennen, mobben, resignieren und demotiviert werden waren Ergebnisse, die das Erleben der Fachkräfte im Miteinander kennzeichneten." (Berger u. a., 1999, S. 44)

Im Folgenden werden einige Ursachen und Bedingungen beschrieben, die dazu beitragen, dass in Mitarbeiterteams Konflikte entstehen. Anschließend werden Möglichkeiten aufgezeigt, auf Probleme und Schwierigkeiten in einem Team zu reagieren.

11.1 Einige Ursachen für Teamkonflikte

Ein Konflikt ist ein Zustand, der dann entsteht, wenn zwei einander ausschließende Handlungstendenzen oder Antriebe zusammen auftreten und als Alternativen aufgefasst werden (vgl. Fröhlich/Drever, [12]1979).
Konflikte zwischen Mitarbeitern können grundsätzlich in Intra- und Intergruppenkonflikte eingeteilt werden. Intragruppenkonflikte betreffen Gegensätze, die innerhalb von Mitarbeiterteams zwischen einzelnen Mitarbeitern, zwischen Teilgruppen des Teams oder zwischen Mitarbeitern und der Gruppenleitung stattfinden. Intergruppenkonflikte hingegen betreffen Auseinandersetzungen, die zwischen Gruppen stattfinden. Sie sind für Organisationen wie soziale Institutionen von besonderer Bedeutung (vgl. Rosenstiel u. a., [6]1986, S. 61). Prinzipiell können zwei große Ursachenbereiche beschrieben werden, die für die Entstehung von Teamkonflikten von Bedeutung sind. Einerseits entstehen Teamkonflikte aufgrund von Persönlichkeitseigenschaften einzelner oder mehrerer Mitarbeiter eines Teams. Hierzu zählen negative Selbstüberzeugungen, einseitige Hörgewohnheiten, Übertragungsphänomene etc. Andererseits bewirken gruppendynamische Prozesse Bedingungen, aus denen leicht nachhaltige Konflikte zwischen Mitarbeitern entstehen können. Diese Bedingungen, zu denen z. B. die Entwicklung eines Wir-Gefühls für die Kollegen der eigenen (Früh-)Schicht gehört, entstehen unabhängig von bestimmten Teammitgliedern. Sie entwickeln sich automatisch in fast jedem Team.

11.1.1 Persönlichkeitsmerkmale

Selbstwertgefühl

Die Kommunikation in einem Team wird durch Mitarbeiter, die ein negatives Selbstwertgefühl (vgl. Kapitel 4) besitzen, mitunter erheblich belastet. Sie betrachten ihre Teamkollegen häufig als Konkurrenten und fühlen sich von ihnen angegriffen. Offene und kongruente Gespräche kommen nur selten zustande. Konstruktive Kritik und wohlmeinende Anregungen werden als Angriffe erlebt und abgewehrt.

Hörgewohnheiten

Eng mit dem Selbstwertgefühl verbunden sind einseitige Hörgewohnheiten (vgl. Kapitel 3.3.3). Mitarbeiter, die ein negatives Selbstkonzept besitzen und sich selbst negativ bewerten, neigen dazu, die Äußerungen ihrer Teamkollegen selektiv wahrzunehmen (vgl. Kapitel 4.2.3). In diesem Zusammenhang spielt besonders das sog. Beziehungsohr eine entscheidende Rolle (vgl. Kapitel 3.1.3). Wenn es besonders stark ausgeprägt ist, verhindert es die Wahrnehmung von sachlichen Mitteilungen und vergrößert die Wahrscheinlichkeit von Missverständnissen und gegenseitigen Kränkungen (vgl. Kapitel 3.3).

Fantasien und Vorstellungen

Jeder Mensch besitzt Vorstellungen und Meinungen über seine Mitmenschen. Sie entstehen gewöhnlich aufgrund unsystematischer Einflüsse sowie zufälliger Erfahrungen. In der Regel werden sie nicht überprüft, bestimmen aber weitgehend unser Verhalten und unsere Wahrnehmung (vgl. Kapitel 5.2). Auch in einem Team bestehen sehr unterschiedliche Vorstellungen und Meinungen über Kollegen. Sie betreffen nicht nur individuelle Persönlichkeitsmerkmale, sondern auch Aufgaben, Kompetenzen und Verantwortlichkeiten. Missverständnisse und Konflikte entstehen häufig dadurch, dass gegenseitige Erwartungen nur selten ausdrücklich besprochen und ausgetauscht werden.

Übertragungsphänomene

In der Begegnung mit anderen Menschen entstehen gewöhnlich auch Gefühle und Gedanken, die zwar von den aktuellen Kommunikationspartnern ausgelöst werden, die ursprünglich aber nicht ihnen gelten. Sie gelten anderen Personen aus früheren Situationen (vgl. Kapitel 5.3). Viele Teamkonflikte entstehen aufgrund dieser Tatsache oder werden durch sie verschärft. Mitarbeiter übertragen unbewusst ihre Erfahrungen sowohl aus ihrem privaten Bereich als auch aus früheren Beschäftigungsverhältnissen auf die aktuelle Situation. Dieses führt dazu, dass sie Äußerungen oder Verhaltensweisen von Kollegen falsch interpretieren und auf sie unangemessen reagieren. Kränkungen und Auseinandersetzungen sind nahezu unausweichlich, zumal die Teamkollegen keine vernünftigen Erklärungsmöglichkeiten besitzen.

Angst vor Konflikten

Gelegentlich verzichten Mitarbeiter darauf, eigene Ansichten, Vorstellungen und Wünsche zu äußern. Sie befürchten, ihre Kollegen zu verletzen und so Konflikte zu provozieren. Der Wunsch nach Harmonie und Einigkeit ist manchmal so groß, dass Mitarbeiter auf eigene Einwände und Kritik verzichten und lieber Nachteile in Kauf nehmen statt Unstimmigkeiten oder Probleme anzusprechen. Auf diese Weise bleiben viele Missverständnisse, falsche Vorstellungen und Fantasien sowie Gerüchte bestehen (vgl. Kapitel 5). Sie werden nicht überprüft und bewirken, dass sich das Arbeitsklima im Team verschlechtert.

Unfähigkeit, Konflikte anzusprechen und sich mitzuteilen

Viele Mitarbeiter sind nicht in der Lage, Probleme, Schwierigkeiten, Kränkungen und Konflikte angemessen anzusprechen. Dieses liegt einerseits darin begründet, dass sie das Verhalten ihrer Kommunikationspartner als Ursache für ihre Gefühle und ihr eigenes Verhalten erleben (vgl. Kapitel 2.2) und/oder eigene problematische Einstellungen und Bewertungen (vgl. Kapitel 3.3) nur wenig beachten. Dieses führt dazu, dass sie Kritik häufig als Du-Botschaften äußern (vgl. Kapitel 3.3.1). Unstimmigkeiten oder Konflikte werden hierdurch nicht verringert, sondern verstärkt, sodass sie mitunter eskalieren (vgl. Kapitel 3.4). Andererseits sind viele Mitarbeiter nur wenig geübt, aktiv zuzuhören (vgl. Kapitel 6.3) oder Botschaften mit dem „Selbstoffenbarungsohr" aufzunehmen (vgl. Kapitel 3.2).

11.1.2 Gruppendynamische Prozesse

Unrepräsentativer Kontakt

Kommunikationsstörungen bzw. Konflikte zwischen Mitarbeitern entstehen u. a. dann, wenn zwischen dem Bild, das ein Mitarbeiter von sich selbst besitzt, und dem Bild, das Kollegen von ihm haben, eine erhebliche Differenz besteht (vgl. Kapitel 5.1). Die Ursachen hierfür können in einem unrepräsentativen Kontakt bestehen. Wenn ein Mitarbeiter z. B. bestimmte Aufgaben (zufällig) nicht wahrnimmt (z. B. die Erstellung von Berichten) oder nur zu bestimmten Zeiten (z. B. als Teilzeitkraft nur am Wochenende) arbeitet, dann besteht die Gefahr, dass er von seinen Kollegen anders eingeschätzt wird als er sich selbst sieht und auf die aus seiner Sicht ungerechtfertigten Einschätzungen mit Enttäuschung und Ärger reagiert.

Phasen der Teamentwicklung

Wenn sich ein Team neu bildet, dann durchlaufen die Mitglieder verschiedene Phasen, in denen unterschiedliche Themen wichtig werden und sehr verschiedene Prozesse ablaufen. Häufig werden die folgenden vier Phasen unterschieden: Orientierungsphase, Kampfphase um Macht und Kontrolle, Kooperationsphase und Integrationsphase.
Die Dauer der Phasen variiert. Sie ist abhängig von den Fähigkeiten und den Erfahrungen sowie der Bereitschaft der einzelnen Mitglieder zur Zusammenarbeit. Nicht alle Gruppen durchlaufen alle Phasen. Manche Teams schaffen es nicht, die zweite Phase zu überwinden. Während die Mitarbeiter sich in der Orientierungsphase kennenlernen,

Vorstellungen und Erwartungen austauschen, stellt die zweite Phase eine Zeit dar, in der die Teammitglieder um Macht und Einfluss ringen. Die Mitarbeiter ringen sowohl untereinander als auch mit der (Gruppen-)Leitung um den eigenen Standpunkt in der Gruppe. Verbündete suchen, zweckorientierte Allianzen bilden oder stillschweigende Verweigerung sind Strategien, mit denen Mitarbeiter versuchen, ihren Einfluss zu sichern. Wenn Teams die zweite Phase überwinden, nimmt ihre Bereitschaft zu, miteinander zu kooperieren.

Strukturelle Rahmenbedingungen

Viele Konflikte in einem Team entstehen aufgrund von strukturellen Bedingungen. Eine feste Einteilung des Mitarbeiterteams z. B. in Früh- und Spätschicht oder in zwei Schichten, die abwechselnd an den Wochenenden arbeiten, fördert die Entstehung von typischen Intergruppenkonflikten, die auch zwischen Teilgruppen stattfinden können.

Intergruppenkonflikte beginnen grundsätzlich zunächst mit der Wahrnehmung von Merkmalen, durch die sich Personen von anderen unterscheiden (z. B. Ausbildungs- und Tätigkeitsmerkmale, Berufskleidung, Zugehörigkeit zur Frühschicht). Sie beginnen sich als Gruppe wahrzunehmen und ein „Wir-Gefühl" für die eigene Gruppe (Eigengruppe, z. B. Frühschicht) zu entwickeln. Andere Personen (z. B. die Kollegen der Spätschicht) werden als Fremdgruppe wahrgenommen. Für sie entwickelt sich ein „Die-Gefühl". Die Wahrnehmung eines Unterscheidungsmerkmales bewirkt nicht nur, dass ein Wir-Gefühl entsteht, es werden auch beträchtliche Unterschiede zwischen Eigen- und Fremdgruppe wahrgenommen. Sie gehen alle in die Richtung: „Die Eigengruppe ist besser" (Herkner, 2001, S. 491). Die Mitglieder der „Eigengruppe" werden als intelligenter, ehrlicher, freundlicher, hilfsbereiter, aufgeschlossener und flexibler betrachtet als die Mitglieder anderer Gruppen, die häufig abgewertet und als minderwertig beurteilt werden.

> „Menschen sind geselliger und hilfsbereiter gegenüber jemandem, der einer von ‚uns' ist, selbst wenn es sich um einen Fremden handelt. Umgekehrt sind sie einem Mitglied der Gruppe der ‚anderen' gegenüber schneller bereit, negative Verhaltensweisen zu zeigen."
> (Zimbardo, [6]1995, S. 729)

Nahezu beliebige Reize können dabei zu Unterscheidungsmerkmalen werden. Minimale Unterschiede (z. B. Buttons, Autoaufkleber) können bereits die Begünstigung der Eigengruppe und die Benachteiligung der Fremdgruppe bewirken.

Intergruppenkonflikte in Mitarbeiterteams sind von besonderer Bedeutung, da sie einerseits relativ leicht entstehen. Andererseits erkennen Mitarbeiter nur selten, dass Intergruppenkonflikte nicht von Kollegen ausgehen, sondern durch gruppendynamische Bedingungen verursacht werden. Kommunikationspartnern der „Fremdgruppe" werden daher negative Attribute (z. B. Unfähigkeit, Ignoranz, Intoleranz, Egoismus, Besserwisserei) nahezu bedenkenlos zugeschrieben. Die Kränkungen, die aus diesen Zuschreibungen resultieren, münden nicht selten in tief greifenden Beziehungsstörungen (vgl. Kapitel 3.3.1), die dazu führen, dass die Zusammenarbeit in einem Team unmöglich wird.

11.2 Einige Konfliktlösungsstrategien

Konflikte, die nicht zur Zufriedenheit aller Beteiligten gelöst werden, sondern zur Niederlage einer Partei führen, stellen eine schwere Hypothek für die Zusammenarbeit dar. Sie sind Ausgangspunkte für zukünftige Konflikte. Auseinandersetzungen, in denen es bereits zu erheblichen gegenseitigen Kränkungen gekommen ist, sind nur schwer lösbar. Strategien, die geeignet sind, in einem Team mit Konflikten umzugehen, können grundsätzlich eingeteilt werden in präventive Maßnahmen und in Konfliktlösungsstrategien.

11.2.1 Präventive Maßnahmen

Konflikte können durch verschiedene Maßnahmen weitgehend vermieden werden. Die meisten dieser Maßnahmen dienen dazu, Vorstellungen und Fantasien, die über Kollegen bestehen (vgl. Kapitel 5.2), zu überprüfen und ggf. zu korrigieren. Es geht u. a. darum, Fremd- und Selbstbild (vgl. Kapitel 5.1) der Kommunikationspartner anzugleichen.

Rotation der Teammitarbeiter

Der Wechsel der Teammitglieder bei der Gestaltung des Dienstplanes sowie bei der Einteilung zu bestimmten Tätigkeiten (z. B. pflegerische oder hauswirtschaftliche Tätigkeiten, Repräsentation der Gruppe) vermindert das Risiko von Intergruppenkonflikten. Die Rotation der Mitarbeiter verhindert die Bildung von Teilgruppen im Team (z. B. Früh- und Spätschichten) und damit schädliche Auseinandersetzungen, die durch gruppendynamische Effekte entstehen können. Die Teammitarbeiter erhalten hierdurch die Möglichkeit, sich mit allen Kollegen auszutauschen sowie Vorstellungen und Ansichten zu überprüfen und ggf. zu verändern.

Regelmäßige Kommunikation und Information

Ein geplanter, regelmäßiger Austausch der Mitarbeiter über ihre Arbeit, d. h. über Aufgaben, Voraussetzungen, Ziele, Schwierigkeiten und Erfolge, kann dazu beitragen, dass Wahrnehmungsverzerrungen und gegenseitige Vorurteile verringert werden. Grundsätzlich sollten dabei auch die Fähigkeiten, Wünsche und Interessen der einzelnen Kollegen berücksichtigt werden (vgl. Feedback unten).

Anerkennung

Lob und Anerkennung sind Rückmeldungen, die sehr motivieren können und über die sich fast jeder freut. Es ist daher erstaunlich, dass viele Mitarbeiter das Verhalten und die Leistungen ihrer Teamkollegen als selbstverständlich hinnehmen und kaum würdigen. Dabei sind positive Rückmeldungen in besonderer Weise geeignet, Orientierung zu geben. Einerseits signalisieren sie, dass die Teamkollegen mit dem Verhalten eines Mitarbeiters einverstanden sind und es ggf. professionellen Kriterien entspricht. Andererseits verbessern Lob und Anerkennung die Beziehungen zwischen den Mitarbeitern.

11.2.2 Konfliktgespräche

Konflikte sollten frühzeitig angesprochen und geklärt werden. Verzögerungen bewirken, dass (weitere) Missverständnisse auftreten und/oder Mitarbeiter sich gegenseitig (weitere) Kränkungen zufügen. Viele Teammitglieder scheuen sich jedoch, ihre Sorgen und Ängste, ihren Unmut und Ärger anzusprechen. Sie befürchten, dass ihre Kollegen durch kritische Äußerungen verletzt werden könnten und/oder dass sie mit ihren Äußerungen zur Eskalation des Konfliktes beitragen.

Einige Konfliktlösungsstrategien

Gespräche im Anfangsstadium eines Teamkonfliktes

Konflikte, die sich im Anfangsstadium befinden, können manchmal mit einem geringen Aufwand gelöst werden. Sie beruhen häufig auf Missverständnissen, falschen Vorstellungen, Fantasien oder Unsicherheiten hinsichtlich der eigenen Rolle im Team. Solange die Beziehungen der Mitarbeiter zueinander noch unbelastet sind, können Erwartungen und Ansichten relativ leicht ausgetauscht werden. Häufig wissen Mitarbeiter jedoch nicht, wie sie ein klärendes Gespräch beginnen und führen können. Aufgrund eigener Erfahrungen befürchten sie häufig, dass eine Aussprache nur wenig zur Konfliktlösung beitragen und chaotisch verlaufen könnte. Die Ursachen hierfür sind u. a. darin zu sehen, dass Teamgespräche, in denen die Beziehungen zwischen Mitarbeitern geklärt werden sollen, mitunter ohne feste Gesprächsleitung und/ oder ohne inhaltliche Vorgaben stattfinden. Gegenseitige Beschuldigungen, Erklärungen, Beschreibungen, Analysen und Lösungsansätze wechseln sich daher im Gesprächsverlauf unsystematisch ab und hinterlassen ein verdrießliches Gefühl.

Feedback

Eine Möglichkeit, Missverständnisse, Fantasien und Unsicherheiten zu klären, besteht darin, von einem anderen Menschen zu erfahren, welche Wirkung die eigene Person und das eigene Verhalten auf ihn hat. Diese Rückmeldung bezeichnet man auch als Feedback.

> „Feedback hilft uns, uns selbst und die Umwelt realistisch wahrzunehmen. Ob das Feedback hilfreich ist oder schadet, hängt aber von der sprachlichen Form ab, von der Art und Weise, wie wir es ausdrücken."
> **(Schwäbisch/Siems, 1974, S. 64)**

Die folgenden Regeln sollten beachtet werden, wenn Teamkollegen sich Rückmeldung geben wollen oder einzelne Mitarbeiter Rückmeldungen von ihren Kollegen erhalten. Feedback sollte

- nur dann gegeben werden, wenn der andere es auch hören kann,
- konkret und ausführlich sein,
- sich auf ein bestimmtes Verhalten beziehen,
- den eigenen subjektiven Eindruck vermitteln,
- den anderen nicht analysieren,
- unmittelbar erfolgen,
- umkehrbar sein, d. h. es sollte für alle Beteiligten die Erlaubnis bestehen, wechselseitig Rückmeldungen zu geben,
- von einer Person nur dann angenommen werden, wenn sie dazu in der Lage ist,
- ruhig und abwartend aufgenommen werden; die Rückmeldung sollte zunächst verstanden werden, bevor „Richtig-" oder „Klarstellungen" erfolgen,
- darauf abzielen, Informationen zu vermitteln, und nicht, den anderen zu verändern.

Fragebögen

Teamkonflikte können u. a. mithilfe von Fragebögen systematisch bearbeitet werden. Jedes Teammitglied füllt hierzu zunächst seinen Fragebogen unabhängig von seinen Kollegen aus. Im Anschluss stellen alle Mitarbeiter reihum ihre Antworten zu den einzelnen Fragen vor. Die übrigen Kollegen hören zu und teilen direkt im Anschluss ihre Sichtweise mit. Wichtig ist, dass die Teammitarbeiter sich für die Beantwortung von Fragen oder für die Klärung von divergierenden Vorstellungen Zeit nehmen. Der Vorzug von Fragebögen, die in dieser Form ausgewertet werden, besteht darin, dass alle Mitarbeiter zu Wort kommen und wichtige Bereiche nicht vergessen werden.

Folgende oder ähnliche Aspekte sollten angesprochen werden:

Eigener Verantwortungsbereich

- aktueller Verantwortungsbereich („Ich bin zuständig für …")
- gewünschter Verantwortungsbereich („Ich möchte zuständig sein für …")

Verantwortungsbereiche der Mitarbeiter

- Bereich von Mitarbeiter 1 („Ich glaube, Mitarbeiter 1 ist verantwortlich für …")
- Bereich von Mitarbeiter 2 („Ich glaube, Mitarbeiter 2 ist verantwortlich für …")
- …

Fähigkeiten und Ressourcen

- Selbstwahrnehmung eigener Fähigkeiten und Ressourcen, die man in die Arbeit einbringen möchte („Ich glaube, folgende Dinge gut zu beherrschen …", „Ich möchte folgende Kenntnisse/Fähigkeiten in die Arbeit einbringen …")
- Fremdwahrnehmung eigener Fähigkeiten und Ressourcen, die man in die Arbeit einbringen möchte („Ich glaube, dass meine Kollegen glauben, dass ich folgende Dinge gut beherrsche …," „Ich glaube, dass meine Kollegen glauben, dass ich folgende Kenntnisse/Fähigkeiten in die Arbeit einbringen möchte …")
- Selbstwahrnehmung eigener Ängste und Probleme („Folgende Dinge/Aufgaben bereiten mir Probleme und/oder lösen Ängste aus …")
- Fremdwahrnehmung eigener Ängste und Probleme („Ich glaube, dass meine Kollegen glauben, dass folgende Dinge/Aufgaben mir Probleme bereiten und bei mir Ängste auslösen …")
- Hilfe („Ich wünsche/brauche bei folgenden Aufgaben/Dingen noch Hilfe bzw. Unterstützung …")

Unzufriedenheit/Befürchtungen

- Selbstwahrnehmung („Mit folgenden Dingen bin ich unzufrieden …")
- Fremdwahrnehmung („Ich glaube, dass meine Kollegen mit folgenden Dingen nicht zufrieden sind …")

Akzeptanz/Zustimmung

- Selbstwahrnehmung („Mit folgenden Dingen bin ich zufrieden ...", „An meinen Kollegen schätze ich besonders ...")
- Fremdwahrnehmung („Ich glaube, dass meine Kollegen mit folgenden Dingen besonders zufrieden sind ...", „Ich glaube, meine Kollegen schätzen an mir besonders ...")

Wünsche

- aktuelle Wünsche („Im Moment wünsche ich mir von meinen Teamkollegen Folgendes ...")
- Wünsche für die Zukunft („Für die Zukunft wünsche ich mir ...")

Gespräche in einem fortgeschrittenen Konfliktstadium

Teamkonflikte sind fast immer Konflikte auf der Beziehungsebene (vgl. Kapitel 3.3). Die meisten Mitarbeiter sind zwar um eine vorurteilsfreie und sachliche Auseinandersetzung bemüht, Sachlichkeit kann aber einem Team nicht verschrieben oder aufgezwungen werden. Appelle wie „Das gehört nicht hierher" oder „Lassen Sie uns sachlich bleiben" helfen nicht weiter. Sie bewirken eher eine Zuspitzung des Konflikts, da sie negative Beziehungsbotschaften enthalten („Sie sind unfähig zu erkennen, was hierher gehört" bzw. „Sie sind unsachlich"). Teamgespräche,

Hägar, Ohne Furcht und Tadel

die von unsachlichen Äußerungen und kränkenden Bemerkungen durchdrungen sind, sollten alsbald beendet werden. Sach- und Beziehungsebene (vgl. Kapitel 3) sind so stark miteinander verwoben, dass sachliche Aussagen kaum noch möglich sind. Egal, was die Gesprächsteilnehmer sagen, es wird als Beziehungsmanöver wahrgenommen (vgl. Kapitel 2.1) und/oder als Angriff erlebt. Ein konstruktiver Meinungsaustausch wird nahezu unmöglich.

Ein Teamkonflikt kann nur dann gelöst werden, wenn alle Mitarbeiter bereit sind, darauf zu vertrauen, dass jeder von ihnen den Konflikt so lösen will, dass niemand übervorteilt wird. Wenn diese Bereitschaft gegeben ist, müssen die Mitarbeiter zunächst die Basis für eine verständnisvolle Kommunikation wieder herstellen. Dieses kann sowohl durch aktives Zuhören (vgl. Kapitel 6.4) als auch mithilfe des sog. Hilfssatzes (vgl. Kapitel 3.4) geschehen. Die Mitarbeiter sollten ihre Konflikte nicht länger mithilfe von Sachargumenten austragen. Sie sollten ihre vermeintlichen Auseinandersetzungen auf der Sachebene beenden und explizite (Ich-)Botschaften auf der Selbstoffenbarungsebene senden. Aussagen über Teamkollegen (Du-Botschaften) sollten sie hingegen vermeiden (vgl. Kapitel 3.3.1). In diesem Zusammenhang ist es von besonderer Bedeutung, dass die Mitarbeiter ihre Wahrnehmungen, Bewertungen und Gefühle als ihre eigenen erkennen (vgl. Kapitel 3.3.1) und als solche darstellen. Wenn dieses gelingt, können weitere Schritte unternommen werden, um eine vertrauensvolle Zusammenarbeit gezielt aufzubauen. Um ihre Konflikte zu lösen, Missverständnisse und Kränkungen anzusprechen, benötigen Mitarbeiterteams mitunter die Hilfe von externen Kräften wie Teamberatern oder Supervisoren. Sie sollen helfen, die notwendige „Übersetzungsarbeit" zu leisten.

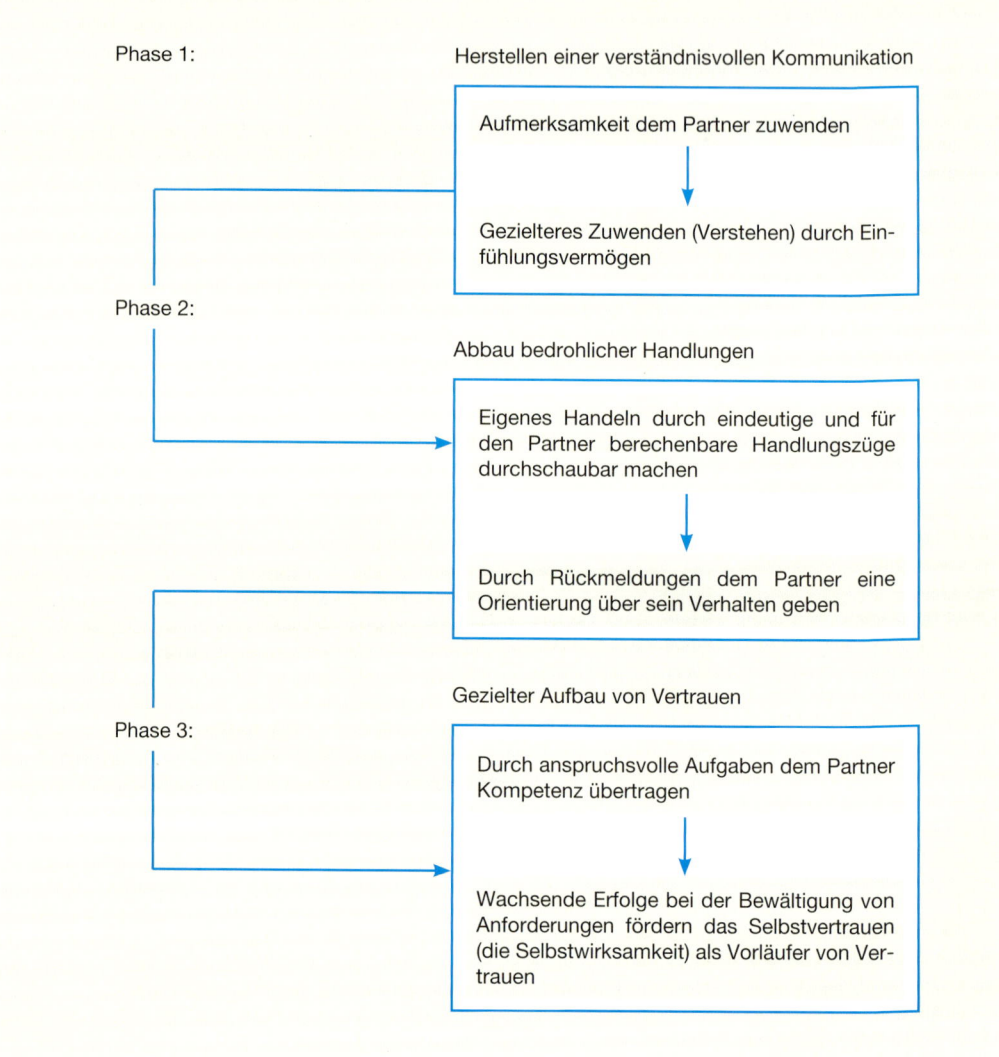

Drei-Phasen-Modell des Vertrauensaufbaus (Berger u. a., 1999, S. 85)

12 Rollenspiele zur Einübung der Gesprächsmethoden

Im Folgenden werden Rollenspiele wiedergegeben, die geeignet sind, die in den vorangegangenen Kapiteln beschriebenen Gesprächsmethoden einzuüben. Die Rollenspiele sind so angelegt, dass sie neben den verschiedenen Gesprächsmethoden unterschiedliche alltägliche Situationen, Sozialformen und Schwierigkeitsgrade berücksichtigen:

Gesprächsmethoden:

1. Aktives Zuhören
2. Sokratischer Dialog
3. Deeskalationsstrategien/Hilfssatz

Kontext/Situationen:

1. Kindergarten/Kindertagesstätte
2. Kinderheim
3. Schule
4. Wohnheim für Menschen mit geistiger Behinderung

Sozialformen:

1. Einzelgespräche mit Klienten (z. B. Kinder und Jugendliche)
2. Gruppengespräche mit mehreren Klienten (z. B. Elterngespräche)
3. Gruppengespräche mit Arbeitskollegen (z. B. Teamgespräche)

Schwierigkeitsgrade:

1. Informationsgespräche
2. Beratungsgespräche (z. B. mit Eltern)
3. Reflexionsgespräche (z. B. mit Jugendlichen)
4. Konfliktgespräche (z. B. Teamgespräche, Gespräche mit Eltern)

Alle Rollenspiele basieren auf typischen Alltagssituationen, die sich tatsächlich ereignet haben und die sich Professionellen in unterschiedlichen Variationen immer wieder stellen. Je nach Situation, Schwierigkeitsgrad und Vorerfahrungen der Teilnehmer können diese Situationen Erinnerungen und Gefühle auslösen. Die Erfahrungen, die die Teilnehmer während der Rollenspiele machen, sollten daher anschließend reflektiert und ausgewertet werden. Hierdurch besteht zusätzlich die Chance, eigene problematische bzw. hinderliche Haltungen sowie automatisierte Reaktionen, die nahezu reflexartig ablaufen, zu erkennen und ggf. zu verändern.

Grundsätzlich ist für alle Rollenspiele zu beachten: **Rollenspiele sind Spiele; die Gefühle, die auftreten, sind jedoch echt.** Die Gefühle haben ihren Ursprung in den Vorerfahrungen, Überzeugungen, Annahmen, Werturteilen etc. der Teilnehmer, sie gehören aber zum Rollenspiel; sie sind nicht Ausdruck der persönlichen Beziehungen zwischen den Teilnehmern. Die Rollenspielteilnehmer sollten dieses beachten und je nach Situation vorsichtig miteinander umgehen.

In diesem Zusammenhang sollte auch berücksichtigt werden, dass für jedes Rollenpiel ein **Rollenspielleiter** sowie mindestens zwei **Beobachter** benannt werden sollten. Im Wesentlichen besitzt der Rollenspielleiter die Aufgabe, durch seine Vorgaben (Einleitung, Unterbrechung und Beendigung des Rollenspiels) sowie durch die spätere Gesprächsleitung während des Reflexionsgespräches nach dem Rollenspiel den Rollenspielern hilfreich zur Seite zu stehen und so zwischen Spiel- und Metaebene zu trennen. Die Beobachter haben die Aufgabe, positive Rückmeldungen zu förderlichen Verhaltensweisen der Teilnehmer zu geben (d. h., die Beobachter sollen ausschließlich Verhaltensweisen beschreiben, die förderlich für den Gesprächsverlauf waren).

Rollenspiele zur Einübung der Gesprächsmethoden | Kapitel 12

Folgende Fragen/Aspekte können bei der Auswertung der Rollenspiele behilflich sein. Sie sollten den Rollenspielern zunächst reihum gestellt werden, bevor die Beobachter zu Wort kommen, um ihre Rückmeldungen zu geben:

- Wie hast du dich in deiner Rolle gefühlt? Was ist dir leicht gefallen, was weniger leicht?
- Kennst du solche oder ähnliche Situationen? Hast du eine solche oder ähnliche Situation bereits erlebt?
- Was ist aus deiner Sicht gut gelaufen?
- Womit warst du weniger einverstanden?
- Ist es dir gelungen, die beabsichtigte Gesprächstechnik einzusetzen?
- Was ist dir schwergefallen? Was leicht?
- Wie möchtest du dich zukünftig in solchen oder ähnlichen Situationen verhalten?

Bitte beachten Sie:
Die vorliegenden Rollenspiele sind für die übenden Teilnehmer Simulationen. Um dennoch Situationen zu erhalten, die realitätsnah sind, sollten sich die Rollenspieler nicht vorab über ihre (unterschiedlichen) Rollenspielanweisungen austauschen. Einzelne Rollenspielanweisungen enthalten – wie es in vielen alltäglichen Situationen der Fall ist – für die Gesprächspartner überraschende Wendungen.

Um den Spannungsbogen nicht durch versehentliches Lesen „fremder" Rollenspielanweisungen zu gefährden, werden die Anweisungen nicht für alle Rollenspiele zusammenhängend wiedergeben, sondern auf verschiedenen Seiten getrennt dargestellt (Rollenanweisungen der Gesprächspartner 1 ab Seite 146, Rollenspielanweisungen der entgegenstehenden Gesprächspartner 2 ab S. 157). Darüber hinaus werden für einzelne Rollen alternative Rollenspielanweisungen beschrieben, die die Teilnehmer ggf. selbst auswählen können.

Anhand der Überschriften/Markierungen (z. B. A.1.) ist erkennbar, welche Anweisungen zu welchem Rollenspiel gehören:

A – Gespräche in Kindertagesstätten/Elterngespräche
B – Gespräche in Kinder- bzw. Erziehungsheimen
C – Teamgespräche/Konfliktgespräche
D – Gespräche in Einrichtungen der Behindertenhilfe/Elterngespräche

Zu jedem Rollenspiel erfolgt ein kurzer Hinweis. Er enthält Informationen über die Anzahl der Rollenspieler, das Ziel des Rollenspiels, den Kontext, den Schwierigkeitsgrad sowie Hinweise auf Besonderheiten.

A.1 Rollenspiel: Aufnahme in den Kindergarten/ Swen, 3 Jahre

Anzahl der Rollenspieler:	(2) Mutter, Erzieherin
Ziel des Rollenspiels:	Anwendung des aktiven Zuhörens
Kontext:	Gespräch im Kindergarten
Schwierigkeitsgrad:	Informationsgespräch/Beratungsgespräch
Besonderheiten:	Je nach gewählter Alternative kann aus dem Informationsgespräch auch ein intensives Beratungsgespräch werden, in dem sehr persönliche Lebenserfahrungen der Mutter zur Sprache kommen.

Erzieherin:
Sie sind Leiterin eines Kindergartens. Die Mutter eines dreijährigen Jungen (Swen) hat sich zum Gespräch angemeldet, da sie ihren Sohn in den Kindergarten geben möchte. Sie ist sich jedoch noch unschlüssig.

> **Anweisung:** Versuchen Sie aktiv zuzuhören und das Anliegen der Mutter zu erfassen.

A.2 Rollenspiel: Verhaltensauffälligkeiten/Jan, 3 Jahre

Anzahl der Rollenspieler:	(3) Mutter, Erzieherinnen
Ziel des Rollenspiels:	Anwendung des aktiven Zuhörens/ggf. des Hilfssatzes
Kontext:	Gespräch im Kindergarten
Schwierigkeitsgrad:	Reflexionsgespräch/Konfliktgespräch
Besonderheiten:	Je nach gewählter Alternative kann aus dem Reflexionsgespräch ein Konfliktgespräch werden. Besonders Berufsanfänger/-innen hoffen oftmals einen „günstigen" Gesprächseinstieg zu finden. Sie versuchen vergleichbare Situationen im Alltag der Familie zu nutzen, um Probleme ansprechen zu können. Das kann dazu führen, dass sie den „richtigen" Zeitpunkt verpassen und Informationen im Gesprächsverlauf zu spät weitergeben, sodass sich die betreffende Mutter nicht ernst genommen fühlt und das Gespräch eskaliert. Das Rollenspiel ist geeignet, den Umgang mit derartigen Situationen zu üben.

Erzieherinnen (zwei):

Sie sind die beiden Erzieherinnen in einer Kindergartengruppe mit 25 Kindern. Sie haben die Mutter des dreijährigen Jan zum Gespräch eingeladen, da er nachhaltig den Tagesablauf in der Gruppe stört. Jan, der seit drei Monaten den Kindergarten besucht, ist sehr sprunghaft; er wechselt ständig seine Vorstellungen, Ideen und Wünsche. Dies geschieht oftmals so schnell, dass viele Kinder mittlerweile keine Lust mehr haben, mit ihm zu spielen. Jan möchte zudem immer im Mittelpunkt stehen. Wenn er die Aufmerksamkeit und Zuwendung der anderen Kinder nicht erhält, provoziert er Streit und Auseinandersetzungen. Es vergeht kaum ein Tag, an dem Jan die Gruppe nicht „durcheinanderbringt".

> Sie haben den Eindruck gewonnen, dass Jan möglicherweise hyperaktiv ist (ADHS), und glauben, dass seine Mutter ihn untersuchen lassen sollte (fachärztliche und/oder psychologische Untersuchung). Versuchen Sie Jans Mutter von einer fachärztlichen Untersuchung zu überzeugen. Hören Sie ihr aktiv zu und teilen Sie ihr mit, dass Jan massive Verhaltensauffälligkeiten zeigt, gegen die etwas unternommen werden muss.

A.3 Rollenspiel: Schmutzige Kleidung/Beate, 4 Jahre

Anzahl der Rollenspieler:	(3) Mutter, Erzieherinnen
Kontext:	Gespräch im Kindergarten
Ziel des Rollenspiels:	Anwendung von Ich-Botschaften bzw. des Hilfssatzes
Schwierigkeitsgrad:	Konfliktgespräch
Besonderheiten:	Je nach gewählter Alternative und Verlauf des Gespräches kann aus dem Sachkonflikt ein Beziehungskonflikt werden. In der Praxis sprechen Mitarbeiter/-innen negative Gefühle (z. B. Ärger) ihrer Gesprächspartner oftmals nicht an. Statt sie zu thematisieren, argumentieren sie auf der Sachebene und bestreiten ggf. ihre Mitverantwortung für ungünstige Ereignisse. Die Wahrscheinlichkeit wächst hierdurch, dass ein bestehender Konflikt eskaliert. Das Rollenspiel ist geeignet, den Umgang derartiger Situationen zu üben.

Erzieherin/Gruppenleitung:

Sie sind die neue Gruppenleiterin der Kindergartengruppe. Sie haben vor wenigen Wochen Ihren Dienst angetreten und sind bemüht, die Kinder und Eltern Ihrer Gruppe kennenzulernen. Die Mutter der vierjähren Beate, die seit einem halben Jahr den Kindergarten besucht, hat sich zum Gespräch angemeldet. Sie will mit Ihnen über den Anorak ihrer Tochter sprechen, denn Beate sei vor zwei Tagen weinend mit dem völlig verdeckten Anorak aus dem Kindergarten gekommen. Da Sie neu sind und die Mutter noch nicht kennen, haben Sie Ihre Kollegin gebeten, an dem Gespräch teilzunehmen.

> Hören Sie aktiv zu und versuchen Sie das Problem und gleichzeitig die Wünsche der Mutter zu erfassen. Versuchen Sie eine Eskalation des Konfliktes mithilfe von Ich-Botschaften oder des Hilfssatzes zu vermeiden.

Erzieherin/Zweitkraft:

Sie sind auf eigenen Wunsch mit 19,5 Std. als Zweitkraft in einem Kindergarten angestellt. Die Gruppenleitung Ihrer Gruppe wurde vor wenigen Wochen neu besetzt. Die neue Gruppenleiterin, die sich noch einarbeiten muss, hat Sie gebeten, an einem Gespräch mit der Mutter der vierjährigen Beate teilzunehmen. Die Mutter hatte sich zum Gespräch angemeldet, da ihre Tochter vor wenigen Tagen mit einem total verschmutzten Anorak aus dem Kindergarten gekommen sei.

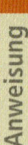

Anweisung: Unterstützen Sie Ihre Kollegin indem Sie versuchen, eine Eskalation des Konfliktes zu vermeiden. Hören Sie aktiv zu.

B.1 Rollenspiel: Verspätung/Daniel, 17 Jahre

Anzahl der Rollenspieler: (2) Erzieher, Jugendlicher
Kontext: Kinderheim/Lehrlingsgruppe
Ziel des Rollenspiels: Anwendung des aktiven Zuhörens, ggf. des Hilfssatzes
Schwierigkeitsgrad: Konfliktgespräch
Besonderheiten: Je nach gewählter Alternative und Verlauf des Gespräches kann aus dem Sachkonflikt ein Beziehungskonflikt entstehen. Das Rollenspiel ist auch geeignet, die Bedeutung eigener Vorurteile und Annahmen zu erkennen.

Erzieher (Herr Müller):

Sie sind Herr Müller, der neue Erzieher der Lehrlingsgruppe eines Kinderheimes. Hier leben sieben Jugendliche und junge Erwachsene im Alter von 16 bis 17 Jahren.

Es ist Samstagabend. Sie warten auf Daniel. Er ist der älteste Jugendliche der Gruppe. Er ist auf einer Party eingeladen und soll gegen 23:00 Uhr zurück sein.

Ihre Kollegen haben Sie gewarnt, Daniel sei sehr unzuverlässig. Zeitvorgaben halte er nicht ein. Wenn man nicht konsequent sei, dann nutze er das aus und mache, was er wolle. Er komme häufig von Partys erst gegen 2:00 Uhr morgens zurück. Gelegentlich sei er dann angetrunken.

Obwohl Daniel Ihnen sein Ehrenwort gegeben hat, rechtzeitig zurückzusein, kehrt er erst um Mitternacht in die Wohngruppe zurück. Sie haben lange gewartet und sind müde.

Anweisung: Sprechen Sie mit Daniel und finden Sie heraus, weshalb er sich wieder einmal verspätet hat. Hören Sie ihm aktiv zu.

B.2 Rollenspiel: Eingeworfene Fensterscheibe/ Fritz, 14 Jahre

Anzahl der Rollenspieler: (2) Gruppenleiter im Kinderheim, Jugendlicher (14 Jahre)
Kontext: Kinderheim/Wohngruppe
Ziel des Rollenspiels: Anwendung des aktiven Zuhörens
Schwierigkeitsgrad: Konfliktgespräch
Besonderheiten: Je nach Verlauf des Gespräches kann aus dem Sachkonflikt ein Beziehungskonflikt entstehen. Das Rollenspiel ist auch geeignet, die Bedeutung eigener Vorurteile und Annahmen zu erkennen.

Rollenspiele zur Einübung der Gesprächsmethoden | Kapitel 12

Gruppenleiter:

Sie sind Gruppenleiter in einem Heim, in dem Kinder und Jugendliche im Alter von sechs bis 15 Jahren leben. Als Sie zum Dienst kommen, wird Ihnen von einer Kollegin berichtet, dass Fritz (14 Jahre) am Vortag aus Wut eine Fensterscheibe eingeworfen habe. Anschließend habe er sich mit Jürgen (zwölf Jahre) fürchterlich gestritten und geprügelt. Sie wollen von Fritz wissen, warum er sich so ungehörig benommen hat. Sie glauben, dass seine Aggressivität etwas mit seiner familiären Vorgeschichte zu tun hat. Sie wollen Fritz u.a. auf seine Probleme ansprechen. Jetzt sitzen Sie mit Fritz im Dienstzimmer der Wohngruppe.

> **Anweisung**
>
> *Hören Sie aktiv zu. Begegnen Sie dem Jungen (trotz der schwierigen Situation) mit einem hohen Maß an Aufmerksamkeit und Akzeptanz.*

B.3 Rollenspiel: Bewerbung/Patrick, 17 Jahre

Anzahl der Rollenspieler: (3) Sozialpädagoge, Mitarbeiterin des Jugendamtes, Jugendlicher (17 Jahre)
Kontext: Kinderheim/Wohngruppe
Ziel des Rollenspiels: Anwendung des Sokratischen Dialogs/des aktiven Zuhörens
Schwierigkeitsgrad: Beratungsgespräch/Reflexionsgespräch
Besonderheiten: Die Reflexion irrationaler oder sich widersprechender Ziele sowie die Erarbeitung angemessener Ziele sind oftmals der erste Schritt, eine Verhaltensänderung zu bewirken. Mithilfe des Rollenspiels kann dieses anhand eines Sachkonfliktes geübt werden.

Sozialpädagoge (Herr Jürgens):

Sie sind Herr Jürgens, ein Sozialpädagoge, der seit zwei Jahren in einer Wohngruppe eines Kinderheimes gemeinsam mit einem Kollegen und zwei Kolleginnen neun Jugendliche (im Alter von zwölf bis 17 Jahren) betreut.

Patrick, einer der Jugendlichen, wohnt seit vier Jahren in der Wohngruppe. Patrick hat den Abschluss der Realschule erreicht und möchte Kraftfahrzeugmechatroniker werden. Im letzten **Hilfeplangespräch**, an dem Frau Möller, die Sozialarbeiterin vom Jugendamt, und Patricks Mutter teilnahmen, wurde vereinbart, dass Patrick sich um einen Ausbildungsplatz bewerben sollte. Die Chance, einen Ausbildungsplatz zu erhalten, wurde als realistisch eingeschätzt.

Nachdem Patrick **fünf Absagen** erhalten hat, ist er deprimiert und durch nichts mehr zu bewegen, sich erneut zu bewerben. Sie haben **Frau Möller** zu einem gemeinsamen Gespräch eingeladen, um mit Patrick eine Lösung zu finden. Sie sitzen nun zusammen.

> **Anweisung**
>
> *Versuchen Sie im Gespräch herauszufinden, weshalb Patrick sich nicht mehr bewirbt. Versuchen Sie ferner, Patrick davon zu überzeugen, dass er sich weiter bewerben muss. Nutzen Sie hierzu den Sokratischen Dialog. Ermitteln Sie Patricks Ziele und zeigen Sie mithilfe des Vier-Felder-Schemas kurz- und langfristige Konsequenzen seines Verhaltens auf.*

Sozialarbeiterin des Jugendamtes (Frau Möller):

Sie sind **Frau Möller**, die zuständige Sozialarbeiterin für den 17-jährigen Patrick, der in wenigen Wochen volljährig wird. Patrick wohnt seit vier Jahren in einer Wohngruppe eines Kinderheimes mit acht anderen Jugendlichen im Alter von 15 bis 17 Jahren zusammen. Sie sind auf Einladung der Mitarbeiter der Wohngruppe zur Einrichtung gefahren, um mit Patrick zu sprechen. Patrick hat den Abschluss der Realschule erreicht und möchte Kraftfahrzeugmechatroniker werden. Im letzten Hilfeplangespräch, an dem die Mitarbeiter der Wohngruppe und Patricks Mutter teilnahmen, wurde mit Patrick vereinbart, dass er sich um einen Ausbildungsplatz bewerben sollte. Die Chance, einen Ausbildungsplatz zu erhalten, wurde von allen Beteiligten als realistisch eingeschätzt.

Patrick hat jedoch einige Absagen erhalten und seine Bemühungen eingestellt, einen Ausbildungsplatz zu bekommen. Er ist deprimiert und lässt sich von den Mitarbeitern nicht mehr motivieren. Herr Jürgens, ein Mitarbeiter der Wohngruppe, hat sich vor einigen Tagen bei Ihnen gemeldet und um ein gemeinsames Gespräch mit Patrick gebeten. Sie sitzen nun zusammen.

> **Anweisung:** Versuchen Sie im Gespräch herauszufinden, weshalb Patrick sich nicht mehr bewirbt. Versuchen Sie Patrick mithilfe des **Sokratischen Dialogs** davon zu überzeugen, sich weiterhin zu bewerben. Machen Sie deutlich, dass er sich um einen Ausbildungsplatz bemühen muss, und zeigen Sie ihm auf, dass die Hilfen des Jugendamtes zeitlich begrenzt sind und irgendwann enden werden.

B.4 Rollenspiel: Zahnschmerzen/Gerd, 17 Jahre

Anzahl der Rollenspieler: (2) Erzieherin, Jugendlicher (17 Jahre)
Kontext: Kinderheim/Wohngruppe
Ziel des Rollenspiels: Anwendung des Sokratischen Dialogs/des aktiven Zuhörens
Schwierigkeitsgrad: Beratungsgespräch
Besonderheiten: Die Reflexion und Erarbeitung angemessener Ziele sollen in diesem Rollenspiel als Voraussetzungen für eine Verhaltensänderung geübt werden.

Erzieherin:

Sie sind Erzieherin in einem Heim. Gerd, ein 17-jähriger Jugendlicher, hat Zahnschmerzen. Er ist seit längerer Zeit nicht mehr zum Zahnarzt gegangen, da er Angst vor einer Behandlung hat. Der Jugendliche möchte von Ihnen eine Schmerztablette haben.

> **Anweisung:** Wenden Sie den Sokratischen Dialog an und versuchen Sie Gerd davon zu überzeugen, dass ein Zahnarztbesuch sinnvoller ist als eine Schmerztablette zu nehmen. Überzeugen Sie ihn davon, zum Zahnarzt zu gehen.

B.5 Rollenspiel: Schulwechsel/Dennis, 15 Jahre

Anzahl der Rollenspieler: (2) Erzieherin, Jugendlicher (15 Jahre)
Kontext: Kinderheim/Wohngruppe
Ziel des Rollenspiels: Anwendung des Sokratischen Dialogs/des aktiven Zuhörens
Schwierigkeitsgrad: Reflexionsgespräch/Konfliktgespräch
Besonderheiten: Die Reflexion und Erarbeitung angemessener Ziele sollen in diesem Rollenspiel als Voraussetzungen für eine Verhaltensänderung geübt werden.

Erzieherin (Frau Gramberg):

Sie sind Frau Gramberg, Mitarbeiterin in einer Heimgruppe, in der Dennis (15 Jahre) lebt. Dennis besucht zurzeit die dem Heim angeschlossene Förderschule mit dem Schwerpunkt „Emotionale und soziale Entwicklung". Dennis möchte die Schule wechseln und die Hauptschule im Dorf besuchen. Dennis fällt es aber schwer, sich auf den Unterricht zu konzentrieren und sich gegenüber Mitschülern und Lehrern angemessen zu verhalten. Immer wieder kommt es zu Situationen, in denen Dennis seine langfristigen Ziele vergisst und kurzfristigen Impulsen nachgibt, die häufig aus frustrierenden Situationen resultieren; Dennis ist nur begrenzt in der Lage, angemessen mit Frustrationen umzugehen. Heute Morgen hat seine Lehrerin kurzfristig den Unterricht umgestellt. Dennis hat sich darüber so sehr aufgeregt, dass er seine Lehrerin und Mitschüler beleidigte und deshalb vom Unterricht ausgeschlossen wurde.

Sie wollen mit Dennis sprechen und mit ihm die kurz- und langfristigen Konsequenzen seines problematischen Verhaltens erörtern. Sie wollen darüber hinaus mit Dennis Verhaltensalternativen besprechen und ggf. einüben, die er dann in problematischen Situationen anwenden kann.

> **Anweisung**
>
> Wenden Sie den Sokratischen Dialog an; versuchen Sie Dennis davon zu überzeugen, dass sein auffälliges Verhalten nicht geeignet ist, um sein Ziel, die Schule zu wechseln, zu erreichen.
>
> Ermitteln Sie seine „offiziellen" und „impliziten" Ziele (z. B. „Schulwechsel" vs. „Unterricht darf nicht frustrierend sein") und erörtern Sie mithilfe des **Vier-Felder-Schemas** die kurz- und langfristigen Konsequenzen seines Verhaltens.

B.6 Rollenspiel: Konflikte mit der Mutter/ Alexander, zehn Jahre

Anzahl der Rollenspieler:	(2) Sozialpädagoge, Kind (zehn Jahre)
Kontext:	Kinderheim/Wohngruppe
Ziel des Rollenspiels:	Anwendung des Sokratischen Dialogs/des aktiven Zuhörens
Schwierigkeitsgrad:	Reflexionsgespräch/Konfliktgespräch
Besonderheiten:	Die Reflexion unangemessener und die Formulierung angemessener Ziele als Voraussetzungen für eine Krisenintervention sollen in diesem Rollenspiel geübt werden.

Sozialpädagoge (Herr Jansen):

Sie sind Herr Jansen, ein Sozialpädagoge, der seit zwei Jahren in einer Wohngruppe eines Kinderheimes gemeinsam mit einem Kollegen und zwei Kolleginnen acht Kinder und Jugendliche im Altern von acht bis 16 Jahren betreut. Sie **sind alleine** im Dienst.

Gegen **20:30 Uhr** ist die neue **Praktikantin** nach Hause gefahren, nachdem sie mit Alexander gesprochen hatte. Alexander ist zehn Jahre und lebt seit einem halben Jahr in der Wohngruppe. Am kommenden Wochenende möchte Alexander seine Mutter (30 Jahre) besuchen, die nach der Scheidung von ihrem Mann alleine lebt. Alexander ist Einzelkind und wurde auf Veranlassung seiner Mutter ins Heim eingewiesen. Seine Mutter war mit der Erziehung von Alexander überfordert. Er schwänzte den Schulbesuch und fiel bei mehreren Ladendiebstählen auf.

Seit dem Gespräch mit der Praktikantin verhält er sich mürrisch und nutzt jede Gelegenheit aus, die anderen Kinder zu beleidigen oder zu bedrohen. Er ist der Meinung, dass die anderen Kinder es viel besser hätten als er. Auch die Erzieher verhielten sich ihm gegenüber ungerecht. Er droht damit, die Gruppe zu verlassen und zu seiner Mutter zu fahren. Es ist **nun 22:00 Uhr** und Sie haben Alexander aufgefordert, mit Ihnen zu sprechen.

> **Anweisung**
>
> Versuchen Sie im Gespräch herauszufinden, was passiert ist, und finden Sie eine Lösung. Nutzen Sie zur Krisenintervention sowohl die Möglichkeiten des **aktiven Zuhörens** als auch die **Methoden des Sokratischen Dialogs**.

C.1 Rollenspiel: Planung Ferienfreizeit an der Nordsee

Anzahl der Rollenspieler:	(4) Sozialpädagogen
Kontext:	Teamgespräch/Kinderheim/Wohngruppe
Ziel des Rollenspiels:	Anwendung von Deeskalationsstrategien/Anwendung des Hilfssatzes
Schwierigkeitsgrad:	Konfliktgespräch
Besonderheiten:	Viele Konflikte entstehen, da Mitarbeiter ihre Vorstellungen nicht angemessen kommunizieren. Annahmen und Vermutungen werden nicht geäußert, sondern auf den Gesprächspartner projiziert, als „Wirklichkeit" angesehen und aufgefasst. Das Rollenspiel kann dieses eindrucksvoll vermitteln. Darüber hinaus kann das Rollenspiel auch die Bedeutung und Wirkung von Intergruppenkonflikten verdeutlichen.

Sozialpädagogin (Frau Leenen):

Sie sind Frau Leenen, 24 Jahre alt und Berufsanfängerin. Sie arbeiten als Sozialpädagogin in einer Außenwohngruppe. In Ihrer Gruppe leben neun Jugendliche im Alter von 14 bis 18 Jahren. In Ihrem Team, dem Sie als jüngstes Mitglied angehören, arbeiten neben einer jüngeren Erzieherin (27 Jahre) noch eine ältere Kollegin (45 Jahre) und ein älterer Kollege (56 Jahre), der die Gruppenleitung wahrnimmt. Sie sind mit vielen Ideen und guten Vorsätzen von der Fachhochschule gekommen und haben versucht, diese umzusetzen. Sie sind jedoch immer wieder von Ihren älteren Kollegen ausgebremst worden. Viele Vorschläge, die Sie gemacht haben, sind von Ihren Kollegen mit dem Hinweis auf ungünstige Dienstzeiten, auf Ihre mangelnde Erfahrung mit den Jugendlichen, mit der fehlenden Zustimmung der Heimleitung etc. boykottiert worden.

Heute sitzen Sie im Team zusammen, um die Sommerferien zu planen. Während Ihre Kollegen nur Tagesausflüge machen wollen, möchten Sie mit den Jugendlichen zur Nordsee fahren. Dies kann jedoch nur gelingen, wenn alle Kollegen mitfahren und sich über die anfallenden Überstunden einigen können.

> **Anweisung**
>
> Versuchen Sie Ihre Ideen und Anregungen so einzubringen, dass die Kollegen zustimmen können. Achten Sie auf Ihre Gefühle. Wenn Sie sich gekränkt fühlen, dann versuchen Sie die Kränkung mithilfe des 3er-Schrittes zu formulieren und Ihrem Gegenüber mitzuteilen. Nutzen Sie hierzu den **Hilfssatz**.

Erzieherin (Frau Fries):

Sie sind Frau Fries, 27 Jahre alt und arbeiten seit fünf Jahren als Erzieherin in einer Außenwohngruppe. In Ihrer Gruppe leben neun Jugendliche im Alter von 14 bis 18 Jahren. In Ihrem Team, dem Sie als zweitjüngstes Mitglied angehören, arbeiten neben einer jüngeren Sozialpädagogin (24 Jahre, seit einem Jahr in der AWG tätig) noch eine ältere Kollegin (45 Jahre) und ein älterer Kollege (56 Jahre), der die Gruppenleitung wahrnimmt.

Sie sind vor fünf Jahren mit vielen Ideen und guten Vorsätzen von der Schule gekommen und haben versucht, diese umzusetzen. Sie sind jedoch immer wieder an Ihren beiden älteren Kollegen gescheitert. Ihre Vorschläge wurden immer wieder mit Hinweisen auf ungünstige Dienstzeiten, auf geringe finanzielle Möglichkeiten, auf die fehlende Zustimmung der Heimleitung etc. als nicht realisierbar abgetan.

Heute sitzen Sie im Team zusammen, um die Sommerferien für die Jugendlichen zu planen. Während Ihre älteren Kollegen wie in den vergangen Jahren mit den Jugendlichen nur Tagesausflüge machen wollen, plant Ihre jüngere Kollegin eine Ferienreise an die Nordsee. Diese kann jedoch nur gelingen, wenn alle Mitarbeiter mitfahren.

> **Anweisung**
>
> *Versuchen Sie Ihre Ideen und Anregungen so einzubringen, dass die Kollegen zustimmen können. Achten Sie auf Ihre Gefühle. Wenn Sie sich gekränkt fühlen, dann versuchen Sie die Kränkung mithilfe des 3er-Schrittes zu formulieren und Ihrem Gegenüber mitzuteilen. Nutzen Sie hierzu den **Hilfssatz**.*

Erzieherin (Frau Engels):

Sie sind Frau Engels, 45 Jahre alt und arbeiten als Erzieherin in einer Außenwohngruppe. In Ihrer Gruppe leben neun Jugendliche im Alter von 14 bis 18 Jahren. Ihr Team besteht neben Ihnen aus einer jüngeren Erzieherin (27 Jahre), einer Sozialpädagogin (24 Jahre alt, seit einem Jahr in der AWG tätig) und einem älteren Kollegen (56 Jahre), der die Gruppenleitung wahrnimmt.

Sie sind vor 20 Jahren mit vielen Ideen und guten Vorsätzen von der Schule gekommen und haben versucht, diese umzusetzen. Sie sind jedoch immer wieder an widrigen Umständen gescheitert und haben für Ihr Engagement kaum Zustimmung erfahren. Obwohl Sie lange Zeit versucht haben, etwas zu verändern und gelegentlich auch erfolgreich gewesen sind, haben Sie sich mit der Bewältigung des Alltags abgefunden. Sie erwarten keine grundlegenden Veränderungen mehr. Sie sind froh, wenn Ihr Dienst ruhig verläuft und Sie sich um Ihre eigene Familie kümmern können. Sie freuen sich auf die Sommerferien, da Sie Ihren Urlaub mit Ihrer Familie verbringen wollen.

Heute sitzen Sie im Team zusammen, um die Sommerferien für die Jugendlichen zu planen. Während der Gruppenleiter mit den Jugendlichen Tagesausflüge unternehmen will, plant Ihre jüngere Kollegin eine Ferienreise an die Nordsee. Diese kann jedoch nur dann stattfinden, wenn alle Mitarbeiter mitfahren und sich über die anfallenden Überstunden sowie den Jahresurlaub der Mitarbeiter einigen.

> **Anweisung**
>
> *Versuchen Sie Ihre heutigen Wünsche und Interessen deutlich einzubringen und erzählen Sie aus Ihrer Vergangenheit und von Ihren eigenen Versuchen, Neuerungen einzubringen. Achten Sie auf Ihre Gefühle. Wenn Sie sich gekränkt fühlen, dann versuchen Sie die Kränkung mithilfe des 3er-Schrittes zu formulieren und Ihrem Gegenüber mitzuteilen. Nutzen Sie hierzu den Hilfssatz.*

C.2 Rollenspiel: Planung einer Ferienfreizeit

Anzahl der Rollenspieler:	(4) Heilerziehungspfleger
Kontext:	Teamgespräch/Behinderteneinrichtung/Wohngruppe
Ziel des Rollenspiels:	Anwendung von Deeskalationsstrategien/Anwendung des Hilfssatzes
Schwierigkeitsgrad:	Konfliktgespräch
Besonderheiten:	Viele Konflikte entstehen, weil Mitarbeiter ihre Vermutungen nicht angemessen kommunizieren. Annahmen und Vorstellungen werden nicht geäußert, sondern auf den Gesprächspartner projiziert, als „Wirklichkeit" angesehen und aufgefasst. Das Rollenspiel kann dieses eindrucksvoll vermitteln. Darüber hinaus kann das Rollenspiel auch

die Bedeutung und Wirkung von Intergruppenkonflikten verdeutlichen.

AWG-Mitarbeiter (Herr Bernds):

Sie sind Herr Bernds und arbeiten in einer **Außenwohngruppe**. In Ihrer Wohngruppe leben neun Frauen mit einer leichten geistigen Behinderung im Alter von 25 bis 45 Jahren.

Die Bewohnerinnen werden im Schichtdienst von drei Mitarbeitern betreut. Sie und Ihre Kollegen planen eine Ferienmaßnahme **in der Eifel**. Hier soll die Gruppe ca. 14 Tage Urlaub machen und die Ferien in einem angemieteten Haus verbringen. Um mobil zu sein, planen Sie, den hauseigenen VW-Bus mitzunehmen. Ihre Gruppe hat diesen Wunsch schon vor längerer Zeit beim Heimleiter angemeldet. Da die Mitarbeiter/-innen einer anderen Gruppe einen ähnlichen Wunsch angemeldet haben und nur ein Fahrzeug zur Verfügung steht, sitzen Sie nun mit Ihren Kollegen und den Mitarbeiter/-innen der anderen Gruppe zusammen, um das Problem zu lösen.

> **Anweisung**
> *Sie wollen das Fahrzeug auf jeden Fall mitnehmen; einer anderen Lösung möchten Sie nicht zustimmen. Achten Sie auf Ihre Gefühle. Wenn Sie sich gekränkt fühlen, dann versuchen Sie die Kränkung mithilfe des 3er-Schrittes zu formulieren und Ihrem Gegenüber mitzuteilen. Nutzen Sie hierzu den Hilfssatz.*

AWG-Mitarbeiterin (Frau Christs):

Sie sind Frau Christs und arbeiten in einer Außenwohngruppe. In Ihrer Wohngruppe leben neun Frauen mit einer leichten geistigen Behinderung im Alter von 25 bis 45 Jahren. Die Bewohnerinnen werden im Schichtdienst von drei Mitarbeitern betreut. Sie und Ihre Kollegen planen eine Ferienmaßnahme in der Eifel. Hier soll die Gruppe ca. 14 Tage Urlaub machen und die Ferien in einem angemieteten Haus verbringen. Um mobil zu sein, planen Sie, den hauseigenen VW-Bus mitzunehmen. Ihre Gruppe hat diesen Wunsch schon vor längerer Zeit beim Heimleiter angemeldet. Da die Mitarbeiter/-innen einer anderen Gruppe einen ähnlichen Wunsch angemeldet haben und nur ein Fahrzeug zur Verfügung steht, sitzen Sie nun mit Ihren Kollegen und den Mitarbeiter/-innen der anderen Gruppe zusammen, um das Problem zu lösen.

> **Anweisung**
> *Sie wollen das Fahrzeug auf jeden Fall mitnehmen; einer anderen Lösung möchten Sie nicht zustimmen. Sie sind der Meinung, dass die andere Gruppe ihre Wünsche früher hätte anmelden sollen. Achten Sie auf Ihre Gefühle. Wenn Sie sich gekränkt fühlen, dann versuchen Sie die Kränkung mithilfe des 3er-Schrittes zu formulieren und Ihrem Gegenüber mitzuteilen. Nutzen Sie hierzu den Hilfssatz.*

C.3   Rollenspiel: Arbeitsgruppe

Anzahl der Rollenspieler:	(4) Studierende der Heilerziehungspflege
Kontext:	Arbeitsgruppe in der Schule zur Vorbereitung eines Referates
Ziel des Rollenspiels:	Anwendung von Deeskalationsstrategien/Anwendung des Hilfssatzes
Schwierigkeitsgrad:	Konfliktgespräch
Besonderheiten:	Viele Konflikte entstehen, weil Vermutungen und Annahmen nicht ausgetauscht, sondern als „Wirklichkeit" angesehen und aufgefasst werden. Das Rollenspiel kann dieses eindrucksvoll vermitteln. Darüber hinaus kann das Rollenspiel auch die Bedeutung und

Wirkung von Intergruppenkonflikten verdeutlichen.

Studierender (Bernd):

Sie sind Bernd und studieren an einer Fachschule für Heilerziehungspflege. Gemeinsam mit drei Mitstudierenden (Sabine, Franz, Helga) wollen Sie ein Referat vorbereiten.

Obwohl mehrere Termine verabredet wurden, ist es bislang zu keinem gemeinsamen Treffen gekommen, da u.a. Sie selbst häufig gefehlt haben. Sie erhalten kein BAföG und müssen sich Ihren Lebensunterhalt selbst verdienen. Mit Ihren Eltern leben Sie im Streit und erhalten daher von ihnen keine finanzielle Unterstützung. So sind Sie auf Aushilfsjobs angewiesen. Sie versuchen oft, die „wahren" Gründe für Ihr häufiges Fehlen zu verschweigen, da diese Ihnen peinlich sind.

Heute sitzt die Arbeitsgruppe zum ersten Mal vollständig zusammen.

> **Anweisung**
>
> *Sie haben einen wichtigen Job abgesagt und wollen nun intensiv das Versäumte nachholen. Ihr Motto: „Wenn ich schon auf Geld verzichte, das ich dringend brauche, dann muss sich der Verzicht lohnen und das Referat fertig werden." Achten Sie auf Ihre Gefühle. Wenn Sie sich gekränkt fühlen, dann versuchen Sie die Kränkung mithilfe des 3er-Schrittes zu formulieren und Ihrem Gegenüber mitzuteilen. Nutzen Sie hierzu den Hilfssatz.*

D.1 Rollenspiel: Aufnahme einer Bewohnerin

Anzahl der Rollenspieler:	(4) Eltern einer Bewohnerin, Heilerziehungspfleger
Kontext:	Aufnahmegespräch/Elterngespräch
Ziel des Rollenspiels:	Anwendung und Übung des aktiven Zuhörens
Schwierigkeitsgrad:	Beratungs- bzw. Reflexionsgespräch
Besonderheiten:	Die Gefühle und Motive von Eltern sind für das Wohlbefinden ihrer Kinder (d.h. der Bewohner) von großer Bedeutung. Sie werden in Gesprächen aber nur selten berücksichtigt bzw. thematisiert. Das Rollenspiel dient der Übung, die Gefühle von Eltern in einem Problemlösungsprozess anzusprechen und angemessen zu berücksichtigen.

Mitarbeiter 1 und Mitarbeiter 2:

Sie sind Mitarbeiter in einer Außenwohngruppe, einer Einrichtung für Frauen und Mädchen mit einer geistigen Behinderung. In Ihrer Gruppe leben neun Frauen im Alter von 18 bis 30 Jahren, die von morgens 8:00 Uhr bis nachmittags 16:30 in der WfbM arbeiten. Vor einem halben Jahr wurde Bärbel, eine 18-jährige Frau mit Down-Syndrom, in Ihre Gruppe aufgenommen. Bis zu ihrer Aufnahme lebte Bärbel bei ihren Eltern, die erhebliche Schwierigkeiten hatten, sich von ihrer Tochter zu trennen. Da Bärbel einen leichten Herzfehler hat, sorgen sich beide Eltern ständig um ihr Wohlbefinden.

Mindestens zweimal in der Woche (meist auch am Wochenende) besuchen die Eltern Bärbel für mehrere Stunden. Sie räumen ihr Zimmer auf und gehen mit ihr spazieren oder machen mit ihr einen Einkaufsbummel. Meistens kaufen sie Bärbel modische Kleidung. Die anderen Bewohnerinnen reagieren neidisch, sodass bereits viele Konflikte entstanden sind. Auch die Tatsache, dass die Eltern Bärbels Aufgaben erledigen, provoziert den Unmut der anderen Bewohnerinnen. Heftige Auseinandersetzungen, unter denen Bärbel leidet, sind häufig die Folge. Bärbels Eltern rufen täglich an, um sich ausführlich nach Bärbel zu erkundigen. Da diese Telefonate oft länger dauern, fehlt dem diensthabenden Mitarbeiter meistens die Zeit, sich um die anderen Bewohnerinnen zu kümmern.

> **Anweisung**
>
> Sie haben Bärbels Eltern zu einem Gespräch gebeten, um mit ihnen die problematische Situation zu besprechen. Sie wollen mehrere Ziele erreichen, damit die Gruppe wieder zur Ruhe kommen kann:
>
> a. die Anzahl der Telefonate soll auf zwei pro Woche begrenzt werden;
>
> b. die Häufigkeit der Wochenendbesuche (derzeit alle 14 Tage) soll reduziert werden;
>
> c. die Eltern sollen ihre Tochter nur noch einmal pro Woche besuchen;
>
> d. die Eltern sollen keine Süßigkeiten und andere Dinge mehr mitbringen.
>
> Berücksichtigen Sie die Gefühle von Bärbels Eltern. Signalisieren Sie ihnen, dass Sie ihre Probleme und Schwierigkeiten verstehen. Nutzen Sie hierzu die Methode des aktiven Zuhörens.

D.2 Rollenspiel: Ambulant Betreutes Wohnen

Anzahl der Rollenspieler:	(4) Eltern einer Bewohnerin, Heilerziehungs- pflegerinnen
Kontext:	Beratungsgespräch/Elterngespräch
Ziel des Rollenspiels:	Anwendung und Übung des aktiven Zuhörens
Schwierigkeitsgrad:	Informations- bzw. Beratungsgespräch
Besonderheiten:	Die Gefühle und Motive von Eltern sind für das Wohlbefinden ihrer Kinder (d. h. der Bewohner) von großer Bedeutung. Sie werden in Gesprächen aber nur selten berücksichtigt bzw. thematisiert. Das Rollenspiel dient der Übung, die Gefühle von Eltern anzusprechen und angemessen zu beachten.

Mitarbeiterin 1 und Mitarbeiterin 2:

Sie sind Mitarbeiterin(nen) eines Wohnheimes für Menschen mit geistiger Behinderung. Sie sind überzeugt, dass Gerd, einer der Bewohner des Heimes, ins „Ambulant Betreute Wohnen" wechseln und eine eigene Wohnung beziehen kann. Gerd ist 24 Jahre alt und hat eine leichte geistige Behinderung. Er lebt seit zwei Jahren im Wohnheim, ist sehr selbstständig und braucht nur gelegentlich die Hilfe der Mitarbeiter. Tagsüber arbeitet Gerd in der Werkstatt (WfbM).

Sie haben Gerds Eltern zum Gespräch eingeladen, um ihnen Ihre Überlegungen vorzustellen.

> **Anweisung**
>
> *Rollenspielanweisung: Führen Sie ein Elterngespräch. Nehmen Sie sich vorab etwas Zeit, um geeignete Argumente zu finden, und tauschen Sie sich mit Ihrer Kollegin aus. Überzeugen Sie Gerds Eltern davon, dass ihr Sohn mittlerweile so selbstständig geworden ist, dass er in eine Wohnung ziehen kann und nur noch stundenweise betreut werden muss. Berücksichtigen Sie die Sorgen und Nöte der Eltern. Nutzen Sie hierzu die Methode des aktiven Zuhörens.*

Rollenspielanweisungen der Gesprächspartner

Im Folgenden werden die Rollenspielanweisungen der Gesprächspartner 2 wiedergegeben.

zu A.1: Gesprächspartner 2 (Rollenspiel: Aufnahme in den Kindergarten/Swen, 3 Jahre)

Mutter:

Alternative 1:
Sie sind alleinerziehende Mutter des dreijährigen Swen. Obwohl Sie wünschen, dass Ihr Kind in den Kindergarten aufgenommen wird, sind Sie nicht sicher, ob Ihr Kind dort zurechtkommen wird. Sie glauben, dass Ihrem Sohn eine Trennung von Ihnen sehr schwerfallen wird . Sie sind sich unsicher. Als Mini-Jobberin waren Sie bislang in einem Buchladen sporadisch als Aushilfe tätig. Während dieser Stunden betreute eine Tagesmutter Ihren Sohn. Sie haben ein Angebot des Inhabers des Buchladens erhalten, dort halbtags von 9:00 Uhr bis 13:00 Uhr zu arbeiten. Dieses für Sie günstige Angebot wollen Sie wahrnehmen.

> **Anweisung**
> *Sie haben sich zum Gespräch im Kindergarten angemeldet, um sich davon überzeugen, dass Ihr Sohn dort gut aufgenommen wird. Sie wünschen sich viele Informationen von der Erzieherin (z. B. Anzahl der Gruppen, Kinder, Mitarbeiterinnen), damit Sie sich ein Bild von der Einrichtung und der Arbeit machen können.*

Alternative 2:
Sie sind alleinerziehende Mutter des dreijährigen Swen. Obwohl Sie denken, dass Ihr Kind in den Kindergarten aufgenommen werden sollte, damit es Kontakt zu Gleichaltrigen bekommt, sind Sie sehr unsicher, ob Ihr Kind im Kindergarten überhaupt zurechtkommen wird. Sie sind davon überzeugt, dass es Ihrem Sohn sehr schwerfallen wird, morgens im Kindergarten zu bleiben. In der Vergangenheit haben Sie schon mehrmals versucht, Ihren Sohn stundenweise bei Ihrer Schwester abzugeben. Dieses ist jedoch immer wieder gescheitert, da Ihr Sohn jedes Mal heftig geweint hat. Sie haben bereits alles versucht. Sie haben starke Schuldgefühle, Ihren Sohn abzugeben und alleine zu lassen. Sie glauben, dass Sie es zu verantworten haben, dass er ohne Vater aufwachsen muss; Sie haben daher stets das Gefühl, etwas wiedergutmachen zu müssen.

> **Anweisung**
> *Sie haben sich zum Gespräch im Kindergarten angemeldet, um sich davon überzeugen, dass Ihr Sohn dort gut aufgenommen wird. Sie wünschen sich viele Informationen von der Erzieherin (z. B. Anzahl der Gruppen, Kinder, Mitarbeiterinnen), damit Sie sich ein Bild von der Einrichtung und der Arbeit machen können.*

zu A.2: Gesprächspartner 2 (Rollenspiel: Verhaltensauffälligkeiten/Jan, 3 Jahre)

Mutter:

Sie sind Mutter von Jan. Jan ist ein aufgeweckter dreijähriger Junge, der sehr viele Einfälle hat, die er oftmals direkt ausprobieren möchte. Sie sind sehr stolz auf Jan, da er stets sehr viele interessante Ideen hat. Jan besucht seit drei Monaten den Kindergarten. Hier hat er Freunde gefunden. Sie sind froh darüber, da Sie erst vor kurzer Zeit mit Ihrer Familie in die Kleinstadt gezogen sind, in der Sie jetzt leben. Viele neue Kontakte sind noch nicht entstanden. Jan ist Einzelkind und daher sehr auf Sie fixiert. Die Erzieherin hat Sie zu einem Gespräch gebeten. Sie möchte mit Ihnen die letzten drei Monate reflektieren.

Alternative 1:

> *Anweisung*
>
> *Sie sind froh, dass die Erzieherinnen Sie zum Gespräch eingeladen haben. Obwohl Sie sehr stolz auf Ihren Sohn sind, wissen Sie, dass Sie Hilfe brauchen, da Jan immer sprunghafter geworden ist und sich kaum auf eine Sache konzentrieren kann. Jan ist selten ruhig, sondern fordert stets Ihre volle Aufmerksamkeit. Besonders problematisch wird es, wenn andere Kinder (z. B. Kinder aus der Nachbarschaft oder Cousinen und Cousins) zu Besuch sind. Es kommt dann immer wieder zu heftigen Auseinandersetzungen, da Jan Ihre Aufmerksamkeit nicht mit den anderen Kindern teilen kann. Von dem Gespräch mit den Erzieherinnen erwarten Sie Hilfen und Vorschläge.*

Alternative 2:

> *Anweisung*
>
> *Sie sind neugierig darauf, was die Erzieherinnen Ihnen zur Entwicklung Ihres Kindes erzählen werden. Sie sind fest davon überzeugt, dass sich Ihr Kind positiv entwickelt hat, und freuen sich darauf, etwas über seine Fortschritte zu erfahren. Sie wissen, dass Ihr Kind aufgrund seiner Sprunghaftigkeit manchmal zwar sehr anstrengend ist, aber Sie erwarten, dass die Erzieherinnen Positives berichten werden.*

Alternative 3:

> *Anweisung*
>
> *Sie stehen der Gesprächseinladung skeptisch gegenüber. Von anderen Eltern haben Sie erfahren, dass viele Probleme beim Bringen oder Abholen der Kinder kurz angesprochen und geklärt werden. Eine offizielle Einladung zum Gespräch bedeutet, dass es wahrscheinlich Probleme mit Jan gibt. Von anderen Eltern haben Sie auch erfahren, dass die Erzieherinnen oftmals fertige Lösungen präsentieren und Eltern kaum noch Chancen hätten, Ihre Perspektive und Wünsche einzubringen. Sie sind auf alles gefasst und erwarten das Schlimmste. Hören Sie den Erzieherinnen aktiv zu und wenden Sie ggf. den Hilfssatz an.*

zu A.3: Gesprächspartner 2 (Rollenspiel: Schmutzige Kleidung/Beate, 4 Jahre)

Mutter:

Alternative 1:
Sie sind Mutter der vierjährigen Beate. Bislang waren Sie mit der Arbeit des Kindergartens sehr zufrieden. Das hat sich jedoch geändert, seit eine neue Erzieherin die Gruppenleitung übernommen hat. Seitdem kommt Ihre Tochter oftmals mit regennasser und verschmutzter Kleidung aus dem Kindergarten. In der letzten Woche haben Sie Ihrer Tochter einen neuen Anorak gekauft. Zwei Tage später kam Beate weinend aus dem Kindergarten: Der neue Anorak war durchnässt, voller Sand und Dreck.

> *Anweisung: Sie haben sich zum Gespräch im Kindergarten angemeldet. Sie sind zwar verärgert über die Vorkommnisse, wollen sich aber ein Bild von der Situation machen und mit der neuen Gruppenleiterin sprechen. Sie wollen von ihr erfahren, was sich in der Kindergartengruppe geändert hat.*

Alternative 2:
Sie sind Mutter der vierjährigen Beate. Bislang waren Sie mit der Arbeit des Kindergartens sehr zufrieden. Das hat sich jedoch geändert, seit eine neue Erzieherin die Gruppenleitung übernommen hat. Bei Regen kommt Ihre Tochter jedes Mal mit schmutziger Kleidung aus dem Kindergarten. Die Kleidung Ihrer Tochter ist manchmal so verdreckt, dass Sie erhebliche Mühe haben, sie zu reinigen. Sie sind sehr verärgert, da Sie den Eindruck gewonnen haben, dass die neue Gruppenleiterin sich zu wenig um die Kinder kümmert. Die anderen Mütter, mit denen Sie bereits gesprochen haben, teilen Ihre Ansicht. Auch sie sind der Meinung, dass die neue Gruppenleiterin die Kinder bei jedem Wetter zum Spielen nach draußen schickt, ohne sie angemessen zu beaufsichtigen.

In der letzten Woche hatten Sie Ihrer Tochter einen neuen Anorak gekauft. Zwei Tage später kam Beate weinend aus dem Kindergarten: Der neue Anorak war durchnässt, voller Sand und Dreck.

> *Anweisung: Sie haben sich zum Gespräch im Kindergarten angemeldet. Sie wollen mit der neuen Gruppenleiterin sprechen und ihr mitteilen, dass Sie Ihrer Tochter nicht jede Woche neue Kleidung kaufen können und dass Sie ihre Gedankenlosigkeit und Verantwortungslosigkeit als Unverschämtheit empfinden. Sie wollen der Gruppenleiterin auch mitteilen, dass Sie sich bei der Kindergartenleitung und beim Träger beschweren wollen.*

zu B.1: Gesprächspartner 2 (Rollenspiel: Verspätung/Daniel, 17 Jahre)

Jugendlicher (Daniel):

Sie sind Daniel, 17 Jahre alt und leben zusammen mit sechs anderen Jugendlichen in einer Lehrlingswohngruppe eines Kinderheimes.

Es ist Samstagabend und Sie kommen von einer Party zurück, zu der Sie eingeladen waren. Obwohl Sie rechtzeitig gegen 23:00 Uhr zurücksein wollten, ist es mittlerweile Mitternacht geworden. In der Vergangenheit sind Sie gelegentlich auch zu spät zurückgekehrt, einmal sogar erst gegen 2:00 Uhr morgens.. Sie wissen, dass einige Mitarbeiter Ihren Versprechungen nicht mehr trauen.

Herr Müller hat Dienst. Er ist erst seit kurzer Zeit in der Gruppe. Sie mögen ihn und haben ihm Ihr Ehrenwort gegeben, gegen 23:00 Uhr zurückzusein. Ihr Bus hatte jedoch Verspätung, sodass Sie den Anschlussbus nicht erreichen konnten. Den letzten Teil des Weges mussten Sie laufen.

Alternative 1:

> *Anweisung*
>
> *Sie haben sich vorgenommen, Herrn Müller alles zu erklären und sich bei Ihm zu entschuldigen. Sie mögen es jedoch nicht, ausgefragt zu werden. Reagieren Sie auf <u>vorwurfsvolle Fragen</u> und <u>Unterstellungen</u> (Hinweise auf frühere Unregelmäßigkeiten, Versäumnisse, nicht eingehaltene Versprechen etc.) oder auf die Androhung von erzieherischen Konsequenzen (z. B. Ausgehbeschränkungen, Hausarrest) abweisend. Verweigern Sie die Antwort und vermeiden Sie den Blickkontakt (Schauen Sie zum Boden, zum Fenster hinaus etc.).*

Alternative 2:

> *Anweisung*
>
> *Sie sind <u>davon überzeugt, dass es keinen Sinn macht</u>, sich bei Herrn Müller zu entschuldigen. Sie denken, dass er Ihnen genau wie alle anderen Erzieher der Gruppe nicht glauben wird. Außerdem mögen Sie es nicht, ausgefragt zu werden. Reagieren Sie auf direkte und vorwurfsvolle Fragen oder auf die Androhung von erzieherischen Konsequenzen abweisend. Verweigern Sie die Antwort oder geben Sie <u>patzige</u> Antworten.*

zu B.2: Gesprächspartner 2 (Rollenspiel: eingeworfene Fensterscheibe/Fritz, 14 Jahre)

Jugendlicher (Fritz):

Sie heißen Fritz, sind 14 Jahre alt und wohnen seit drei Jahren im Kinderheim. Gestern haben Sie sich mit Jürgen (zwölf Jahre), der auch in der Wohngruppe lebt, fürchterlich gestritten. Jürgen hat herausgefunden, dass Ihre Eltern getrennt leben, dass Ihr Vater Alkoholiker ist und bereits eine Gefängnisstrafe abgesessen hat. Um Sie zu ärgern, hat er Sie mit diesem Wissen provoziert. Vor den anderen Jungen der Gruppe hat er Ihren Vater als „Knacki" bezeichnet und Sie lächerlich gemacht. Sie waren so verletzt und wütend, dass Sie auf Jürgen eingeschlagen haben. Im Anschluss haben Sie die Fensterscheibe von Jürgens Zimmer mit einem Stein eingeworfen.

Eine Erzieherin, die gestern Dienst hatte, hat den Vorfall dem Gruppenleiter mitgeteilt. Er möchte nun mit Ihnen sprechen und erfahren, weshalb Sie die Scheibe eingeworfen haben.

Alternative 1:

> *Anweisung*
>
> *Sie möchten eigentlich nicht über Ihren Vater und dessen Alkoholprobleme sprechen, da Sie sich schämen. Sie sind jedoch bereit, Ihren Kummer mitzuteilen, wenn Sie sich verstanden und von Ihrem Gesprächspartner ernst genommen und akzeptiert fühlen.*
>
> *Reagieren Sie auf verständnisvolle Äußerungen und Fragen des Erziehers mit Informationen aus Ihrer Lebensgeschichte. Teilen Sie, wenn Sie sich verstanden fühlen, nach und nach mit, was Sie bedrückt.*

Alternative 2:

> **Anweisung**
>
> *Sie möchten eigentlich nicht über Ihren Vater und dessen Alkoholprobleme sprechen, da Sie sich schämen. Sie sind jedoch bereit, Ihren Kummer mitzuteilen, wenn Sie sich verstanden und von Ihrem Gesprächspartner ernstgenommen und akzeptiert fühlen.*
>
> *Reagieren Sie auf verständnisvolle Äußerungen und Fragen des Erziehers mit Informationen aus Ihrer Lebensgeschichte. Teilen Sie, wenn Sie sich verstanden fühlen, nach und nach mit, was Sie bedrückt.*
>
> *Reagieren Sie auf vorwurfsvolle oder direkte Fragen (z. B. „Wie konntest Du nur…") und moralische Belehrungen (z. B. „Du bist 14 Jahre alt und strafmündig.") abweisend; verweigern Sie die Antwort und vermeiden Sie den Blickkontakt (Schauen Sie zum Boden, zum Fenster hinaus etc.). Wenn der Erzieher Sie auf Ihr Verhalten anspricht bzw. Sie zurechtweist, reagieren Sie mit patzigen, aufsässigen Antworten.*

zu B.3: Gesprächspartner 2 (Rollenspiel: Bewerbung/Patrick, 17 Jahre)

Jugendlicher (Patrick):

Sie sind Patrick, ein 17-jähriger Jugendlicher. Seit vier Jahren leben Sie zusammen mit acht anderen Jugendlichen im Alter von 15 bis 17 Jahren in einer Wohngruppe eines Kinderheimes.

Frau Möller, die für Sie zuständige Sozialarbeiterin, ist zur Wohngruppe der Einrichtung gekommen und will mit Ihnen über Ihre Berufsausbildung sprechen. Im letzten Hilfeplangespräch war vereinbart worden, dass Sie sich nach Ihrem Realschulabschluss um einen Ausbildungsplatz als Kraftfahrzeugmechatroniker bewerben werden.
Nachdem Sie jedoch fünf Absagen erhalten haben, haben Sie Ihre Bemühungen eingestellt. Sie denken, dass es keinen Sinn macht, sich erneut zu bewerben. Sie glauben, dass alle anderen Bewerber besser geeignet sind. Sie sind deprimiert und wissen nicht weiter.

Gemeinsam mit Herrn Jürgens, einem Mitarbeiter der Wohngruppe, und Frau Möller sitzen Sie nun im Gespräch zusammen.

> **Anweisung**
>
> *Beharren Sie zunächst (die ersten zehn bis 15 Minuten) darauf, dass es keinen Sinn macht, sich zu bewerben. <u>Machen Sie deutlich</u>, dass Sie denken, dass <u>alle anderen Kandidaten besser geeignet</u> seien als Sie. Gehen Sie auf Vorschläge, einen anderen Beruf zu ergreifen, nur zögerlich ein; weisen Sie sie zunächst (ca. zehn Minuten lang) zurück.*

zu B.4: Gesprächspartner 2 (Rollenspiel: Zahnschmerzen/Gerd, 17 Jahre)

Jugendlicher (Gerd):

Sie sind Gerd, 17 Jahre alt. Obwohl Sie Zahnschmerzen haben, weigern Sie sich, zum Zahnarzt zu gehen. Sie wissen zwar, dass der Zahnarzt Ihnen helfen könnte, aber das Geräusch des Bohrers und der Anblick der Spritzen bereiten Ihnen Unbehagen, sodass sie sich nicht überwinden können hinzugehen. Da Sie im Moment sehr große Zahnschmerzen haben, wollen Sie Ihre Erzieherin um eine Schmerztablette bitten und sprechen Sie an.

> **Anweisung**
>
> *Wiegeln Sie wohlgemeinte Ratschläge der Erzieherin ab. Machen Sie deutlich, dass Sie nur im Moment Schmerztabletten haben wollen, da die Schmerzen gerade sehr stark sind. Machen Sie deutlich, dass Sie davon ausgehen, dass die Schmerzen erträglich bleiben.*

zu B.5: Gesprächspartner 2 (Rollenspiel: Schulwechsel/Dennis, 15 Jahre)

Jugendlicher (Dennis):

Sie sind Dennis, 15 Jahre alt. Sie leben in einem Kinderheim und besuchen die dem Heim angeschlossene Förderschule mit dem Schwerpunkt „Emotionale und soziale Entwicklung". Aufgrund massiver Verhaltensauffälligkeiten der Schülerinnen und Schüler dieser Schule erreichen nur wenige den Hauptschulabschluss. Viele erhalten nur ein Abgangszeugnis. Sie wissen, dass Sie nur mit einem guten Hauptschulabschluss einen Ausbildungsplatz erhalten können. Ihre Lehrer trauen Ihnen zu, die Schule zu wechseln und die Hauptschule im Dorf zu besuchen, da sie davon ausgehen, dass Sie die erforderlichen Leistungen erbringen können.

Lediglich Ihr Sozialverhalten gegenüber Mitschülern und Ihrer Lehrerin steht einem Schulwechsel im Wege: Sie provozieren und ärgern Ihre Mitschüler und können mit Frustrationen nicht adäquat umgehen.
Gerade heute haben Sie wieder eine heftige Auseinandersetzung mit Ihrer Lehrerin gehabt, da sie kurzfristig ihr Unterrichtsvorhaben änderte und stattdessen Aufgaben stellte, mit denen Sie nicht einverstanden waren. Da Sie sich über Ihre Lehrerin ärgerten, hatten Sie sich vorgenommen, Sie auch zu ärgern …

Ihre Gruppenerzieherin, Frau Gramberg, will mit Ihnen über den Vorfall sprechen.

> **Anweisung**
>
> *Nehmen Sie eine ambivalente Haltung ein: Machen Sie der Mitarbeiterin deutlich, dass Sie zwar sehr gerne die Schule wechseln möchten und dass Sie wissen, dass Sie sich dafür anstrengen müssen. Weisen Sie auch darauf hin, dass der Unterricht in Ihren Augen aber unterhaltsam sein müsse und die Lehrer Sie zu beachten haben. Sie sind der Meinung, dass Unterricht nicht nur informativ, sondern auch abwechslungsreich und amüsant sein müsse.*

zu B.6: Gesprächspartner 2 (Rollenspiel: Konflikte mit der Mutter/Alexander, zehn Jahre)

Kind (Alexander):

Sie sind Alexander, zehn Jahre alt. Sie leben seit einem halben Jahr in einer Wohngruppe eines Kinderheimes. Auf Betreiben Ihrer Mutter (30 Jahre) sind Sie in die Einrichtung gebracht worden. Ihre Mutter fühlte sich mit Ihrer Erziehung überfordert, nachdem Sie immer häufiger die Schule schwänzten und wegen mehrerer Diebstähle von der Polizei vernommen worden waren. Ihre Mutter lebt alleine. Sie hatte sich scheiden lassen, nachdem Ihr Vater sie über mehrere Jahre hinweg gedemütigt, geschlagen und misshandelt hatte. Vor einem Jahr lernte Ihre Mutter ihren jetzigen Freund kennen, mit ihm plant sie, eine neue Familie zu gründen. Zwischen Ihnen und dem Freund der Mutter besteht ein angespanntes Verhältnis; Sie haben Angst, dass auch er Ihrer Mutter Leid zufügen könnte. Ihre Mutter ist die einzige Verwandte, die Sie noch haben. Beide Eltern waren Einzelkinder. Die Großeltern mütterlicherseits sind verstorben und die der väterlichen Seite haben sich nie um die Familie Ihrer Eltern gekümmert.

Die neue Praktikantin der Heimgruppe, in der Sie leben, hat Ihnen gegen **20:30 Uhr** mitgeteilt, dass Ihre Mutter angerufen habe, um den Wochenendbesuch abzusagen. Ihre Mutter sei krank. Ein Wochenendbesuch bei ihr sei unmöglich. Danach ist die Praktikantin nach Hause gefahren, da sie Dienstschluss hatte.

Da Sie Ihre Mutter telefonisch nicht erreichen können, sind Sie nun gleichermaßen ärgerlich und besorgt. Einerseits ärgern Sie sich über Ihre Mutter, da Sie vermuten, dass Ihre Mutter Sie belügt und das Wochenende alleine mit ihrem neuen Lebensgefährten verbringen möchte und Sie ausgeschlossen werden. Aus Ihrer Sicht ist es ungerecht, dass die anderen Kinder und Jugendlichen am kommenden Wochenende nach Hause fahren dürfen und Sie in der Gruppe bleiben müssen. Andererseits haben Sie Angst, dass Ihrer Mutter etwas passiert sein könnte. Sie hatte sich vor einiger Zeit schon einmal nicht gemeldet, da sie mit einem Beinbruch im Krankenhaus lag.

Ihren Unmut und Stress lassen Sie an den anderen Kindern aus und nutzen jede Gelegenheit, mit ihnen zu streiten und sie zu beleidigen. Um der für Sie unangenehmen Situation zu entfliehen, wollen Sie zu Ihrer Mutter fahren. Sie wohnt in einem Ort, der ca. 200 Kilometer weit entfernt liegt und nicht schnell zu erreichen ist. Herr Jansen, ein Mitarbeiter der Wohngruppe, hat Sie aufgefordert mit ihm zu sprechen. Er möchte erfahren, was los ist, und mit Ihnen zusammen Ihr Problem lösen. Es ist 22:00 Uhr.

> **Anweisung**
>
> *Beklagen Sie sich bei dem Mitarbeiter über das ungerechte Verhalten Ihrer Mutter. Fordern Sie, dass Sie sofort zu Ihrer Mutter gebracht werden. Ihre Mutter soll Ihnen Rede und Antwort stehen. Reagieren Sie auf tröstende und/oder beschwichtigende Worte des Mitarbeiters mit Ablehnung. Weichen Sie **direkten Fragen** aus.*

zu C.1: Gesprächspartner 2 (Rollenspiel: Planung Ferienfreizeit an der Nordsee)

Sozialpädagoge (Herr Krämer):

Sie sind Herr Krämer, 56 Jahre alt und leiten als Sozialpädagoge eine Außenwohngruppe für Jugendliche. In Ihrer Gruppe leben neun Jugendliche im Alter von 14 bis 18 Jahren. Ihr Team besteht neben Ihnen aus einer jüngeren Erzieherin (27 Jahre alt, seit fünf Jahren in der AWG tätig), einer Sozialpädagogin (24 Jahre alt, seit einem Jahr in der AWG tätig) und einer älteren Kollegin (45 Jahre alt, 20 Jahre in der AWG tätig).

Sie sind vor 25 Jahren mit vielen Ideen und guten Vorsätzen von der Schule gekommen und haben versucht, diese umzusetzen. Sie sind jedoch häufig an widrigen Umständen gescheitert und haben Ihr Engagement, für das Sie kaum

Zustimmung erfahren haben, im Laufe der Zeit verloren. Sie sind froh, dass Sie als Gruppenleiter die AWG leiten dürfen, da der Dienst hier nicht sehr anstrengend ist und Ihnen viele Freiräume ermöglicht. Im Grunde genommen fühlen Sie sich sehr wohl. Sie sind froh, wenn Ihr Dienst ruhig verläuft und Sie sich um Ihre eigene Familie kümmern können. Sie mögen keine Experimente oder Veränderungen, da Sie befürchten, dass die Gruppe ihr Gleichgewicht verlieren könnte und die Jugendlichen auffällig werden könnten. Dieses ist vor einigen Jahren schon einmal geschehen, als ein damaliger Mitarbeiter Neuerungen einführen wollte. Die Heimleitung kritisierte damals Ihre Fähigkeiten, eine Gruppe zu leiten und drohte mit Ihrer Ablösung.

Heute sitzen Sie im Team zusammen, um die Sommerferien für die Jugendlichen zu planen. Während Sie kein Risiko eingehen möchten und nur Tagesausflüge wie in den vergangenen Jahren unternehmen wollen, plant Ihre jüngere Kollegin eine Ferienreise an die Nordsee. Diese kann jedoch nur dann stattfinden, wenn alle Mitarbeiter mitfahren und sich über die anfallenden Überstunden sowie über den Jahresurlaub der Mitarbeiter einigen.

> **Anweisung**
>
> *Versuchen Sie Ihre Kolleginnen davon zu überzeugen, dass Tagesausflüge die bessere Alternative sind. Argumentieren Sie z. B. damit, dass längere Fahrten die Tagesstruktur infrage stellen und die Jugendlichen nur durcheinanderbringen. Machen Sie nur auf direkte Anfragen (z. B. „Ich verstehe nicht, weshalb Sie einer Fahrt nicht zustimmen. Weshalb fällt es Ihnen schwer, unseren Vorschlag zu akzeptieren?") und nur nach und nach deutlich, dass Sie Angst haben, Ihre Stelle zu gefährden.*

zu C.2: Gesprächspartner 2 (Rollenspiel: Planung einer Ferienfreizeit)

WG-Mitarbeiterin (Frau Friedrich):

Sie sind Frau Friedrich und arbeiten in einer Wohngruppe Frauen. In Ihrer Wohngruppe leben sechs Frauen mit einer schweren geistigen Behinderung im Alter von 25 bis 45 Jahren.
Die Bewohnerinnen werden im Schichtdienst von vier Mitarbeitern betreut. Sie und Ihre Kollegen planen eine Ferienmaßnahme **in den Alpen**. Hier soll die Gruppe ca. 14 Tage Urlaub machen und die Ferien in einem angemieteten Haus verbringen.

Um mobil zu sein, planen Sie, den hauseigenen VW-Bus für die gesamte Ferienzeit mitzunehmen. Ihre Gruppe hat diesen Wunsch beim Heimleiter mit dem Hinweis auf die geringe Mobilität der Betreuten angemeldet. Ohne VW-Bus könnten Sie keine anderen Orte erreichen und müssten im Ferienhaus bleiben. Da die Mitarbeiter/-innen einer anderen Gruppe (mit Frauen mit einer leichten geistigen Behinderung) einen ähnlichen Wunsch angemeldet haben und nur ein Fahrzeug zur Verfügung steht, sitzen Sie nun mit Ihren Kollegen und den Mitarbeiter/-innen der anderen Gruppe zusammen, um das Problem zu lösen.

> **Anweisung**
>
> *Sie wollen das Fahrzeug auf jeden Fall mitnehmen; einer anderen Lösung wollen Sie nicht zustimmen. Sie sind der Meinung, dass Ihre Gruppe durch die schweren Behinderungen der Bewohnerinnen besonders benachteiligt ist. Achten Sie auf Ihre Gefühle. Wenn Sie sich gekränkt fühlen, dann versuchen Sie die Kränkung mithilfe des 3er-Schrittes zu formulieren und Ihrem Gegenüber mitzuteilen.*

WG-Mitarbeiterin (Frau Gunnar):

Sie sind Frau Gunnar und arbeiten in einer Wohngruppe. In Ihrer Wohngruppe leben sechs Frauen mit einer schweren geistigen Behinderung im Alter von 25 bis 45 Jahren.

Die Bewohnerinnen werden im Schichtdienst von vier Mitarbeitern betreut. Sie und Ihre Kollegen planen eine Ferienmaßnahme **in den Alpen**. Hier soll die Gruppe ca. 14 Tage Urlaub machen und die Ferien in einem angemieteten Haus verbringen. Um mobil zu sein, planen Sie, den hauseigenen VW-Bus für die gesamte Ferienzeit mitzunehmen. Ihre Gruppe hat diesen Wunsch beim Heimleiter mit dem Hinweis auf die geringe Mobilität der Betreuten angemeldet. Ohne VW-Bus könnten Sie keine anderen Orte erreichen und müssten im Ferienhaus bleiben. Da die Mitarbeiter/-innen einer anderen Gruppe (mit Frauen mit einer leichten geistigen Behinderung) einen ähnlichen Wunsch angemeldet haben und nur ein Fahrzeug zur Verfügung steht, sitzen Sie nun mit Ihren Kollegen und den Mitarbeiter/-innen der anderen Gruppe zusammen, um das Problem zu lösen.

> **Anweisung**
>
> *Sie wollen das Fahrzeug auf jeden Fall mitnehmen; eine andere Lösung kommt für Sie nicht infrage. Sie wollen auf gar keinen Fall einem Kompromiss zustimmen. Sie sind der Meinung, dass Ihre Gruppe durch die schweren Behinderungen der Bewohnerinnen besonders benachteiligt ist. Achten Sie auf Ihre Gefühle. Wenn Sie sich gekränkt fühlen, dann versuchen Sie die Kränkung mithilfe des 3er-Schrittes zu formulieren und Ihrem Gegenüber mitzuteilen. Nutzen Sie hierzu den Hilfssatz.*

zu C.3: Gesprächspartner 2 (Rollenspiel: Arbeitsgruppe)

Studierender (Franz):

Sie sind Franz und studieren an einer Fachschule für Heilerziehungspflege. Gemeinsam mit drei Mitstudierenden (Bernd, Sabine, Helga) wollen Sie ein Referat vorbereiten.

Obwohl mehrere Termine verabredet wurden, ist es bislang zu keinem gemeinsamen Treffen gekommen. Sie sind verärgert über Sabine, da sie die Initiative an sich gerissen und die Verteilung der Aufgaben übernommen hat. Dabei hat Sabine den interessantesten Teil für sich beansprucht. Zwei der drei angesetzten Termine konnten Sie nicht wahrnehmen, da Sie Ihr Auto wegen eines Motorschadens nicht nutzen konnten. Heute sitzt die Arbeitsgruppe zum ersten Mal vollständig zusammen.

> **Anweisung**
>
> *Sie wollen Sabine mitteilen, dass Sie sich sehr über die Aufgabenverteilung ärgern, die sie vorgenommen hat. Sie wollen ihr sagen, dass Sie ihr Vorgehen als sehr ungerecht und eigennützig empfinden. Sie wollen erreichen, dass die Aufgaben neu verteilt werden. Achten Sie auf Ihre Gefühle. Wenn Sie sich gekränkt fühlen, dann versuchen Sie die Kränkung mithilfe des 3er-Schrittes zu formulieren und Ihrem Gegenüber mitzuteilen. Nutzen Sie hierzu den Hilfssatz.*

Studierende (Helga):

Sie sind Helga und studieren an einer Fachschule für Heilerziehungspflege. Gemeinsam mit drei Mitstudierenden (Bernd, Franz, Sabine) wollen Sie ein Referat vorbereiten.

Obwohl mehrfach ein Termin verabredet wurde, ist es bislang zu keinem gemeinsamen Treffen gekommen. Da eine genaue Absprache nicht möglich war, haben Sie Ihren Teil, den Ihnen Sabine zugewiesen hat, längst bearbeitet und bereits getippt. Während Sabine sich sehr darum gekümmert hat, alle zu einem Termin zu versammeln, scheinen Franz und Bernd die Aufgabe eher lasch und oberflächlich anzugehen. Sie haben abwechselnd mehrfach gefehlt. Heute sitzt die Arbeitsgruppe zum ersten Mal vollständig zusammen.

Kapitel 12 | Rollenspiele zur Einübung der Gesprächsmethoden

> **Anweisung**
>
> Sie haben Ihren Teil fertiggestellt. Sie möchten daher lediglich absprechen, wie das Referat gehalten werden und wie die Stunde verlaufen soll. Sie sind davon ausgegangen, dass dieses nur wenig Zeit beansprucht und haben sich mit Ihrem Freund verabredet, der bereits wartet. Sie drängen auf ein schnelles Ende des Treffens. Achten Sie auf Ihre Gefühle. Wenn Sie sich gekränkt fühlen, dann versuchen Sie die Kränkung mithilfe des 3er-Schrittes zu formulieren und Ihrem Gegenüber mitzuteilen. Nutzen Sie hierzu den Hilfssatz.

Studierende (Sabine):

Sie sind Sabine und studieren an einer Fachschule für Heilerziehungspflege. Gemeinsam mit drei Mitstudierenden (Bernd, Franz, Helga) wollen Sie ein Referat vorbereiten.

Obwohl mehrfach ein Termin verabredet wurde, ist es bislang zu keinem gemeinsamen Treffen gekommen. Sie sind verärgert, da die Initiative bislang nur von Ihnen ausging. Sie fühlen sich dafür verantwortlich, dass das Referat rechtzeitig erstellt wird. Sie haben Sorge, dass Sie aufgrund der laschen Haltung der anderen schlecht abschneiden werden. Mit Helga haben Sie eine mögliche Aufteilung des Referates besprochen.
Heute sitzt die Arbeitsgruppe zum ersten Mal vollständig zusammen. Besonders Bernd und Franz haben häufig gefehlt.

> **Anweisung**
>
> Sie wollen Ihre Sorge und Ihren Ärger zum Ausdruck bringen und den anderen Ihre Meinung sagen. Achten Sie auf ihre Gefühle. Wenn Sie sich gekränkt fühlen, dann versuchen Sie die Kränkung mit Hilfe des 3er-Schrittes zu formulieren und Ihrem Gegenüber mitzuteilen. Nutzen Sie hierzu den Hilfssatz.

zu D.1: Gesprächspartner 2 (Rollenspiel: Aufnahme einer Bewohnerin)

Eltern:

Sie sind seit 20 Jahren verheiratet und haben eine 18-jährige Tochter, Bärbel, die das Down-Syndrom und einen Herzfehler hat. Bis vor einem halben Jahr lebte Bärbel bei Ihnen beiden. Nun wohnt sie in einer Einrichtung für Menschen mit geistiger Behinderung. Sie lebt mit acht anderen jungen Frauen in einer Außenwohngruppe zusammen, die von vier Mitarbeiterinnen im Schichtdienst betreut wird. Tagsüber arbeitet Ihre Tochter in der Werkstatt für Menschen mit Behinderung.

Die Trennung von Ihrer Tochter ist Ihnen sehr schwergefallen. Bärbel war lange Zeit der Mittelpunkt in Ihrer Familie. Sie beide haben sich liebevoll um Ihre Tochter gekümmert. Sie mussten auf vieles verzichten, da sich alles nach den Bedürfnissen Ihrer Tochter richten musste. So wollten Sie Ihre Tochter niemals überfordern und haben alle Aktivitäten und Unternehmungen wie z. B. Ausflüge, Urlaubsreisen oder Spaziergänge sorgfältig geplant. Sie lieben Ihre Tochter und sind um ihr Wohlergehen besorgt. Obwohl Sie wissen, dass sich die Mitarbeiter der AWG intensiv bemühen, hegen Sie die Befürchtung, dass Ihre Tochter überfordert werden könnte. Vor allem die vielen Aufgaben, die die Bewohnerinnen der Gruppe auszuüben haben, könnten eine ernsthafte Bedrohung für Ihre Tochter sein.
Um sich zu vergewissern, wie es Ihrer Tochter geht, besuchen Sie beide Bärbel regelmäßig einmal in der Woche, zusätzlich oft auch am Wochenende. Sie bleiben dann mehrere Stunden mit ihr zusammen. Wenn Sie Ihre Tochter besuchen, räumen Sie zunächst ihr Zimmer auf, um sie zu entlasten. Anschließend unternehmen Sie dann häufig einen Ausflug mit ihr. Da Sie Ihrer Tochter gegenüber erhebliche Schuldgefühle haben, kaufen Sie ihr jedes Mal eine Kleinigkeit (z. B. neue Kleider, Mal- und Bilderbücher, Süßigkeiten). Im Abstand von zwei bis drei Wochen verbringt

Ihre Tochter ein Wochenende gemeinsam mit Ihnen. Ihnen wäre es besonders lieb, wenn Ihre Tochter jedes Wochenende bei Ihnen verbringen könnte. Um den Kontakt nicht abreißen zu lassen und um Ihre Angst zu mindern, rufen Sie täglich in der Gruppe an, um sich nach dem Wohlbefinden Ihrer Tochter zu erkundigen.

Die Mitarbeiter der AWG haben Sie zu einem Gespräch gebeten, um mit Ihnen über Ihre Tochter zu sprechen. Sie ahnen, dass die Mitarbeiter Sie auffordern wollen, den Kontakt zu Ihrer Tochter zu verringern.

> **Anweisung**
>
> *Machen Sie den Mitarbeitern deutlich, dass Sie den Kontakt zu Ihrer Tochter nicht verringern wollen. Sie möchten den Kontakt sogar erweitern, da Sie ständig Sorge und Angst um Ihre Tochter haben.*

zu D.2: Gesprächspartner 2 (Rollenspiel: Ambulant Betreutes Wohnen)

Eltern:

Sie sind die Mutter/der Vater von Gerd. Ihr Sohn ist 24 Jahre alt und hat eine leichte geistige Behinderung. Seit zwei Jahren lebt Gerd in einem Wohnheim. Nach anfänglichen Schwierigkeiten hat er sich gut eingelebt und fühlt sich dort sehr wohl. Immer wieder äußert er, dass er sehr gerne im Wohnheim lebt und niemals woanders hinziehen möchte. Tagsüber arbeitet Gerd in der Werkstatt (WfbM).

Seit einiger Zeit äußern die Mitarbeiter immer häufiger, dass Gerd sich sehr gut entwickelt habe und eigentlich selbstständig in einer Wohnung leben könnte. Sie beide sind jedoch anderer Meinung.

> **Anweisung**
>
> *Widersprechen Sie den Mitarbeitern. Machen Sie ihnen deutlich, dass Sie glauben, dass Ihr Sohn überfordert wird. Machen Sie auch deutlich, dass Sie mit der Unterbringung im Wohnheim zufrieden sind und dass Sie sich für Ihren Sohn keine andere Wohnform vorstellen können. Lassen Sie keinen Zweifel aufkommen, dass Sie mit dem Vorhaben der Mitarbeiter nicht einverstanden sind.*

Literaturverzeichnis

- Asch, Solomon: Effects of group pressure on the modification and distortion of judgement. In: Guetzkow, Harold (Hrsg.): Groups, leadership and men. Carnegie, Pittsburgh, 1951

- Bach, Heinz: Geistigbehindertenpädagogik, 4. Aufl., Berlin, Carl Marhold Verlagsbuchhandlung, 1971

- Berger, Mathias (Hrsg.): Psychiatrie und Psychotherapie, München, Urban & Fischer, 1999

- Berger, Klaus Rudolf/Vogelpohl, Uwe/Peeters, Wolfgang: Grundlagen der heilerziehungspflegerischen Praxis, 1. Aufl., Lemgo, Stiftung Eben-Ezer, 1999

- Böder, Monika: Gesprächsführung im Kindergarten, 4. Aufl., Freiburg, Herder Verlag, 1996

- Cohn, Ruth C.: Ich bin ich. Ein Aberglaube. In: Psychologie heute, Heft Nr. 3/1979, S. 27–30

- Dörner, Klaus/Plog, Ursula: Irren ist menschlich. Lehrbuch der Psychiatrie/Psychotherapie, 3. Auflage, Bonn, Psychiatrie Verlag, 2007

- Ellis, Albert: Die rational-emotive Therapie, hrsg. v. Karl-Herbert Mandel und Lorenz Wachinger, übers. v. Brigitte Stein, 2. Aufl., München, Verlag J. Pfeiffer, 1978

- Eppel, Heidi/Hittmeyer, Steffen/Nuwordu, Ingrid/Plate, Petra/Rathmann, Ruth: Mit Eltern partnerschaftlich arbeiten. Elternarbeit neu betrachtet, 2. Aufl., Freiburg, Herder Verlag, 1996

- Festinger, Leon: A theory of social comparison processes. Human Relations 7, 1954, S. 271–282

- Fröhlich, Werner D./Drever, James: Wörterbuch zur Psychologie, 12. Aufl., München, Deutscher Taschenbuch Verlag, 1979

- Gordon, Thomas: Familienkonferenz, übers. v. Hainer Kober und Maren Organ, 20. Aufl., München, Wilhelm Heyne Verlag HOCA, 1996

- Görres, Silvia/Hansen, Gerd: Psychotherapie bei Menschen mit geistiger Behinderung, Bad Heilbrunn, Verlag Julius Klinkhardt, 1991

- Haley, Jay: Gemeinsamer Nenner Interaktion, München, Pfeiffer, 1978

- Häcker, Hartmut/Stapf, Kurt-H. (Hrsg.): Dorsch, Psychologisches Wörterbuch, 14. Aufl., Bern, Göttingen, Toronto, Seattle, Verlag Hans Huber, 2004

- Heckhausen, Heinz: Lehrer-Schüler-Interaktion. In: Weinert, Franz E. u. a.: Funkkolleg Pädagogische Psychologie 1, Frankfurt/M., Fischer Taschenbuchverlag, 1974

- Heijkoop, Jacques: Herausforderndes Verhalten von Menschen mit geistiger Behinderung, Weinheim, Beltz-Verlag, 1998

- Herkner, Werner: Psychologie, 2. Aufl., Wien, Springer-Verlag, 1992

- Herkner, Werner: Einführung in die Sozialpsychologie, 2. Aufl., Bern/Stuttgart/Wien, Hans-Huber Verlag, 1981

- Herkner, Werner: Lehrbuch Sozialpsychologie, 2. Aufl., Bern/Göttingen/Toronto/Seattle, Verlag Hans Huber, 2001

- Honnefelder, Gottfried (Hrsg.): Lektüre zwischen den Jahren, Frankfurt am Main, Suhrkamp, 1985

- Idea Spektrum/EB: Abtreibung nicht vollzogen. Kasse zog Klage gegen Arzt zurück. In: Münsterische Zeitung, 30.09.1995

- Jilesen, Martin: Soziologie, 6. Aufl., Troisdorf, Bildungsverlag EINS, 2002

- Klauß, Theo: Verwahren oder Fördern?, München, Basel, Ernst Reinhardt Verlag, 1987

- Kobi, Emil: Grundfragen der Heilpädagogik, 5. Aufl., Bern, Haupt-Verlag, 1993

- Laing, Donald R.: Das Selbst und die Anderen, 2. Aufl., übers. v. Hans Hermann, Köln, Kiepenheuer + Witsch, 1973

- Laing, Donald R.: Knoten, hrsg. v. Jürgen Manthey, übers. v. Herbert Elbrecht, Reinbek bei Hamburg, Rowohlt Taschenbuchverlag, 1972

- Lehmkuhl, Gerd: Intelligenzminderung. In: Berger Mathias (Hrsg.): Psychiatrie und Psychotherapie, München, Urban & Fischer, 1999, S. 867–880

- Leupold, Eva M.: Handbuch der Gesprächsführung: Probleme und Konfliktlösung im Kindergarten, 7. Aufl., Freiburg, Herder Verlag, 2006

- Linden, Michael/Hautzinger, Martin: Verhaltenstherapiemanual, Berlin, Springer Medizin Verlag, 2005, S. 270–277

- Mohl, Alexa: Der Zauberlehrling: Das NLP Lern- und Übungsbuch, 4. Aufl, Paderborn, Junfermann, 1993

- Molcho, Samy: Körpersprache, München, Mosaik-Verlag, 1998

- Oelmann, Ursula: Mein liebes Bärbelkind. Briefe an meine behinderte Tochter, Norderstedt, Libri Verlag, 2000

- Petermann, Franz/Petermann Ulrike: Training mit aggressiven Kindern: Einzeltraining, Kindergruppe, Elternberatung, 5. Aufl, Weinheim, Beltz Psychologie Verlags Union, 1991

- Petermann, Franz (Hrsg.): Lehrbuch der Klinischen Kinderpsychologie und -therapie, 4. Aufl., Göttingen/Bern/ Toronto/Seattle, Hogrefe-Verlag, 2000

- Petry, Detlef/Bradl, Christian: Multiprofessionelle Zusammenarbeit in der Geistigbehindertenhilfe, Bonn, Psychiatrie-Verlag, 1999

- Resch, Franz: Entwicklungspsychopathologie des Kindes- und Jugendalters, Weinheim, Beltz Psychologie Verlags Union, 1996

- Rogers, Carl R.: Entwicklung der Persönlichkeit, 3. Aufl., übers. von. Jacqueline Giere, Stuttgart, Klett-Cotta, 1979

- Rogers, Carl R.: Die nicht-direktive Beratung, 2. Aufl., übers. von Erika Nosbüsch, München, Kindler Verlag, 1972

- Rosenstiel, Lutz/Molt, Walter/Rüttinger, Bruno: Organisationspsychologie, 6. Aufl., Stuttgart, Verlag Kohlhammer, 1986

- Rotthaus, Wilhelm: Wozu erziehen? 4. Aufl., Heidelberg, Carl-Auer-Systeme Verlag, 2002

- Sader, Manfred: Psychologie der Persönlichkeit, München, Juventa Verlag, 1980

- Satir, Virginia: Selbstwert und Kommunikation, hrsg. v. Karl H. Mandel und G. Sievering, 20. Aufl., übers. von Maria Bosch und Elke Wisshak, München, Verlag J. Pfeiffer, 2011

- Schädle-Deininger, Hilde/Villinger, Ulrike: Praktische Psychiatrische Hilfe, 2.Aufl., Bonn, Psychiatrie Verlag, 1997

- Schäfers, Bernhard (Hrsg.): Grundbegriffe der Soziologie, 4. Aufl., Opladen, Leske + Budrich, 1995

- Schlippe, Arist von: Familientherapie im Überblick, 12. Aufl., Junfermann-Verlag, Paderborn, 2010

- Schulz v. Thun, Friedemann: Miteinander Reden Bd. 1: Störungen und Klärungen, Reinbek bei Hamburg, Rowohlt Taschenbuchverlag, 2007

- Schulz v. Thun, Friedemann/Stratmann, Roswitha/Ruppel, Johannes: Miteinander reden: Kommunikationspsychologie für Führungskräfte, 2. Aufl., Reinbek bei Hamburg, Rowohlt Taschenbuchverlag, 2001

- Schwäbisch, Lutz/Siems, Martin: Anleitung zum sozialen Lernen für Paare, Gruppen und Erzieher. Reinbek bei Hamburg, Rowohlt Taschenbuchverlag, 1974

- Schwarte, Norbert/Oberste-Ufer, Ralf: LEWO II: Lebensqualität in Wohnstätten für erwachsene Menschen mit geistiger Behinderung, 2. Aufl., Marburg, Lebenshilfe Verlag, 2001

- Speck, Otto: System Heilpädagogik. Eine ökologisch-reflexive Grundlegung. 4. Aufl., München, Ernst Reinhardt Verlag, 1998

- Speck, Otto: Erziehung und Achtung vor dem Anderen, München, Ernst Reinhardt Verlag, 1996

- Speck, Otto: Menschen mit geistiger Behinderung und ihre Erziehung. Ein heilpädagogisches Lehrbuch, 9. Aufl., München, Ernst Reinhardt Verlag, 1999

- Stavemann, Harlich: Sokratische Gesprächsführung. In: Linden, Michael/Hautzinger, Martin: Verhaltenstherapiemanual, Berlin, Springer Medizin Verlag, 2005, S. 270–277

- Tausch, Reinhard u. Tausch, Annemarie: Gesprächspsychotherapie, 7. Aufl., Göttingen/Toronto/Zürich, Hogrefe Verlag, 1979

- Tausch, Reinhard/Tausch, Annemarie: Erziehungspsychologie, 11. Aufl., Göttingen/Toronto/Zürich, Hogrefe Verlag, 1998

- Thesing, Theodor/Vogt, Michael: Pädagogik und Heilerziehungspflege, 3. Aufl., Freiburg, Lambertus Verlag, 1999

- Thomann, Christoph/Schulz v. Thun, Friedemann: Klärungshilfe, Reinbek bei Hamburg, Rowohlt Taschenbuchverlag, 1988

- Trenkle, Bernhard: Das Ha-Handbuch der Psychotherapie. Witze ganz im Ernst., 2. Aufl., Heidelberg, Carl Auer Systeme Verlag, 1995

- Walen, Susanne, R./DiGiuseppe, Raymond/Wessler, Richard, L.: RET-Training: Einführung in die Praxis der rational-emotiven Therapie, übers. von Armand Arnold, München, Verlag Pfeiffer, 1980

- Watzlawick, Paul: Wie wirklich ist die Wirklichkeit? 15. Aufl., München, R. Piper & Co. Verlag,1987

- Watzlawick, Paul: Anleitung zum Unglücklichsein, 34. Aufl., München, R. Piper & Co. Verlag, 1988

- Watzlawick, Paul/Nardone, Giorgio (Hrsg.): Kurzzeittherapie und Wirklichkeit, aus dem Engl. und Ital. übers. von Michael von Killisch-Horn, München, Piper Verlag, 1999

- Watzlawick, Paul/Beavin Janet H./Jackson, Don: Menschliche Kommunikation, 6. Aufl., Bern, Hans Huber Verlag, 1982

- Wiegard, Else: Heute sterbe ich, heute lebe ich! Leben mit einem schwerstbehinderten Kind, 3. Aufl., Marburg, Verlag Hartmut Becker, 2001

- Wilken, Beate: Methoden der kognitiven Umstrukturierung, Stuttgart/Berlin/Köln, Kohlhammer, 2010

- Wilker, Friedrich.-W. (Hrsg.): Supervision und Coaching, 6. Aufl., Bonn, Deutscher Psychologen Verlag, 1999

- Zachmann, Dorothee: Mit der Stimme des Herzens, 3. Aufl., Gütersloh, Gütersloher Verlagshaus, 2000

- Zimbardo, Phillip G.: Psychologie, hrsg. v. Siegfried Hoppe-Graff und Barbara Keller, 6. Aufl., übers. von Barbara Keller, Siegfried Hoppe-Graff und Irma Engel, Berlin, Springer Verlag, 1995

Bildquellenverzeichnis

Fotos
- dpa picture-alliance GmbH, Frankfurt: S. 125 (dpa), 130 (KANN)
- Christian Schlüter/Bildungsverlag EINS: S. 27, 122, 134, 143
- Fotolia Deutschland GmbH, Berlin: S. 83 (iceteastock), S. 98 (wahooo), 101 (Galina Barskaya), 114 (fhmedien_de), 120 (Carlos Santa Maria)
- Project Photos GmbH & Co. KG, Walchensee: S. 25.1
- Süddeutsche Zeitung Photo, München: S. 7, 18, 33, 54, 76, 82, 97, 112, 116, 124, 133
- ullstein bild, Berlin: S. 118 (dpa)
- Thomas Klinger: S. 78

Zeichnungen/Karikaturen
- Angelika Brauner/Bildungsverlag EINS: S. 13, 25.2, 29, 31, 36.1, 40.1, 80
- Bulls Pressedienst GmbH, Frankfurt: S. 12.1, 12.2, 16, 20, 21, 26, 30, 35, 36.2, 37, 40.2, 42.1, 44, 52, 55, 58, 60, 64, 73, 77, 84, 86, 87, 91, 93, 99, 100, 104, 105, 106, 141
- Cornelia Kurtz/Bildungsverlag EINS: S. 28, 136, 139
- Evelyn Neuss/Bildungsverlag EINS: S. 69, 70, 71, 72

Stichwortverzeichnis

A
Aktives Zuhören 91, 92, 93
Akzeptanz 86, 89, 101, 102
Appellohr 40, 42, 50
Appellseite 34, 37, 100
Arbeitszufriedenheit 134
Authentizität, selektive 87
Axiome 19 ff.

B
Basisvariablen 86 ff.
Beziehung 16, 101 ff.
Beziehungsdefinition 29
Beziehungsgestaltung 17
Beziehungsseite 34, 36
Beziehungsohr 40, 41, 50
Beziehungsstörungen 44, 52
Bumerangeffekt 99
Bewusstsein 103, 105

D
Diskriminationsleistung 118
Disputation
  – hedonistische 107
  – empirische 108
  – logische 109
Doppeldeutige Botschaften 30, 31
Du-Botschaften 36, 46

E
Echtheit 86, 101
Eigengruppe 134
Empathie 86
Eskalation, symmetrische 27

F
Fachkompetenz 9
Fantasien 78, 135
Fassadentechniken 35
Feedback 139
Fremdbild 77
Fremdgruppe 137

G
Gegenübertragung 80
Geistige Behinderung 117
Gespräche
  – Rahmenbedingungen 113
  – mit Eltern 124
  – mit Menschen mit geistiger Behinderung 116
  – mit Kollegen 133
Gesprächsführung
  – partnerzentrierte 83
Gesprächskompetenz 9
Gesprächspsychotherapie 83
Gestik 20, 26, 30, 36
Glaubwürdigkeit
  – des Senders 101

H
Hedonismus s. Orientierung
Hilfssatz 52
Hörgewohnheiten 50

I
Ich-Botschaften 35, 46
Ideal-Selbst s. Selbstbild
Identität 37, 58, 77, 119
Identitätskrise 102
Inhaltsseite 34
Interaktion 19
Interpunktion 22

K
Kommunikation 19
  – analoge 25
  – inkongruente 31
  – kongruente 31
  – nonverbale 20, 30
  – sprachliche 19
  – symmetrische 27, 28
  – komplementäre 27, 28, 29
Kommunikationsfehler 47
Kommunikationsmuster 69
Kommunikationsstörungen 44, 52

Kongruenz s. Echtheit
Konflikte
    – im Team 134
    – mit Eltern 131
    – Intergruppenkonflikt 137
Konfliktgespräche 138
Konfliktlösungsstrategien 138
Kontakt, unrepräsentativer 136

L
Lenkungsdimension 89

M
Meinungsbildung in Gruppen 14
Menschenbild 11
Mimik 20, 26, 30, 36
Mitleid 127

N
Nachrichtenquadrat 34
Nullsummenspiele 48

O
Orientierung
    – hedonistische 104
Offenheit 122

P
Paraphrasieren 92
Persönlichkeitsmerkmale 135
Prophezeiung
    – sich selbst erfüllende 65

R
Ratschläge 93
Reaktanz 98
Respekt 121

S
Sachohr 40, 50
Schlüsselqualifikation 9
Schuldgefühle 125, 126
Selbstbild 77
    – Ideal-Selbst 60
    – Real-Selbst 60
Selbstdarstellung 35
Selbstenthüllung 35

Selbstkompetenz 9
Selbstkonzept 37, 58,66, 81
    – Entstehung 58
    – Wirkungen 64
Selbstoffenbarungsohr 40, 41
Selbstoffenbarungsseite 34, 35, 50
Selbstwertgefühl 35, 55, 58, 60, 126, 135
    – des Empfängers 101
Selbstwertprobleme 117, 119
Sitzordnung 114
Sozialkompetenz 9
Soziale Isolation 126
Sozialisation 16

T
Teamarbeit 133
Teamkonflikte s. Konflikte
Teamentwicklung 136
Transparenz 122
Trennungsprozess 130

U
Überbehütung 127
Übertragung 80, 135

V
Verbalisierung
    – emotionaler Erlebnisinhalte 92
Verhalten
    – irrationales 103
Verhaltenskonsequenzen
    – kurzfristige 104
    – langfristige 104
Verleugnung 65
Vermeidung 64
Vermutungen 78, 101
Verursachungsfaktoren 65
Verwöhnung 127
Verzerrung 65

W
Wertschätzung 86, 130
Wir-Botschaft 36
Wirklichkeit
    – erster u. zweiter Ordnung 13, 15
    – soziale 13